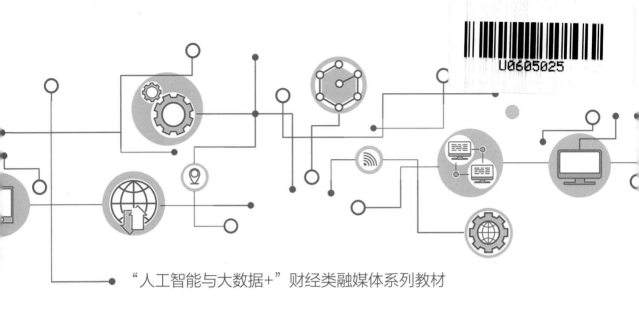

"人工智能与大数据+"财经类融媒体系列教材

ECONOMIC LAWS AND REGULATIONS

经济法律法规

邹玉明 ◎编著

ZHEJIANG UNIVERSITY PRESS
浙江大学出版社
·杭州·

图书在版编目（CIP）数据

经济法律法规 / 邹玉明编著. -- 杭州 ： 浙江大学
出版社，2024.5
ISBN 978-7-308-24999-7

Ⅰ．①经… Ⅱ．①邹… Ⅲ．①经济法－中国 Ⅳ.
①D922.29

中国国家版本馆CIP数据核字(2024)第099162号

经济法律法规
JINGJI FALÜ FAGUI

邹玉明　编著

策划编辑	李　晨
责任编辑	郑成业
责任校对	高士吟
封面设计	春天书装
出版发行	浙江大学出版社
	（杭州市天目山路148号　　邮政编码 310007）
	（网址：http://www.zjupress.com）
排　　版	杭州林智广告有限公司
印　　刷	杭州捷派印务有限公司
开　　本	787mm×1092mm　1/16
印　　张	16.25
字　　数	386千
版 印 次	2024年5月第1版　2024年5月第1次印刷
书　　号	ISBN 978-7-308-24999-7
定　　价	49.80元

在当前这个移动互联网时代，知识本是极易获取的。网上免费的课程资源非常丰富，一些大型网站的视频创作者们呕心沥血地制作了许多优质的免费教学视频。但教育的难题似乎没有改变，因为依然并不是所有的受教育者都会自觉主动地学习。这几年全球范围的网上教学状况，反而证明了面对面的课堂教学依然是不可替代的。

教学理论强调"授之以渔"是对的，但"渔"本身也是由许多的基础概念与方法技巧组成的，也是需要教师悉心相授的。课本是课堂教学之本，是联结教师与学生的纽带。教师围绕课本或深入浅出或旁征博引地讲解，学生以课本为抓手预习、听课做笔记、复习并拓展。在基本没有升学压力的大学课堂，一门课程的上课时间往往只有三四十个小时，因此作为教与学依托的课本显得尤为重要。

作为部门法的经济法体系是庞大的，本书名为《经济法律法规》，所含内容并不都是严格意义上的经济法律法规。本书以学生将来在工作生活中可能会遇到的经济法律问题，或理应对更广泛的经济领域具有基本认识为导向，综合地、多方位地阐述一揽子法律法规。当然，本书也适合准备参加春季高考的财经商贸等专业的考生，用作备战"经济法律法规"的参考书。

全书分为15章，包含经济法基本原理，公司法，合伙企业法、个人独资企业法和外商投资法，企业破产法，民法典·合同编，会计法与票据法律制度，金融法，税法，知识产权法，竞争法，消费者法，劳动与社会保障法，经济纠纷的解决等内容。每章正文编入适量的以案例为主的习题，方便教师在讲授过程中即时提问与开展案例教学，章末思考题引导学生通过独立思考，加深对法律原理的理解。按照"二十大精神进教材"的要求，每章设有思政园地，撷取时事展示法律的时代精神。为方便读者使用本书，我们采用二维码方式配套准备了各章课件、习题和相关真实案例。课件存放于每章末的"本章速览"二维码，"习题精练"统一存放于本书封底的"立方书"二维码，"案例直击"二维码则可以链接至相关的网络页面。作者认为，通过有效地教学互动，学生如果能很好地掌握这些法律知识、原理与案例，对于其今后的人生定会有所裨益。

　　感慨系之，不揣浅陋，述此前言。本书不当之处，恳请批评指正。

2024 年 5 月

于山东外贸职业学院

CONTENTS 目录

第一章

经济法基本原理

学习要点

　　了解法的概念和特征，熟悉法的分类和渊源，掌握法律责任；理解经济法的概念和调整对象；理解经济法律关系的概念，掌握经济法律关系的主体、内容和客体；掌握代理制度和担保制度。

思政目标

　　彰显法学的价值引领作用，有效地与社会主义核心价值观中的民主、和谐、自由、平等、公正、法治、诚信等相衔接，帮助学生树立正确的人生观与价值观，培养法治意识，增强道德修养，以实现德法兼修的目标。

第一节　法律基础

一、法的概念和特征

（一）法的概念

　　法是由国家制定或认可，以权利义务为主要内容，由国家强制力保证实施的社会行为规范及其相应的规范性文件的总称。

　　法是人类社会发展到一定历史阶段，随着私有制、阶级和国家的出现而逐步产生的。在阶级社会中，法反映的是该社会中在经济上、政治上居于统治地位的阶级的根本利益和共同意志。法所体现的统治阶级意志的内容最终是由物质生活条件决定的，是社会客观需要的反映。法体现的是统治阶级的整体意志和根本利益，而不是统治阶级每个成员个人意志的简单相加。法体现的也不是一般的统治阶级意志，而是统治阶级的国家意志，这是法的本质。我国当代的法是社会主义法。我国社会主义法是工人阶级领导的广大人民群众的根本利益和共同意志的体现。

（二）法的特征

　　法作为一种特殊的行为规则和社会规范，其特征主要包括以下四个方面。

　　（1）法是经过国家制定或者认可才得以形成的规范，具有国家意志性。

　　（2）法凭借国家强制力的保证而获得普遍遵行的效力，具有国家强制性。

（3）法是确定人们在社会关系中的权利和义务的行为规范，具有规范性。法是调节人们行为的一种社会规范，具有能为人们提供一个行为模式、标准的属性。法律通过规定人们的权利和义务来分配利益，从而影响人们的动机和行为，进而影响社会关系，实现统治阶级的意志和要求，维持社会秩序。

（4）法是明确而普遍适用的规范，具有明确公开性和普遍约束性。法具有明确的内容，能使人们预知自己或者他人一定行为的法律后果。法具有普遍适用性，凡是在国家权力管辖和法律调整的范围、期限内，对所有社会成员及其活动都普遍适用。

二、法的分类和渊源

（一）法的分类

根据不同的标准，可以对法作不同的分类。

（1）以法的内容、效力和制定程序为依据，法可分为根本法和普通法。根本法就是宪法，宪法以外所有法律法规都是普通法。

（2）以法的空间效力、时间效力或对人的效力为依据，法可分为一般法和特别法。一般法是指在一国领域内对一般自然人、法人、组织和一般事项都普遍适用的法律，特别法是指只在一国的特定地域内或特定时期内或对特定主体或特定事项有效的法律。

（3）以法的内容为依据，法可分为实体法和程序法。实体法具体规定法律主体的权利和义务，程序法则是为了保障法律主体实体权利和义务的实现而制定的关于程序方面的法律。

（4）以法的主体、调整对象和渊源为依据，法可分为国际法和国内法。国际法是指适用于主权国家之间以及其他具有国际人格的实体之间的法律规则的总体，国内法则是指由特定的国家创制的并适用于本国主权所及范围内的法律规则的总体。

（5）以法律运用的目的为依据，法可分为公法和私法。公法以保护公共利益为目的，私法则以保护私人利益为目的。

（6）以法的创制和表现形式为依据，法可分为成文法和不成文法。成文法是指有权制定法律的国家机关，依据法定程序所制定的具有条文形式的规范性文件，不成文法是指国家机关认可的、不具有条文形式的规范。

（二）法的渊源

法的渊源也称为法的形式，是指法的具体表现形态，其种类主要是依据创制法的国家机关不同、创制方式的不同而进行划分的。

1.我国法的主要渊源

（1）宪法，由全国人民代表大会制定和修改，是国家的根本大法。宪法是党的主张和人民意志的统一。

（2）法律，由全国人大及其常委会制定：①基本法律由全国人大制定；②其他法律由全国人大常委会制定。

（3）行政法规，由国务院制定，通常冠以条例、办法、规定等名称。

（4）地方性法规、自治条例和单行条例。地方性法规的制定机关包括：①省、自治区、直辖市的人大及其常委会；②设区的市、自治州的人大及其常委会；③经济特区所在地的省、市的人大及其常委会。自治条例、单行条例的制定机关是民族自治地方（自治区、自治州、自治县）人大。

（5）特别行政区的法，包括全国人大制定的特别行政区基本法和特别行政区依法制定并报全国人大常委会备案的、在该特别行政区有效的规范性法律文件。

（6）规章，分为国务院部门规章和地方政府规章：①部门规章，由国务院各部、委员会、中国人民银行、审计署和具有行政管理职能的直属机构制定；②地方政府规章，由省、自治区、直辖市和设区的市、自治州的人民政府制定。

（7）我国缔结和参加的国际条约。

（8）最高人民法院、最高人民检察院的司法解释。

2. 法的效力等级

根据《中华人民共和国立法法》（以下简称《立法法》）的有关规定，我国法的效力分为以下等级。

（1）宪法具有最高的法律效力，一切法律、行政法规、地方性法规、自治条例和单行条例、规章都不得同宪法相抵触。

（2）法律的效力高于行政法规、地方性法规、规章。

（3）行政法规的效力高于地方性法规、规章。

（4）地方性法规的效力高于本级和下级地方政府规章。

（5）省、自治区的人民政府制定的规章的效力高于本行政区域内的设区的市、自治州的人民政府制定的规章。

（6）自治条例和单行条例依法对法律、行政法规、地方性法规作变通规定的，在本自治地方适用自治条例和单行条例的规定。

（7）经济特区法规根据授权对法律、行政法规、地方性法规作变通规定的，在本经济特区适用经济特区法规的规定。

（8）部门规章之间、部门规章与地方政府规章之间具有同等效力，在各自的权限范围内施行。

3. 法的效力冲突及其解决方式

法的效力冲突是指在适用法律的过程中，一国法律内部对同一问题作出不同规定从而产生的冲突。根据《立法法》的有关规定，我国法的效力冲突适用如下解决方式。

（1）同一机关制定的法律、行政法规、地方性法规、自治条例和单行条例、规章，特别规定与一般规定不一致的，适用特别规定，即特别法优于一般法；新的规定与旧的规定不一致的，适用新的规定，即新法优于旧法。

（2）法律之间对同一事项的新的一般规定与旧的特别规定不一致，不能确定如何适用时，由全国人民代表大会常务委员会裁决。

（3）根据授权制定的法规与法律规定不一致，不能确定如何适用时，由全国人民代表大会常务委员会裁决。

（4）行政法规之间对同一事项的新的一般规定与旧的特别规定不一致，不能确定如何适用时，由国务院裁决。

（5）地方性法规与部门规章之间对同一事项的规定不一致，不能确定如何适用时，由国务院提出意见，国务院认为应当适用地方性法规的，应当决定在该地方适用地方性法规的规定；认为应当适用部门规章的，应当提请全国人民代表大会常务委员会裁决。

（6）部门规章之间、部门规章与地方政府规章之间对同一事项的规定不一致时，由国务院裁决。

三、法律主体的权利能力和行为能力

（一）权利能力

权利能力，是指权利主体享有权利和承担义务的能力，它反映了权利主体取得权利和承担义务的资格。各种具体权利的产生必须以主体的权利能力为前提；同时，权利能力通常与国籍相联系，一个国家的所有公民都应具有权利能力。

自然人的民事权利能力一律平等。自然人从出生时起到死亡时止，具有民事权利能力，依法享有民事权利，承担民事义务。法人权利能力的范围由法人成立的宗旨和业务范围决定，自法人成立时产生，至法人终止时消灭。

（二）行为能力

行为能力，是指法律主体能够通过自己的行为实际取得权利和履行义务的能力。法人的行为能力和权利能力是一致的，同时产生、同时消灭。而自然人的行为能力不同于其权利能力，具有行为能力必须首先具有权利能力，但具有权利能力并不必然具有行为能力。

1.自然人的民事行为能力

自然人的民事行为能力分为三种：（1）完全民事行为能力人。18周岁以上的自然人是成年人，具有完全民事行为能力。16周岁以上的未成年人，以自己的劳动收入为主要生活来源的，视为完全民事行为能力人。（2）限制民事行为能力人。8周岁以上的未成年人和不能完全辨认自己行为的成年人为限制民事行为能力人。（3）无民事行为能力人。不满8周岁的未成年人、8周岁以上的完全不能辨认自己行为的未成年人、完全不能辨认自己行为的成年人，为无民事行为能力人。

【例题1-1】赵某，15周岁，系甲市游泳队专业运动员，月收入3500元，完全能够满足自己生活所需。下列关于赵某民事行为能力的表述中，正确的是（　　　）。

A.赵某属于完全民事行为能力人　　　B.赵某属于限制民事行为能力人

C.赵某视为完全民事行为能力人　　　D.赵某属于无民事行为能力人　　（答案：B）

2.自然人的刑事责任能力

刑事责任能力，是指行为人构成犯罪和承担刑事责任所必须具备的刑法意义上辨认和控制自己行为的能力。根据《中华人民共和国刑法》（以下简称《刑法》）的有关规定，自然人的刑事责任能力分为如下情形。

（1）已满 16 周岁的人犯罪，应当负刑事责任。

（2）已满 14 周岁不满 16 周岁的人，犯故意杀人、故意伤害致人重伤或者死亡、强奸、抢劫、贩卖毒品、放火、爆炸、投放危险物质罪的，应当负刑事责任。

（3）已满 12 周岁不满 14 周岁的人，犯故意杀人、故意伤害罪，致人死亡或者以特别残忍手段致人重伤造成严重残疾，情节恶劣，经最高人民检察院核准追诉的，应当负刑事责任。

（4）已满 12 周岁不满 18 周岁的人，应当从轻或者减轻处罚。因不满 16 周岁不予刑事处罚的，责令其父母或者其他监护人加以管教；在必要的时候，依法进行专门矫治教育。

（5）已满 75 周岁的人故意犯罪的，可以从轻或者减轻处罚；过失犯罪的，应当从轻或者减轻处罚。

（6）精神病人在不能辨认或者不能控制自己行为的时候造成危害结果，经法定程序鉴定确认的，不负刑事责任，但是应当责令他的家属或者监护人严加看管和医疗；在必要的时候，由政府强制医疗。间歇性的精神病人在精神正常的时候犯罪，应当负刑事责任。尚未完全丧失辨认或者控制自己行为能力的精神病人犯罪的，应当负刑事责任，但是可以从轻或者减轻处罚。

（7）醉酒的人犯罪，应当负刑事责任。

（8）又聋又哑的人或者盲人犯罪，可以从轻、减轻或者免除处罚。

四、法律责任

法律责任，是指法律关系主体由于违反法定的义务而应承受的不利的法律后果。根据我国法律的有关规定，法律责任可分为民事责任、行政责任和刑事责任。

（一）民事责任

民事责任，是指民事主体违反了约定或法定的义务所应承担的不利民事法律后果。根据《中华人民共和国民法典》（以下简称《民法典》）的规定，承担民事责任的方式主要包括：（1）停止侵害；（2）排除妨碍；（3）消除危险；（4）返还财产；（5）恢复原状；（6）修理、重作、更换；（7）继续履行；（8）赔偿损失；（9）支付违约金；（10）消除影响、恢复名誉；（11）赔礼道歉。以上方式可以单独适用，也可以合并适用。

【例题 1-2】下列法律责任形式中，属于民事责任的是（　　　）。

A.暂扣许可证　　B.拘役　　C.继续履行　　D.没收非法财物　　（答案：C）

（二）行政责任

行政责任，是指违反法律法规规定的行为人所应承担的由国家行政机关对其依行政程序所给予的制裁。行政责任包括行政处罚和行政处分。

行政处罚，是指行政机关依法对违反行政管理秩序的公民、法人或者其他组织，以减损权益或者增加义务的方式予以惩戒的行为。根据《中华人民共和国行政处罚法》的规定，行政处罚的种类有：（1）警告、通报批评；（2）罚款、没收违法所得、没收非法财物；（3）暂扣许可证件、降低资质等级、吊销许可证件；（4）限制开展生产经营活动、责令停产停业、责令关闭、限制从业；（5）行政拘留；（6）法律、行政法规规定的其他行政处罚。

行政处分，是指对违反法律规定的国家机关工作人员或被授权、委托的执法人员所实施的内部制裁措施。根据《中华人民共和国公务员法》，对因违法违纪应当承担纪律责任的公务员给予的行政处分种类有警告、记过、记大过、降级、撤职、开除六类。

【例题1-3】下列法律责任形式中，属于行政责任的是（　　　）。

A.吊销许可证　B.管制、拘役　C.降低资质等级　D.驱逐出境　　　（答案：AC）

（三）刑事责任

刑事责任，是指犯罪人因实施犯罪行为所应承受的由国家审判机关依照刑事法律的规定给予的制裁后果。刑事责任主要通过刑罚而实现。刑罚是由人民法院根据《刑法》规定，对犯罪分子适用的并由专门的机构执行的最严厉的强制方法，分为主刑和附加刑两大类。

1.主刑

主刑是指对犯罪分子适用的主要刑罚方法，包括管制、拘役、有期徒刑、无期徒刑、死刑五种。主刑只能独立适用，不能附加适用。对一个犯罪只能适用一个主刑，不能同时适用两个或两个以上的主刑。

2.附加刑

附加刑又称从刑，是指补充主刑适用的刑罚方法，包括罚金、剥夺政治权利、没收财产和驱逐出境四种。其中，对犯罪的外国人，可以独立适用或者附加适用驱逐出境。附加刑既可以独立适用，也可以附加适用。附加适用时，对一个犯罪可以适用两个或两个以上的附加刑。

3.数罪并罚

一人犯数罪的，除判处死刑和无期徒刑的以外，应当在总和刑期以下、数刑中最高刑期以上，酌情决定执行的刑期，但是管制最高不能超过3年，拘役最高不能超过1年，有期徒刑总和刑期不满35年的，最高不能超过20年，总和刑期在35年以上的，最高不能超过25年。数罪中有判处有期徒刑和拘役的，执行有期徒刑。数罪中有判处有期徒刑和管制，或者拘役和管制的，有期徒刑、拘役执行完毕后，管制仍须执行。数罪中有判处附加刑的，附加刑仍须执行，其中附加刑种类相同的，合并执行，种类不同的，分别执行。

【例题1-4】下列法律责任形式中，属于刑事责任的有（　　　）。

A.记过　　B.赔礼道歉　　C.拘役　　D.罚金　　　（答案：CD）

第二节 经济法律关系

一、经济法的概念和调整对象

（一）经济法的概念

根据全国人大常委会有关文件的规定，我国社会主义法律体系包含七个法律部门：宪法及宪法相关法、刑法、行政法、民商法、经济法、社会法、诉讼与非诉讼程序法。部门法意义上的经济法，是调整因国家从社会整体利益出发对经济活动实行干预、管理或调控所产生的社会经济关系的法律规范的总称。

要特别说明的是，本节讨论经济法的概念、调整对象以及经济法律关系等内容，是在部门法的基础上展开的，但为了使读者掌握更丰富的法律知识和实践技能，本教材选讲的法律法规并未严格限定在经济法的范畴内，而是涵盖了属于民商法、社会法等多个部门法的法律法规。

（二）经济法的调整对象

经济法的调整对象主要是社会经济活动中一定范围内的经济关系，即在社会经济调控与管理活动以及市场经济运行中所发生的各种经济关系。这些经济关系主要包括以下几个方面。

（1）市场主体调控关系。它是指国家在对市场主体的活动进行管理，以及市场主体在自身运行过程中所发生的经济关系。企业是最主要的市场主体。国家作为市场协调主体，其协调的客体是本国经济运行中的经济关系，协调的方式是法律手段和管理手段，协调的目的是使市场经济运行符合客观规律的要求，推动国民经济的发展。

（2）市场运行调控关系。它是指国家为了建立市场经济秩序，维护国家、生产经营者和消费者的合法权益而干预市场所发生的经济关系。如反不正当竞争、反垄断、产品质量等方面的法律所涉及的关系。

（3）宏观经济调控关系。它是指国家为了实现经济总量的基本平衡、促进经济结构的优化、推动社会经济的协调发展，对国民经济的总体活动进行调节和控制过程中发生的经济关系。

（4）社会分配调控关系。它是指国家在对国民收入进行初次分配和再分配过程中所发生的经济关系，如财政、税收方面的法律关系。

二、经济法律关系的概念

经济法律关系是法律关系的一种，它是指经济法律关系主体之间依照经济法的规定在进行经济活动时形成的权利和义务关系。经济法律关系由经济法律关系的主体、客体和内容三个要素构成，三者缺一不可。

经济法律关系不同于经济关系。在社会经济活动中，随时都将形成各种经济关系。经济关系属于经济基础范畴，是不以人们的意志为转移的。国家为了促进国民经济协调稳定发展，保障社会经济秩序，必然要通过相应的经济法律规范对存在于社会经济活动中的具体的经济关系，有利的加以确认，不利的加以调整，使之转化为具有法定权利义务性质的经济法律关系。

三、经济法律关系的主体

经济法律关系的主体简称经济法的主体，是指参与经济法律关系、依法享有经济权利和承担经济义务的当事人或参加者。

（一）自然人

经济法中的自然人，既包括中国公民，也包括居住在中国境内或者在境内活动的外国公民和无国籍人。作为经济法的主体的形式，我国有关法律法规将从事经营活动的公民主要规定为个体工商户和农村承包经营户。特定条件下，公民个人也可成为经济法的主体。

（二）法人和非法人组织

法人组织分为营利法人、非营利法人和特别法人。营利法人包括有限责任公司、股份有限公司和其他企业法人等。非营利法人包括事业单位、社会团体、基金会、社会服务机构等。特别法人包括机关法人、农村集体经济组织法人、城镇农村的合作经济组织法人、基层群众性自治组织法人等。

非法人组织包括个人独资企业、合伙企业、不具有法人资格的专业服务机构等。

⑦【例题1-5】下列主体中，属于非营利法人的是（　　　）。

A.农民专业合作社　B.合伙企业　C.事业单位　D.有限责任公司　　（答案：C）

（三）国家机关与国家

此处所说的国家机关，特指国家行政机关中的经济管理机关，是行使经济管理职权、参与经济法律关系的主体，在市场管理和宏观经济调控过程中发挥着重要的作用。国家机关可分为三类：一是综合性经济管理机关，主要负责对国民经济全局进行宏观调控，如财政部、中国人民银行等；二是行业性管理机关，主要负责对国民经济特定部门、行业进行管理，如交通运输部、商务部等；三是职能性经济管理机关，如国家税务总局、市场监督管理总局、国家审计署等。

此外，国家也可作为一般的经济法的主体参与经济法律关系，如发行国债、以政府名义与外国签订经济贸易协定等。

四、经济法律关系的内容

经济法律关系的内容，是指经济法的主体享有的经济权利和承担的经济义务。

经济权利，是指经济法的主体依法享有的为了满足自己的利益可以作为或不作为，或者要求他人为一定行为或不为一定行为的资格。经济义务，是指经济法的主体依法具有的按照权利人的要求为一定行为或不为一定行为的责任。

经济权利和经济义务之间关系密切，二者相互依存。没有经济权利，就不会有经济义务。经济法的主体不能只享受经济权利而不承担经济义务，也不能只承担经济义务而不享有经济权利。

五、经济法律关系的客体

经济法律关系的客体是指经济法的主体享有的经济权利和承担的经济义务所共同指向的对象。一般认为，经济法律关系的客体主要包括以下四类。

（一）物

物，可以是自然物，如土地、矿藏、水流、森林；也可以是人造物，如建筑、机器、各种产品等，还可以是货币及有价证券。物既可以是有体物也可以是无体物。有体物既可以是固定形态的，也可以是没有固定形态的，如天然气、电力等。无体物，如权利等，依照相关法律的规定，也都可以作为物权客体。

（二）智力成果

智力成果，是指人们通过脑力劳动创造的能够带来经济价值的精神财富，主要是知识产权的客体，如作品，发明、实用新型、外观设计，商标等。智力成果通常有物质载体，如书籍、图册、录音、录像等。但其价值并不在于物质载体本身，而在于物质载体中所包含的信息、知识、技术、标识和其他精神因素。

（三）信息、数据、网络虚拟资产

作为经济法律关系客体的信息，是指有价值的情报或资讯，如矿产情报、产业情报、国家机密、商业秘密、个人隐私等。个人信息是以电子或者其他方式记录的，与已识别或者可识别的自然人有关的各种信息，不包括匿名化处理后的信息。数据、网络虚拟资产具有财产属性，也可以成为经济法律关系的客体。

（四）行为

作为经济法律关系客体的行为，是指经济法的主体为达到一定目的所进行的作为（积极行为）或者不作为（消极行为），如生产经营行为、经济管理行为、提供一定劳务的行为（如保管合同中的保管行为）和完成一定工作的行为（如建设工程合同中的承包人应按期完成办公楼的建设）。

⑦【例题1-6】下列各项中，能成为法律关系客体的有（　　　　）

A.数字人民币　　B.支付账户　　C.电子商务平台经营者　　D.作品　　（答案：ABD）

六、经济法律事实

经济法律事实是指能引起经济法律关系产生、变更和消灭的客观情况。它是法律事实的一种，能够引起一定的法律后果。它可以是客观现象，也可以是人有意识的活动。前者称为事件，后者称为经济法律行为。

（一）事件

事件，是指不以经济法律关系主体的主观意志而转移的客观现象。它包括两种情况：

（1）自然现象，是自然原因引起的，如地震、火灾等；（2）社会现象，是除当事人以外的其他人的原因引起的，如战争、罢工等。这两种现象都会导致经济法律关系的产生、变更和消灭。如果依法或依当事人的约定，将这些现象列入不可抗力的范围，当事人就可以免除部分或全部责任。

（二）经济法律行为

经济法律行为是指经济法的主体为达到一定的经济目的而进行的经济活动，按其性质可分为经济合法行为和经济违法行为。

（1）经济合法行为是指符合经济法律规范的行为。当事人具备法定资格，意思表示真实，行为的内容合乎法律要求，形式和手续符合法律规定，这样的经济法律行为才是经济合法行为，才能得到法律的保护。经济合法行为的表现形式有很多，如经济管理行为、企业经营行为等。

（2）经济违法行为是指违反经济法律规范的行为，如生产假冒伪劣产品、偷税漏税等行为。

第三节　代　理

一、代理的概念和特征

（一）代理的概念

代理是代理人在代理权限内，以本人（被代理人）的名义与第三人（相对人）为意思表示或受领意思表示，而该意思表示直接对本人生效的民事法律行为。

代理涉及三方当事人：代理人、被代理人（本人）和第三人（相对人）。被代理人是在设定、变更或者终止民事权利义务关系时需要得到别人帮助的人；代理人是能够给予被代理人帮助，代替其实施意思表示或者受领意思表示的人。

代理适用于民事主体之间设立、变更和终止权利义务的法律行为。依照法律规定、当事人约定或者民事法律行为的性质，应当由本人实施的民事法律行为，不得代理。如订立遗嘱、婚姻登记、收养子女等，本人未亲自实施的，应当认定行为无效。此外，法律有规定需要有特别代理资格的代理事务，未取得代理之特别能力的，也不得为代理。如证券买卖代理，没有证券业务资格的商事特别法人，不得从事该商事代理业务。

（二）代理的特征

代理具有以下特征。

（1）代理人是以被代理人的名义在代理权限范围内进行民事活动。非以本人名义而是以自己的名义代替他人实施的法律行为，不属于代理行为，例如行纪、寄售等受托处分财产的行为。

（2）代理人在代理权限内独立地向第三人进行意思表示。代理人在代理权限范围内，有权根据情况独立进行判断，并直接向第三人进行意思表示，以实现代理目的。非独立进行意思表示的行为，不属于代理行为，例如传达、中介行为等。

（3）代理实施的行为必须是有法律效果的行为。如果不产生法律后果，虽然在形式上是受人委托进行某项活动，但不是民法所规定的代理，例如请他人代拟合同文本、询价等。

（4）代理行为的法律后果直接归属于被代理人。《民法典》第162条规定，代理人在代理权限内，以被代理人名义实施的民事法律行为，对被代理人发生效力。代理行为的目的是实现被代理人的利益，其产生的权利义务等法律后果应由被代理人承担。这使代理行为与冒名欺诈等行为区别开来。

二、代理的种类

以代理权产生的原因划分，代理可分为意定代理与法定代理。意定代理的代理权基于本人的意思表示发生，如委托代理、职务代理等；法定代理的代理权由法律规定产生。

（一）意定代理

（1）委托代理。委托代理是代理人根据被代理人的授权而进行的代理。委托代理可以用书面形式，也可以用口头形式。委托代理授权采用书面形式的，授权委托书应当载明代理人的姓名或者名称、代理事项、权限和期间，并由被代理人签名或者盖章。

（2）职务代理。职务代理是因劳动合同、聘用合同或雇佣合同的法律关系，受雇人就其职权范围内的事项，以法人或者非法人组织的名义实施民事法律行为，对法人或者非法人组织发生效力的代理。《民法典》第170条第2款规定，法人或者非法人组织对执行其工作任务的人员职权范围的限制，不得对抗善意相对人。

（二）法定代理

法定代理，是指以法律的直接规定为根据而产生的代理。《民法典》第23条规定，无民事行为能力人、限制民事行为能力人的监护人是其法定代理人。法定代理人原则上应代理被代理人的有关财产方面的一切民事法律行为和其他允许代理的行为，在性质上属于全权代理。

三、代理权

代理权是能够据之进行代理并使行为的效力直接归属于被代理人的权限。代理权并不属于民事权利，而是一种权限、资格或法律地位。

（一）代理权的取得

（1）法定代理权的取得。法定代理权因具备法律规定的法律事实而取得。这种事实既可以是民法规定的亲属或其他具备资格的自然人、社会组织，也可以是在有该资格的人发生争议时，由有指定权的机关选定，或由法院判决指定。

（2）委托代理权的取得。委托代理权的取得根据是被代理人的授权行为。重大事务的授权以书面形式为妥。以书面形式授权即签署授权委托书。

（二）代理权的滥用

代理权滥用，是指代理人在行使代理权时，不是为本人计算，而是为自己计算或为他人计算。代理人不得滥用代理权。

滥用代理权主要包括以下几种类型。

（1）双方代理。双方代理指代理人既代理本人又代理第三人为同一民事法律行为的代理。《民法典》第168条第2款规定，代理人不得以被代理人的名义与自己同时代理的其他人实施民事法律行为，但是被代理的双方同意或者追认的除外。

（2）自己代理。自己代理指代理本人与自己订立合同。自己代理为法律法规所禁止。《民法典》第168条第1款规定，代理人不得以被代理人的名义与自己实施民事法律行为，但是被代理人同意或者追认的除外。

（3）利己代理。利己代理指代理人利用地位之便，实施有利于自己却不利于被代理人的代理。利己代理也为法律所禁止。

（4）恶意代理。恶意代理指代理人与相对人恶意串通，损害被代理人合法权益，代理人和相对人应当承担连带责任。

四、代理权的终止

（一）委托代理权的终止

委托代理终止的法定情形有：（1）代理期间届满或者代理事务完成；（2）被代理人取消委托或者代理人辞去委托；（3）代理人丧失民事行为能力；（4）代理人或者被代理人死亡；（5）作为代理人或者被代理人的法人、非法人组织终止。

《民法典》第174条规定，被代理人死亡后，有下列情形之一的，委托代理人实施的代理行为仍有效：（1）代理人不知道且不应当知道被代理人死亡；（2）被代理人的继承人予以承认；（3）授权中明确代理权在代理事务完成时终止；（4）被代理人死亡前已经实施，为了被代理人的继承人的利益继续代理。作为被代理人的法人、非法人组织终止的，参照适用上述规定。

（二）法定代理权的终止

法定代理终止的法定情形有：（1）被代理人取得或恢复完全民事行为能力；（2）代理人丧失民事行为能力；（3）代理人或者被代理人死亡；（4）法律规定的其他情形。

五、无权代理

（一）无权代理的概念

无权代理是指没有代理权而以本人名义进行的代理行为。无权代理表现为三种形式：（1）没有代理权而实施的代理；（2）超越代理权实施的代理；（3）代理权终止后实施的代理。无权代理可分为狭义无权代理和广义无权代理。

（二）狭义无权代理的效果

无权代理并非必然是无效代理。法律赋予被代理人追认权与拒绝权，对应地赋予相对人催告权和撤销权。

（1）行为人没有代理权、超越代理权或者代理权终止后，仍然实施代理行为，未经被代理人追认的，对被代理人不发生效力。

（2）相对人可以催告被代理人自收到通知之日起30日内予以追认。被代理人未作表示的，视为拒绝追认。行为人实施的行为被追认前，善意相对人有撤销的权利。撤销应当以通知的方式作出。

（3）行为人实施的行为未被追认的，善意相对人有权请求行为人履行债务或者就其受到的损害请求行为人赔偿。但是，赔偿的范围不得超过被代理人追认时相对人所能获得的利益。

（4）相对人知道或者应当知道行为人无权代理的，相对人和行为人按照各自的过错承担责任。

（三）表见代理

表见代理，指无权代理人的代理行为客观上存在使相对人相信其有代理权的情况，且相对人主观上为善意，因而可以向被代理人主张代理的效力。表见代理属于广义的无权代理的一种。《民法典》第172条规定，行为人没有代理权、超越代理权或者代理权终止后，仍然实施代理行为，相对人有理由相信行为人有代理权的，代理行为有效。《总则编解释》第28条第1款规定，同时符合下列条件的，人民法院可以认定为《民法典》第172条规定的相对人有理由相信行为人有代理权：（1）存在代理权的外观；（2）相对人不知道行为人行为时没有代理权，且无过失。

法律确立表见代理规则的主要意义在于维护人们对代理制度的信赖，保护善意相对人，保障交易安全。表见代理对于本人来说，产生与有权代理一样的效果，即在相对人与被代理人之间发生法律关系。被代理人应受无权代理人与相对人实施的民事法律行为的拘束。被代理人不得以无权代理作为抗辩事由，主张代理行为无效。

【例题1-7】甲公司法定代表人指派钱某和孙某以甲公司的名义与乙公司签订一份合同，明确要求钱某与孙某必须一起商议决策，一起签署合同。甲公司当日将上述安排以传真方式发给了乙公司，但乙公司未注意到。谈判中，由经验丰富的钱某与乙公司谈判，孙某则负责记录，乙公司参与谈判者均以为孙某是钱某的秘书。签署合同时，因孙某有急事离开，钱某只好独自与乙公司签订了合同。对此，下列表述正确的有（　　　）。

A.钱某属于无权代理

B.若甲公司同意履行，视为对合同的追认

C.若甲公司拒绝履行，乙公司有权要求钱某履行合同

D.若甲公司拒绝履行，乙公司有权以构成表见代理为由请求甲公司履行

（答案：ABC）

第四节 | 担 保

一、担保的概念与种类

民法上的担保是指根据民事法律规定或当事人的约定而产生的确保债权实现并促使债务人履行债务的法律措施。

根据《民法典》的相关规定，担保方式主要有保证、抵押、质押、留置和定金五种。在这五种类型中，保证属于人的担保，是用保证人的信用及该信用下的全部财产作担保，而非直接用保证人的财产作担保。抵押、质押、留置属于物的担保，是用债务人或第三人的财产直接承担担保责任，由此形成的权利为担保物权。定金属于金钱担保，是用债务人的金钱来担保债务的履行和承担担保责任。此外，所有权保留买卖、融资租赁、保理等也涉及担保功能。

二、保证

（一）保证和保证人的含义

1.保证的含义

保证是指第三人（保证人）和债权人约定，当债务人不履行债务时，保证人按约定履行债务或承担责任的行为。

2.保证人的含义

《民法典》第683条规定，机关法人不得为保证人，但是经国务院批准为使用外国政府或者国际经济组织贷款进行转贷的除外。以公益为目的的非营利法人、非法人组织不得为保证人。

具有代为清偿债务能力的法人、其他组织或者公民，可以作保证人。国家机关，学校、幼儿园、医院等以公益为目的的事业单位、社会团体及企业法人的分支机构、职能部门，不得作保证人。企业法人的分支机构有法人书面授权的，可以在授权范围内提供保证。任何单位和个人不得强令银行等金融机构或者企业为他人提供保证。银行等金融机构或者企业对强令其为他人提供保证的行为，有权拒绝。

（二）保证的形式及内容

保证的形式为保证人与债权人订立的书面保证合同。保证合同的内容一般包括被保证的主债权的种类、数额，债务人履行债务的期限，保证的方式、范围和期间等条款。保证合同可以是单独订立的书面合同，也可以是主债权债务合同中的保证条款。第三人单方以书面形式向债权人作出保证，债权人接收且未提出异议的，保证合同成立。

（三）保证的方式

保证的方式有一般保证和连带责任保证两种。当事人在保证合同中对保证方式没有约定或者约定不明确的，按照一般保证承担保证责任。

1.一般保证

当事人在保证合同中约定，债务人不能履行债务时，由保证人承担保证责任的，为一般保证。一般保证的保证人具有先诉抗辩权，即在主合同纠纷未经审判或者仲裁，并就债务人财产依法强制执行仍不能履行债务前，有权拒绝向债权人承担保证责任，但有下列情形之一的除外：（1）债务人下落不明，且无财产可供执行；（2）人民法院已经受理债务人破产案件；（3）债权人有证据证明债务人的财产不足以履行全部债务或者丧失履行债务能力；（4）保证人书面表示放弃先诉抗辩权。

2.连带责任保证

当事人在保证合同中约定保证人与债务人对债务承担连带责任的，为连带责任保证。连带责任保证的债务人不履行到期债务或者发生当事人约定的情形时，债权人可以请求债务人履行债务，也可以请求保证人在其保证范围内承担保证责任。

（四）保证范围

保证担保的范围包括主债权及利息、违约金、损害赔偿金和实现债权的费用。当事人另有约定的，按照其约定。当事人对保证担保的范围没有约定或者约定不明确的，保证人应当对全部债务承担责任。

（五）保证期间

保证期间是确定保证人承担保证责任的期间，不发生中止、中断和延长。债权人与保证人可以约定保证期间，但是约定的保证期间早于主债务履行期限或者与主债务履行期限同时届满的，视为没有约定；没有约定或者约定不明确的，保证期间为主债务履行期限届满之日起6个月。债权人与债务人对主债务履行期限没有约定或者约定不明确的，保证期间自债权人请求债务人履行债务的宽限期届满之日起计算。

一般保证的债权人未在保证期间对债务人提起诉讼或者申请仲裁的，保证人不再承担保证责任。连带责任保证的债权人未在保证期间请求保证人承担保证责任的，保证人不再承担保证责任。

（六）保证责任的承担

（1）保证人应当在保证合同约定的范围内承担保证责任。债权人转让全部或者部分债权，未通知保证人的，该转让对保证人不发生效力。保证人与债权人约定禁止债权转让，债权人未经保证人书面同意转让债权的，保证人对受让人不再承担保证责任。

债权人未经保证人书面同意，允许债务人转移全部或者部分债务，保证人对未经其同意转移的债务不再承担保证责任，但是债权人和保证人另有约定的除外。

（2）两人以上保证人时保证责任的承担。同一债务有两个以上保证人的，保证人应当按照保证合同约定的保证份额承担保证责任。没有约定保证份额的，债权人可以请求任何一个保证人在其保证范围内承担保证责任。

三、抵押

抵押，是指为担保债务的履行，债务人或者第三人不转移财产的占有，将该财产抵押

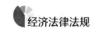

给债权人，债务人不履行到期债务或者发生当事人约定的实现抵押权的情形，债权人有权就该财产优先受偿。在抵押法律关系中，债务人或第三人为抵押人，债权人为抵押权人，提供担保的财产为抵押财产。

（一）可以抵押的财产

债务人或者第三人有权处分的下列财产可以抵押：（1）建筑物和其他土地附着物；（2）建设用地使用权；（3）海域使用权；（4）生产设备、原材料、半成品、产品；（5）正在建造的建筑物、船舶、航空器；（6）交通运输工具；（7）法律、行政法规未禁止抵押的其他财产。抵押人可以就上述财产分别或一并抵押。

乡镇、村企业的建设用地使用权不得单独抵押。以乡镇、村企业的厂房等建筑物抵押的，其占用范围内的建设用地使用权一并抵押。

（二）不得抵押的财产

下列财产不得抵押：（1）土地所有权；（2）宅基地、自留地、自留山等集体所有土地的使用权，但是法律规定可以抵押的除外；（3）学校、幼儿园、医疗机构等为公益目的成立的非营利法人的教育设施、医疗卫生设施和其他公益设施；（4）所有权、使用权不明或者有争议的财产；（5）依法被查封、扣押、监管的财产；（6）法律、行政法规规定不得抵押的其他财产。

（三）抵押合同和抵押物登记

设立抵押权，当事人应当采取书面形式订立抵押合同。抵押合同一般包括下列条款：（1）被担保债权的种类和数额；（2）债务人履行债务的期限；（3）抵押财产的名称、数量等情况；（4）担保的范围。

《民法典》第402条规定，以本法第395条第1款第1项至第3项规定的财产或者第5项规定的正在建造的建筑物抵押的，应当办理抵押登记。抵押权自登记时设立。第403条规定，以动产抵押的，抵押权自抵押合同生效时设立；未经登记，不得对抗善意第三人。

抵押物登记记载的内容与抵押合同约定的内容不一致的，以登记记载的内容为准。

（四）抵押权的效力

1.抵押所担保的债权范围

抵押担保的债权范围包括：主债权及其利息、违约金、损害赔偿金和实现抵押权的费用。当事人另有约定的，按照其约定。

2.抵押权人的权利和义务

（1）支配抵押物并排除他人侵害的权利。在抵押期间，尽管抵押权人并未实际占有抵押物，但抵押权人对抵押物仍享有支配权。如果抵押物受到第三人的侵害，抵押权人有权要求侵害人停止侵害、恢复原状、赔偿损失。

（2）抵押财产转让有害债权实现时，请求提前清偿或者提存的权利。

（3）抵押财产价值的保全与恢复权。抵押权人有权要求抵押人停止其减损抵押财产价值的行为，并有权要求抵押人恢复抵押财产的价值或另行提供相应的担保，否则抵押权人有权要求债务人提前清偿债务。

（4）权利处分权。抵押权人可以放弃抵押权和抵押权的顺位，也可以与抵押人协商变更抵押权的内容。如果抵押权人转让其主债权，也可以将抵押权一并转让。

（5）追及权。该权利是指在抵押权成立后，抵押人转让抵押财产，无论辗转至何人之手，抵押权人均可追及抵押物所在，而主张对该物的变价优先受偿。

（6）变价优先受偿权。该权利主要是指在债务人不履行债务或出现当事人约定实现抵押权的情形时，抵押权人可以与抵押人协议以该抵押财产折价，或者以拍卖、变卖该抵押财产所获得的价款优先受偿。

抵押权人的主要义务是在实现抵押权时严格依据法定和约定的方式及程序，不得损害抵押人和其他人的利益，不得非法干预抵押人所享有的各种权利。

3.抵押人的权利和义务

（1）对抵押物的占有和使用权。抵押设定以后，除法律规定或合同另有规定外，抵押人有权继续占有抵押物，并有权取得抵押物的孳息。

（2）对抵押物的转让权。《民法典》第406条规定，在抵押期间，抵押人可以转让抵押财产。当事人另有约定的，按照其约定。抵押财产转让的，抵押权不受影响。抵押人转让抵押财产的，应当及时通知抵押权人。抵押权人能够证明抵押财产转让可能损害抵押权的，可以请求抵押人将转让所得的价款向抵押权人提前清偿债务或者提存。转让的价款超过债权数额的部分归抵押人所有，不足部分由债务人清偿。

（3）设定重复抵押的权利。所谓重复抵押，是指在同一抵押财产上为两个或者两个以上的债权分别设定抵押权。

（4）对抵押财产的出租权。无论在抵押前还是抵押后，抵押人都可以将抵押物出租给他人使用。

（5）孳息收取权。在抵押期间，抵押人有权收取孳息。但当债务人不履行到期债务或者发生当事人约定的实现抵押权的情形，致使抵押财产被人民法院依法扣押的，自扣押之日起，抵押权人有权收取该抵押财产的天然孳息或者法定孳息。

抵押人的主要义务是妥善保管好抵押物，采取各种必要的措施以防止抵押物的毁损、灭失和价值减少。

（五）最高额抵押

最高额抵押，是指为担保债务的履行，债务人或者第三人对一定期间内将要连续发生的债权提供担保财产的，债务人不履行到期债务或者发生当事人约定的实现抵押权的情形，抵押权人有权在最高债权额限度内就该担保财产优先受偿。

【例题1-8】甲公司向乙银行借款，约定甲以其现有以及将有的动产为乙设立动产浮动抵押权，办理了抵押登记。两个月后，甲公司向丙公司购买生产设备M，约定甲分期支付价款，甲公司以设备M为丙公司设立抵押权担保设备M购置款的支付。丙向甲交付设备M的当日，为丙公司办理了抵押登记。半年后，甲公司被宣告破产，因未获清偿，乙银行与丙公司均主张对设备M行使抵押权。对此，下列表述正确的是（　　）。

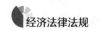

A. 乙对设备 M 不享有抵押权

B. 乙、丙均不得对设备 M 行使抵押权优先受偿

C. 丙对设备 M 的抵押权优先于乙对设备 M 的抵押权

D. 乙对设备 M 的抵押权优先于丙对设备 M 的抵押权 （答案：C）

四、质押

质押，是指为担保债务的履行，债务人或者第三人将其动产或者权利出质给债权人占有，债务人不履行到期债务或者发生当事人约定的实现质权的情形，债权人可以就其占有的财产优先受偿。该债务人或者第三人为出质人，债权人为质权人，交付的动产为质押财产。质权分为动产质权和权利质权。

（一）动产质权

动产质权，是以动产为其标的物的质权。

设立质权，当事人应当采用书面形式订立质押合同。质押合同一般包括下列条款：（1）被担保债权的种类和数额；（2）债务人履行债务的期限；（3）质押财产的名称、数量等情况；（4）担保的范围；（5）质押财产交付的时间、方式。质权自出质人交付质押财产时设立。

质权人在债务履行期限届满前，与出质人约定债务人不履行到期债务时质押财产归债权人所有的，只能依法就质押财产优先受偿。质权人有权收取质押财产的孳息，但是合同另有约定的除外。孳息应当先充抵收取孳息的费用。

债务人履行债务或者出质人提前清偿所担保的债权的，质权人应当返还质押财产。债务人不履行到期债务或者发生当事人约定的实现质权的情形，质权人可以与出质人协议以质押财产折价，也可以就拍卖、变卖质押财产所得的价款优先受偿。质押财产折价或者变卖的，应当参照市场价格。

出质人可以请求质权人在债务履行期限届满后及时行使质权；质权人不行使的，出质人可以请求人民法院拍卖、变卖质押财产。出质人请求质权人及时行使质权，因质权人怠于行使权利造成出质人损害的，由质权人承担赔偿责任。质押财产折价或者拍卖、变卖后，其价款超过债权数额的部分归出质人所有，不足部分由债务人清偿。

（二）权利质权

权利质权是为了担保债权清偿，就债务人或者第三人所享有的权利设定的质权。权利质权除了一些特殊问题外，适用动产质权的规定。

《民法典》第 440 条规定，债务人或者第三人有权处分的下列权利可以出质：（1）汇票、本票、支票；（2）债券、存款单；（3）仓单、提单；（4）可以转让的基金份额、股权；（5）可以转让的注册商标专用权、专利权、著作权等知识产权中的财产权；（6）现有的以及将有的应收账款；（7）法律、行政法规规定可以出质的其他财产权利。

以汇票、本票、支票、债券、存款单、仓单、提单出质的，质权自权利凭证交付质权人时设立；没有权利凭证的，质权自办理出质登记时设立。法律另有规定的，依照其规定。

五、留置

留置，是指债权人在先合法占有债务人的财产，在债务人逾期不履行债务时，有权留置该财产以迫使债务人履行债务，并在债务人仍不履行债务时可以就该财产优先受偿。债权人为留置权人，占有的动产为留置财产。债权人留置的动产，应当与债权属于同一法律关系，但是企业之间留置的除外。

同一动产上已经设立抵押权或者质权，该动产又被留置的，留置权人优先受偿。留置权人对留置财产丧失占有或者留置权人接受债务人另行提供担保的，留置权消灭。

⑦【例题1-9】2023年3月1日，李某以其所有的一辆轿车设立抵押权，向周某借款10万元，双方签订抵押合同但未办理抵押登记。3月23日，李某为获得吴某20万元的借款，又将该轿车抵押给吴某，双方签订抵押合同并办理了抵押登记。4月10日，该轿车因故障需要维修，李某将其送至郑某处进行维修，李某一直未支付维修费用，因此郑某留置该轿车。上述债务均已到期，因李某无力偿还，该轿车被拍卖，周某、吴某、郑某均主张就轿车拍卖价款优先受偿，下列关于债权人受偿顺序的表述中，正确的有（　　　）。

A.郑某优先于吴某受偿　　　　B.吴某优先于郑某受偿

C.周某优先于吴某受偿　　　　D.吴某优先于周某受偿　　　　（答案：AD）

六、定金

定金，是指根据合同当事人约定，为担保双方履行合同义务，由当事人一方在合同订立时或订立后、履行前，按合同标的额的一定比例交付对方当事人的金钱或其他替代物。

《民法典》第586条规定，定金合同自实际交付定金时成立；定金的数额由当事人约定，但是，不得超过主合同标的额的20%，超过部分不产生定金的效力。实际交付的定金数额多于或者少于约定数额的，视为变更约定的定金数额。

债务人履行债务的，定金应当抵作价款或者收回。给付定金的一方不履行债务或者履行债务不符合约定，致使不能实现合同目的的，无权请求返还定金；收受定金的一方不履行债务或者履行债务不符合约定，致使不能实现合同目的的，应当双倍返还定金。

当事人既约定违约金，又约定定金的，一方违约时，对方可以选择适用违约金或者定金条款。定金不足以弥补一方违约造成的损失的，对方可以请求赔偿超过定金数额的损失。

案例直击：民事责任案

经济法律法规

 思政园地

关键词：高质量立法　法律体系　法律保障

2023年，全国人大常委会工作报告指出，五年来，在党中央集中统一领导下，形成了党委领导、人大主导、政府依托、各方参与的立法工作格局，深入推进科学立法、民主立法、依法立法，开展立法论证、立法协商工作，实施法律案通过前评估和立法后评估，共有154件次法律草案向社会公布征求意见，109万多人次参与，有效促进了立法质量和效率的提升。五年来推进高质量立法，进一步完善了中国特色社会主义法律体系，为全面建设社会主义现代化国家提供了更为完备的法律保障。①

思考与探究

1.如何理解经济法的概念和调整对象？
2.如何理解法律责任的构成体系？
3.如何理解无权代理与表见代理的差异？
4.如何理解担保在社会经济生活中的作用？
5.如何理解五种担保方式各自的特点及其现实运用？

本章主要涉及的法律规定

1.《中华人民共和国宪法》（2018年修正）
2.《中华人民共和国民法典》（2020年）
3.《中华人民共和国刑法》（2020年修正）
4.《中华人民共和国立法法》（2023年修正）
5.《中华人民共和国行政处罚法》（2021年修订）
6.《中华人民共和国公务员法》（2018年修订）

本章速览

---

① 栗战书. 全国人民代表大会常务委员会工作报告[R/OL].（2023-03-17）[2024-02-25]. http://www.npc.gov.cn/c2/c30834/202303/t20230317_428429.html.

第二章

公司法

学习要点

了解公司的概念、特征和分类；掌握公司章程、资本、公司登记和股东权利。了解有限责任公司和股份有限公司的概念、特征；掌握有限责任公司和股份有限公司的设立、组织机构、股权转让；掌握公司债券和公司的财务、会计制度。熟悉公司的变更、合并、分立、解散和清算的条件和程序。能分析解决公司运作过程中的实际法律问题。

思政目标

引导学生培养爱岗敬业、勤勉尽责、诚实守信的道德品质，增强遵纪守法、依法经营的法治观念，增强爱国奉献的社会责任感。

第一节 公司法概述

2023年12月29日，《中华人民共和国公司法》（以下简称《公司法》）经第十四届全国人民代表大会常务委员会第七次会议第二次修订，于2024年7月1日起施行。本章内容是按照新修订的法条来阐述的。

一、公司的概念和特征

公司是一种企业组织形态，是依照法定的条件与程序设立的、以营利为目的的商事组织。我国的公司是指依照《公司法》在中华人民共和国境内设立的有限责任公司（或称"有限公司"和股份有限公司（或称"股份公司"）。公司一般具有以下特征。

（1）公司是企业法人，有独立的法人财产，享有法人财产权。法人是与自然人并列的一类民商事主体，具有独立的主体性资格，具有法律主体所要求的权利能力与行为能力，能够以自己的名义从事民商事活动，并以自己的全部财产对公司的债务承担责任。

（2）公司以营利为目的，具有营利性。公司的宗旨是获取利润，谋求经济利益。营利性使得公司区别于非营利法人。非营利法人的宗旨是发展公益、慈善、宗教、学术事业等，只是以营利为手段，旨在实现与营利无关的目的。

二、公司的分类

（一）立法分类

我国《公司法》中的公司类型仅为有限责任公司和股份有限公司。有限责任公司是指股东以其认缴的出资额为限对公司承担责任，公司以其全部财产对其债务承担责任的公司。股份有限公司是指将全部资本分为等额股份，股东以其认购的股份对公司承担责任，公司以其全部财产对其债务承担责任的公司。

（二）学理分类

（1）根据股东的责任范围，公司分为无限责任公司、两合公司、股份两合公司、股份有限公司和有限责任公司。无限责任公司指全体股东对公司债务承担无限责任的公司。两合公司指一部分股东对公司债务承担无限责任，另一部分股东对公司债务承担有限责任的公司。股份两合公司指由部分对公司债务负连带无限责任的股东和部分仅以所持股份对公司债务承担有限责任的股东共同组建的公司。有限责任公司与股份有限公司概念如前所述。

（2）根据公司股份转让方式，公司分为封闭式公司和开放式公司。封闭式公司的股票不能在交易所挂牌，不能在证券市场上自由转让；而开放式公司的股票可以在证券市场挂牌并公开自由转让。

（3）根据公司的信用基础，公司分为人合公司、资合公司和人合兼资合公司。人合公司是以股东个人信用为基础的公司；资合公司是以股东的投资额为基础的公司；人合兼资合公司则是兼具个人信用和资本信用的公司。

（4）根据公司之间的关系，公司可分为总公司和分公司，母公司和子公司。总公司又称本公司，是指依法设立并管辖公司全部组织的具有企业法人资格的总机构。分公司是指在业务、资金、人事等方面受本公司管辖而不具有法人资格的分支机构。母公司是指拥有其他公司一定数额的股份或根据协议，能够控制、支配其他公司的人事、财务、业务等事项的公司。子公司是指具有独立法人人格，一定数额的股份被另一公司控制或依照协议被另一家公司实际控制、支配的公司。

（5）根据公司的国籍，公司可分为本国公司、外国公司和跨国公司。本国公司是具有本国国籍，依照本国法享有权利、履行义务的公司。外国公司是外国法人，依照外国法设立，不具有本国国籍。跨国公司是指以本国为基地，通过对外直接投资，在不同国家设立分支机构或子公司，从事国际化生产和经营活动的公司。

三、公司设立

公司设立，是指公司设立人依照法定条件和程序，为组建公司并取得法人资格而必须采取和完成的法律行为。我国《公司法》对公司设立采用登记制和核准制相结合的立法体例。

（一）发起人

发起人是指为设立公司而签署公司章程、向公司认购出资或者股份并履行公司设立职责的人。自然人、法人、非法人组织、国家均可以作为公司的发起人。自然人作为发起人时，法律并无行为能力的要求。发起人在公司设立过程中的相互关系属于合伙性质的关系，其权利、义务、责任可以适用合伙的有关规定。

在设立公司的过程中，发起人的职责主要包括：（1）签订出资协议；（2）订立公司章程；（3）确认出资方式，对以实物、知识产权、土地使用权、股权、债权出资的，进行协议作价或者委托评估；（4）办理公司登记手续；（5）其他与公司设立相关的事务。

（二）设立方式

公司设立的方式基本为两种：发起设立和募集设立。发起设立，是指由发起人认购设立公司时应发行的全部股权或股份而设立公司。募集设立，是指由发起人认购设立公司时应发行股份的一部分，其余股份向特定对象募集或者向社会公开募集而设立公司。

在我国，有限公司只能采取发起设立的方式，由全体股东出资设立；股份公司可采取发起设立的方式，也可以采取募集设立的方式。

（三）公司章程

公司章程是指公司所必备的，规定其名称、宗旨、资本、组织机构等对内对外事务的基本法律文件。公司章程对公司、股东、董事、监事、高级管理人员具有约束力。公司章程必须采取书面形式，经全体股东同意并在章程上签名盖章，公司章程才能生效。

（四）公司的法定代表人

公司的法定代表人按照公司章程的规定，由代表公司执行公司事务的董事或者经理担任。担任法定代表人的董事或者经理辞任的，视为同时辞去法定代表人。法定代表人辞任的，公司应当在法定代表人辞任之日起 30 日内确定新的法定代表人。

法定代表人以公司名义从事的民事活动，其法律后果由公司承受。公司章程或者股东会对法定代表人职权的限制，不得对抗善意相对人。法定代表人因执行职务造成他人损害的，由公司承担民事责任。公司承担民事责任后，依照法律或者公司章程的规定，可以向有过错的法定代表人追偿。

四、公司登记

设立公司，应当依法向公司登记机关申请设立登记。法律、行政法规规定设立公司必须报经批准的，应当在公司登记前依法办理批准手续。申请设立公司，应当提交设立登记申请书、公司章程等文件，提交的相关材料应当真实、合法和有效。

公司登记事项包括：（1）名称；（2）住所；（3）注册资本；（4）经营范围；（5）法定代表人的姓名；（6）有限责任公司股东、股份有限公司发起人的姓名或者名称。公司登记机关应当将前述公司登记事项通过国家企业信用信息公示系统向社会公示。

依法设立的公司，由公司登记机关发给公司营业执照。公司营业执照签发日期为公司成立日期。公司营业执照应当载明公司的名称、住所、注册资本、经营范围、法定代表人姓名等事项。公司登记机关可以发给电子营业执照。电子营业执照与纸质营业执照具有同等法律效力。

经济法律法规

五、公司的资本与资产

（一）公司资本

有限责任公司的注册资本为在公司登记机关登记的全体股东认缴的出资额。全体股东认缴的出资额由股东按照公司章程的规定自公司成立之日起 5 年内缴足。法律、行政法规以及国务院决定对有限责任公司注册资本实缴、注册资本最低限额、股东出资期限另有规定的，从其规定。

股份有限公司的注册资本为在公司登记机关登记的已发行股份的股本总额。在发起人认购的股份缴足前，不得向他人募集股份。法律、行政法规以及国务院决定对股份有限公司注册资本最低限额另有规定的，从其规定。

（二）公司资本原则

（1）资本确定原则，是指公司设立时应在章程中载明公司资本总额，并由发起人认足或募足，其目的是使公司成立有相当的财产基础。

（2）资本维持原则，是指公司在其存续过程中，应当经常保持与其注册资本相当的财产，以保护债权人的利益和交易安全。如《公司法》第 53 条规定，公司成立后，股东不得抽逃出资。

（3）资本不变原则，是指公司资本总额一旦确定，非经法定程序，不得任意减少或增加。《公司法》第 66 条、第 116 条规定，有限公司股东会作出增加或者减少注册资本的决议，必须经代表 2/3 以上表决权的股东通过；股份公司股东会作出增加或者减少注册资本的决议，必须经出席会议的股东所持表决权的 2/3 以上通过。

（三）公司资本与资产

公司资产与公司资本含义并不相同，公司资产是公司拥有的全部财产，包括拥有的物权、无形财产权以及债权。注册资本能反映公司伊始的资本实力，但随着公司的持续经营和盈亏变化，公司的信用特别是公司的偿债能力与公司注册资本的关系就很小了，因为公司是以其全部资产对外承担债务清偿责任的。

六、公司股东和股东权利

（一）公司股东的概念

股东是指向公司出资、持有公司股份、享有股东权利和承担股东义务的人。股东是对公司法上的出资人的特别称谓。股东身份或者资格的法定证明文件是公司的股东名册。

在实践中，公司股东以其是否真正的出资人，存在名义股东与实际股东之分。所谓名义股东，是指登记于股东名册及公司登记机关的登记文件，但事实上并没有真实向公司出资，并且也不会向公司出资的人。实际股东，是指向公司履行了出资义务，并且实际享有股东权利但其姓名或者名称并未记载于公司股东名册及公司登记机关的登记文件的人。名义股东和实际股东往往签订股权代持协议，对双方当事人的权利义务包括如何参加公司股东会会议、行使股东权等作出明确规定。

（二）股东权

股东权简称股权，是指公司股东依据法律和公司章程享有的自益权和共益权的总称。自益权，即股东权中的财产权，具体包括：（1）发给股票或其他股权证明请求权；（2）股份转让权；（3）股息红利分配请求权，即资产收益权；（4）公司剩余财产分配权等。共益权，即股东权中的管理参与权，具体包括：（1）股东会临时召集请求权或自行召集权；（2）出席股东会并行使表决权，即参与重大决策和选择管理者的权利；（3）有限公司的股东和股份公司连续180日以上单独或者合计持有公司3%以上股份的股东有权查阅公司的会计账簿、会计凭证；（4）查阅、复制公司及其全资子公司的公司章程、股东名册、股东会会议记录、董事会会议决议、监事会会议决议和财务会计报告的权利；（5）权利损害救济权和股东代表诉讼权；（6）公司重整申请权；（7）对公司经营的建议与质询权。

②【例题2-1】甲、乙、丙、丁、戊五人是丰盛有限公司股东，其中甲持有公司股权比例为1%；乙持有公司股权比例为2%；丙持有公司股权比例为17%，但丙与好友王某签订了股权代持协议，约定由好友王某实际出资，享受投资收益；丁持有公司股权比例为30%；戊持有公司股权比例为50%，且担任公司董事长。公司章程规定，持股比例低于5%的股东不得查阅公司会计账簿。对此，下列说法正确的是（ ）。

A.甲无权查阅公司会计账簿　　B.王某无权查阅公司会计账簿

C.丙无权查阅公司会计账簿　　D.丁有权查阅并复制公司会计账簿　　（答案：B）

（三）诉讼权

1.公司决议之诉

《公司法》第25条规定，公司股东会、董事会的决议内容违反法律、行政法规的无效。据此，股东可以提起公司决议无效之诉。

《公司法》第26条规定，公司股东会、董事会的会议召集程序、表决方式违反法律、行政法规或者公司章程，或者决议内容违反公司章程的，股东自决议作出之日起60日内，可以请求人民法院撤销。但是，股东会、董事会的会议召集程序或者表决方式仅有轻微瑕疵，对决议未产生实质影响的除外。未被通知参加股东会会议的股东自知道或者应当知道股东会决议作出之日起60日内，可以请求人民法院撤销；自决议作出之日起1年内没有行使撤销权的，撤销权消灭。据此，股东可以提起决议撤销之诉。

《公司法》第27条规定，有下列情形之一的，公司股东会、董事会的决议不成立：（1）未召开股东会、董事会会议作出决议；（2）股东会、董事会会议未对决议事项进行表决；（3）出席会议的人数或者所持表决权数未达到本法或者公司章程规定的人数或者所持表决权数；（4）同意决议事项的人数或者所持表决权数未达到本法或者公司章程规定的人数或者所持表决权数。据此，股东可以提起决议不成立之诉。

2.股东代表诉讼

股东代表诉讼，是指当公司的合法权益受到不法侵害而公司却怠于起诉时，公司的股东即以自己的名义起诉，所获赔偿归于公司的一种诉讼制度。

《公司法》第189条规定了股东代表诉讼制度。董事、监事、高级管理人员执行职务违反法律、行政法规或者公司章程的规定，以及他人侵犯公司合法权益，给公司造成损失的，应当承担赔偿责任。有限责任公司的股东、股份有限公司连续180日以上单独或者合计持有公司1%以上股份的股东，可以书面请求监事会或者董事会向人民法院起诉。监事会或董事会收到前述规定的股东书面请求后拒绝提起诉讼，或者自收到请求之日起30日内未提起诉讼，或者情况紧急、不立即提起诉讼将会使公司利益受到难以弥补的损害的，上述股东有权为公司利益以自己的名义直接向人民法院提起诉讼。

公司全资子公司的董事、监事、高级管理人员有上述规定情形，或者他人侵犯公司全资子公司合法权益造成损失的，前述股东可以书面请求全资子公司的监事会、董事会向人民法院提起诉讼或者以自己的名义直接向人民法院提起诉讼。

⑦【例题2-2】202X年1月，甲、乙、丙三人共同发起设立了某有限责任公司，甲持股比例为30%，乙持股比例为60%，丙持股比例为10%。其中，乙至今未按约定履行出资义务，并且由乙担任公司法定代表人，丙担任公司唯一的监事。202X年7月，乙违规决议该公司为其本人提供担保，因此给公司造成损失100万元，而公司并未向其主张责任。下列说法正确的是（　　　　）。

A.甲有权直接要求乙向公司履行出资义务

B.甲有权直接要求乙赔偿其股权价值下降的损失

C.甲有权提议召开临时股东会会议变更法定代表人

D.甲有权提起股东代表诉讼，要求乙向自己承担赔偿责任　　　　（答案：AC）

七、股东义务

（一）全体股东的共同义务

（1）出资义务。这是股东最主要的义务。股东应当根据设立协议和公司章程的规定，履行向公司出资的义务。若有限公司股东未履行出资义务，或抽逃全部出资，公司可经法定程序剥夺其股东资格。

⑦【例题2-3】甲有限公司的职工股东乙未履行出资义务，经公司催告在合理期间内仍拒绝缴纳。根据《公司法》的规定，有权作出决议解除乙股东资格的公司机构是（　　　　）。

A.监事会　　　B.董事会　　　C.股东会　　　D.职工代表大会　　　（答案：B）

（2）参加股东会会议。这既是股东的权利，也是股东的义务。

（3）不干涉公司正常经营的义务。股东只能通过股东会行使表决权，对股东会职权范围内事项进行决议，而不得干涉董事会、经理、监事会的正常工作。

（4）不得滥用股东权利的义务。《公司法》第21条规定，公司股东应当遵守法律、行政法规和公司章程，依法行使股东权利，不得滥用股东权利损害公司或者其他股东的利益。公司股东滥用股东权利给公司或者其他股东造成损失的，应当承担赔偿责任。

（5）特定情形下的表决权禁行义务。公司为公司股东或实际控制人提供担保的，必须经股东会决议，被提供担保的股东或者受被提供担保的实际控制人支配的股东，不得参加关于该事项的股东会决议的表决。此为利害关系股东表决权的排除。

（二）控股股东、实际控制人的特别义务

（1）不得滥用控股股东的地位，损害公司和其他股东的利益。

（2）不得利用其关联关系损害公司利益。

（3）控股股东或实际控制人滥用股东权利或者利用关联关系损害公司或其他股东利益的，应当承担赔偿责任。

八、公司的董事、监事、高级管理人员

（一）任职资格

公司的董事、监事是指有限公司和股份公司的全体董事、监事。《公司法》第 265 条规定，公司的高级管理人员是指公司的经理、副经理、财务负责人、上市公司董事会秘书和公司章程规定的其他人员。

由于公司的董事、监事和高级管理人员对公司经营管理负有重要责任，《公司法》对其任职资格规定了较为严格的限制性条件。《公司法》第 178 条规定，有下列情形之一的，不得担任公司的董事、监事、高级管理人员：（1）无民事行为能力或者限制民事行为能力；（2）因贪污、贿赂、侵占财产、挪用财产或者破坏社会主义市场经济秩序，被判处刑罚，执行期满未逾 5 年，或者因犯罪被剥夺政治权利，执行期满未逾 5 年，被宣告缓刑的，自缓刑考验期满之日起未逾 2 年；（3）担任破产清算的公司、企业的董事或者厂长、经理，对该公司、企业的破产负有个人责任的，自该公司、企业破产清算完结之日起未逾 3 年；（4）担任因违法被吊销营业执照、责令关闭的公司、企业的法定代表人，并负有个人责任的，自该公司、企业被吊销营业执照、责令关闭之日起未逾 3 年；（5）个人因所负数额较大债务到期未清偿被人民法院列为失信被执行人。

公司违反上述规定选举、委派董事、监事或者聘任高级管理人员的，该选举、委派或者聘任无效。董事、监事、高级管理人员在任职期间出现上述所列情形的，公司应当解除其职务。

（二）董事、监事、高级管理人员的义务

（1）董事、监事、高级管理人员（本小节简称"董监高"）应当遵守法律、行政法规和公司章程。

（2）董监高对公司负有忠实义务，应当采取措施避免自身利益与公司利益冲突，不得利用职权牟取不正当利益；对公司负有勤勉义务，执行职务应当为公司的最大利益尽到管理者通常应有的合理注意义务。

（3）董监高不得有下列行为：①侵占公司财产、挪用公司资金；②将公司资金以其个人名义或者以其他个人名义开立账户存储；③利用职权贿赂或者获取其他非法收入；

④将他人与公司交易的佣金归为己有；⑤擅自披露公司秘密；⑥违反对公司忠实义务的其他行为。

（4）董监高直接或者间接与本公司订立合同或者进行交易，应当就与订立合同或者进行交易有关的事项向董事会或者股东会报告，并按照公司章程的规定经董事会或者股东会决议通过。

董监高的近亲属，董监高或者其近亲属直接或者间接控制的企业，以及与董监高有其他关联关系的关联人，与公司订立合同或者进行交易，适用上述规定。

（5）董监高不得利用职务便利为自己或者他人谋取属于公司的商业机会。但是，有以下情形之一的除外：①向董事会或者股东会报告，并按照公司章程的规定经董事会或者股东会决议通过；②根据法律、行政法规或者公司章程的规定，公司不能利用该商业机会。

（6）董监高未向董事会或者股东会报告，并按照公司章程的规定经董事会或者股东会决议通过，不得自营或者为他人经营与其任职公司同类的业务。

（7）股东会要求董监高列席会议的，董监高应当列席并接受股东的质询。

【例题2-4】 冯英为平方公司董事长。债务人陈俊向平方公司偿还40万元时，冯英要其将该款打到自己指定的个人账户。随即冯英又将该款借给褚明，借期一年，年息12%。下列表述正确的是（　　　　）。

A.该40万元的所有权，应归属于平方公司

B.平方公司可要求冯英返还利息

C.在陈俊为善意时，其履行行为有效

D.冯英因其行为已不再具有担任董事长的资格　　　　　　（答案：BC）

第二节　有限责任公司

一、有限责任公司的设立

（一）设立条件

设立有限责任公司，应当具备下列条件。

（1）股东符合法定人数。有限公司由1个以上50个以下股东出资设立。

（2）有符合公司章程规定的全体股东认缴的出资额。《公司法》没有规定有限公司的最低注册资本限额，可由公司章程自行约定，但全体股东认缴的出资额由股东按照公司章程的规定自公司成立之日起5年内缴足。

（3）股东共同制定公司章程。有限公司章程应当载明下列事项：①公司名称和住所；②公司经营范围；③公司注册资本；④股东的姓名或者名称；⑤股东的出资额、出资方式和出资日期；⑥公司的机构及其产生办法、职权、议事规则；⑦公司法定代表人产生、变更办法；⑧股东会会议认为需要规定的其他事项。股东应当在公司章程上签名或者盖章。

（4）有公司名称，建立符合有限公司要求的组织机构。

（5）有公司住所，有限公司以其主要办事机构所在地为住所。

（二）出资方式

股东可以用货币出资，也可以用实物、知识产权、土地使用权、股权、债权等可以用货币估价并可以依法转让的非货币财产作价出资；但是，法律、行政法规规定不得作为出资的财产除外。对作为出资的非货币财产应当评估作价，核实财产，不得高估或者低估作价。法律、行政法规对评估作价有规定的，从其规定。

股东应当按期足额缴纳公司章程中规定的各自所认缴的出资额。股东以货币出资的，应当将货币出资足额存入有限公司在银行开设的账户；以非货币财产出资的，应当依法办理其财产权的转移手续。

【例题2-5】甲、乙、丙三人拟成立一家有限责任公司，约定甲以某专利权出资，乙以劳务出资，丙以其持有的某公司股权出资。根据公司法律制度的规定，下列表述中，正确的是（　　　）。

A.甲、乙、丙实际缴纳出资后，才能向登记机关申请公司设立登记

B.乙可以以劳务出资，但应当由甲、乙、丙三人协商定价

C.丙可以以股权出资，但必须履行关于股权转让的法定手续

D.甲以专利权出资无须办理权属变更登记，但须许可公司使用该专利

（答案：C）

二、组织机构

（一）股东会

1.股东会的职权

有限公司股东会由全体股东组成，股东会是公司的权力机构。《公司法》第59条规定，股东会行使下列职权：（1）选举和更换董事、监事，决定有关董事、监事的报酬事项；（2）审议批准董事会的报告；（3）审议批准监事会的报告；（4）审议批准公司的利润分配方案和弥补亏损方案；（5）对公司增加或者减少注册资本作出决议；（6）对发行公司债券作出决议；（7）对公司合并、分立、解散、清算或者变更公司形式作出决议；（8）修改公司章程；（9）公司章程规定的其他职权。对前述事项股东以书面形式一致表示同意的，可以不召开股东会会议，直接作出决定，并由全体股东在决定文件上签名或者盖章。股东会可以授权董事会对发行公司债券作出决议。

2.股东会会议

（1）股东会会议分为定期会议和临时会议两种。定期会议的召开时间由公司章程规定。临时会议可经代表1/10以上表决权的股东或1/3以上的董事或监事会提议而召开。

（2）会议的召集和主持有以下特征。①首次股东会会议由出资最多的股东召集和主持，依法行使职权。以后的股东会会议，有限公司设立董事会的，股东会会议由董事会召

集，董事长主持；董事长不能履行职务或者不履行职务的，由副董事长主持；副董事长不能履行职务或者不履行职务的，由过半数董事共同推举一名董事主持。②董事会不能履行或者不履行召集股东会会议职责的，由监事会召集和主持；监事会不召集和主持的，代表1/10以上表决权的股东可以自行召集和主持。③召开股东会会议，应当于会议召开15日以前通知全体股东。股东会应当对所议事项的决定作成会议记录，出席会议的股东应当在会议记录上签名或者盖章。

（3）一般情况下，股东会作出决议时，由股东按照出资比例行使表决权。但是，公司章程另有规定的除外。股东会的议事方式和表决程序，除《公司法》有规定的外，由公司章程规定。股东会作出决议，应当经代表过半数表决权的股东通过。股东会会议作出修改公司章程、增加或者减少注册资本的决议，以及公司合并、分立、解散或者变更公司形式的决议，必须经代表2/3以上表决权的股东通过。

（二）董事会

1.董事会的组成

有限责任公司设董事会，成员为3人以上，其成员中可以有公司职工代表。职工人数300人以上的有限责任公司，除依法设监事会并有公司职工代表的外，其董事会成员中应当有公司职工代表。董事会中的职工代表由公司职工通过职工代表大会、职工大会或者其他形式民主选举产生。

公司规模较小或股东人数较少的有限公司，可以不设董事会，设一名董事行使《公司法》规定的董事会的职权。该董事可以兼任公司经理。

董事任期由公司章程规定，但每届任期不得超过3年。董事任期届满，连选可以连任，没有届数限制。董事会设董事长1人，可以设副董事长。董事长、副董事长的产生办法由公司章程规定。

2.董事会的职权

《公司法》第67条规定，董事会行使下列职权：（1）召集股东会会议，并向股东会报告工作；（2）执行股东会的决议；（3）决定公司的经营计划和投资方案；（4）制订公司的利润分配方案和弥补亏损方案；（5）制订公司增加或者减少注册资本以及发行公司债券的方案；（6）制订公司合并、分立、解散或者变更公司形式的方案；（7）决定公司内部管理机构的设置；（8）决定聘任或者解聘公司经理及其报酬事项，并根据经理的提名决定聘任或者解聘公司副经理、财务负责人及其报酬事项；（9）制定公司的基本管理制度；（10）公司章程规定或者股东会授予的其他职权。

公司章程对董事会职权的限制不得对抗善意相对人。

3.董事会会议

董事会会议由董事长召集和主持；董事长不能履行职务或者不履行职务的，由副董事长召集和主持；副董事长不能履行职务或者不履行职务的，由过半数的董事共同推举一名董事召集和主持。

董事会的议事方式和表决程序，除《公司法》有规定的外，由公司章程规定。董事会会议应当有过半数的董事出席方可举行。董事会作出决议，应当经全体董事的过半数通过。董事会决议的表决，应当一人一票。

董事会应当对所议事项的决定作成会议记录，出席会议的董事应当在会议记录上签名。

（三）经理

有限公司可以设经理，由董事会聘任或解聘。经理对董事会负责，根据公司章程的规定或者董事会的授权行使职权。经理列席董事会会议。

（四）监事会

1.监事会的组成

有限责任公司设监事会，监事会成员不少于3人，应当包括股东代表和和适当比例的公司职工代表，其中职工代表的比例不低于1/3，具体比例由公司章程规定。监事会中的职工代表由公司职工通过职工代表大会、职工大会或者其他形式民主选举产生。监事每届任期为3年，任期届满，可连选连任。董事、高级管理人员不得兼任监事。

监事会设主席1人，由全体监事过半数选举产生。监事会主席召集和主持监事会会议；监事会主席不能履行职务或者不履行职务的，由过半数的监事共同推举一名监事召集和主持监事会会议。

但以下两种情形除外：（1）有限责任公司可以按照公司章程的规定在董事会中设置由董事组成的审计委员会，行使《公司法》规定的监事会的职权，不设监事会或者监事。（2）规模较小或者股东人数较少的有限责任公司，可以不设监事会，设一名监事，行使《公司法》规定的监事会的职权；经全体股东一致同意，也可以不设监事。

2.监事会的职权

《公司法》第78条规定，监事会行使下列职权：（1）检查公司财务；（2）对董事、高级管理人员执行职务的行为进行监督，对违反法律、行政法规、公司章程或者股东会决议的董事、高级管理人员提出解任的建议；（3）当董事、高级管理人员的行为损害公司的利益时，要求董事、高级管理人员予以纠正；（4）提议召开临时股东会会议，在董事会不履行本法规定的召集和主持股东会会议职责时召集和主持股东会会议；（5）向股东会会议提出提案；（6）依照本法第189条的规定，对董事、高级管理人员提起诉讼；（7）公司章程规定的其他职权。

3.监事会职权的行使

监事会每年度至少召开一次会议，监事可以提议召开临时监事会会议。监事会的议事方式和表决程序，除《公司法》有规定的外，由公司章程规定。监事会决议应当经全体监事的过半数通过。监事会决议的表决，应当一人一票。监事会应当对所议事项的决定作成会议记录，出席会议的监事应当在会议记录上签名。

监事会可以要求董事、高级管理人员提交执行职务的报告。董事、高级管理人员应当如实向监事会提供有关情况和资料，不得妨碍监事会或者监事行使职权。

监事可以列席董事会会议，并对董事会决议事项提出质询或者建议。监事会发现公司经营情况异常，可以进行调查；必要时，可以聘请会计师事务所等协助其工作，费用由公司承担。监事会行使职权所必需的费用，由公司承担。

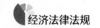

三、股权转让

（一）对内转让的规则

有限责任公司的股东之间可以相互转让其全部或部分股权。无须通知其他股东或取得其他股东同意。可以是转让部分股权，也可以是转让全部股权。在转让部分股权的情况下，转让方仍保留股东身份，只是转让方与受让方各自的股权比例发生变化而已。在全部转让的情况下，转让方退出公司。

（二）对外转让的规则

股东向股东以外的人转让股权的，应当将股权转让的数量、价格、支付方式和期限等事项书面通知其他股东，其他股东在同等条件下有优先购买权。股东自接到书面通知之日起 30 日内未答复的，视为放弃优先购买权。两个以上股东行使优先购买权的，协商确定各自的购买比例；协商不成的，按照转让时各自的出资比例行使优先购买权。公司章程对股权转让另有规定的，从其规定。

【例题 2-6】甲持有文昌有限公司 68% 的股权，任公司董事长；乙、丙为公司另外两个股东。因打算移居海外，甲拟出让其全部股权。对此，下列哪些说法是错误的？（　　）

A. 甲对外转让股权，不必征得乙、丙的同意，但应书面通知乙、丙

B. 甲可将其股权分割为两部分，分别转让给乙、丙

C. 若公司章程限制甲转让其股权，则甲可直接修改章程中的限制性规定，以使其股权转让行为合法

D. 甲对外转让其全部股权时，乙或丙可就甲所转让股权的一部分主张优先购买权

（答案：CD）

（三）强制执行程序中的股权转让

人民法院依照法律规定的强制执行程序转让股东的股权时，应当通知公司及全体股东，其他股东在同等条件下有优先购买权。其他股东自人民法院通知之日起满 20 日不行使优先购买权的，视为放弃优先购买权。

（四）异议股东的股权收购请求权

《公司法》第 89 条规定，有下列情形之一的，对股东会该项决议投反对票的股东可以请求公司按照合理的价格收购其股权：（1）公司连续 5 年不向股东分配利润，而公司该 5 年连续盈利，并且符合《公司法》规定的分配利润条件；（2）公司合并、分立、转让主要财产；（3）公司章程规定的营业期限届满或者章程规定的其他解散事由出现，股东会通过决议修改章程使公司存续。

自股东会决议通过之日起 60 日内，股东与公司不能达成股权收购协议的，股东可以自股东会决议作出之日起 90 日内向人民法院提起诉讼。

公司的控股股东滥用股东权利，严重损害公司或者其他股东利益的，其他股东有权请

求公司按照合理的价格收购其股权。

（五）自然人股东资格的继承

自然人股东死亡后，其合法继承人可以继承股东资格；但是，公司章程另有规定的除外。

四、国有独资公司

《公司法》第七章第 168 条明确规定，国家出资公司的组织机构，适用本章规定；本章没有规定的，适用《公司法》其他规定。该章对国有独资公司进行了重点规范。国有独资公司，是指国家单独出资、由国务院或者地方人民政府授权本级人民政府国有资产监督管理机构或者其他部门、机构代表本级人民政府履行出资人职责的有限责任公司。

（一）国有独资公司的权力机关

国有独资公司不设股东会，由履行出资人职责的机构行使股东会职权。履行出资人职责的机构可以授权公司董事会行使股东会的部分职权，但公司章程的制定和修改，公司的合并、分立、解散、申请破产，增加或者减少注册资本，分配利润，应当由履行出资人职责的机构决定。

（二）董事会和经理

国有独资公司的董事会依照《公司法》规定行使职权。国有独资公司的董事会成员中，应当过半数为外部董事，并应当有公司职工代表。董事会成员由履行出资人职责的机构委派；但是，董事会成员中的职工代表由公司职工代表大会选举产生。

董事会设董事长一人，可以设副董事长。董事长、副董事长由履行出资人职责的机构从董事会成员中指定。

国有独资公司的经理由董事会聘任或者解聘。经履行出资人职责的机构同意，董事会成员可以兼任经理。

国有独资公司的董事、高级管理人员，未经履行出资人职责的机构同意，不得在其他有限责任公司、股份有限公司或者其他经济组织兼职。

（三）监事会的设置

国有独资公司在董事会中设置由董事组成的审计委员会行使《公司法》规定的监事会职权的，不设监事会或者监事。

第三节 \ 股份有限公司

一、股份有限公司的设立

（一）设立条件

（1）设立股份有限公司，应当有 1 人以上 200 人以下为发起人，其中应当有半数以上的发起人在中华人民共和国境内有住所。

（2）股份有限公司的注册资本为在公司登记机关登记的已发行股份的股本总额。法律、行政法规以及国务院决定对股份有限公司注册资本实缴、注册资本最低限额另有规定的，从其规定。发起人应当在公司成立前按照其认购的股份全额缴纳股款。在发起人认购的股份缴足前，不得向他人募集股份。

（3）发起人共同制订公司章程，采用募集方式设立的经成立大会通过。股份有限公司章程应当载明下列事项：①公司名称和住所；②公司经营范围；③公司设立方式；④公司注册资本、已发行的股份数和设立时发行的股份数，面额股的每股金额；⑤发行类别股的，每一类别股的股份数及其权利和义务；⑥发起人的姓名或者名称、认购的股份数、出资方式；⑦董事会的组成、职权和议事规则；⑧公司法定代表人的产生、变更办法；⑨监事会的组成、职权和议事规则；⑩公司利润分配办法；⑪公司的解散事由与清算办法；⑫公司的通知和公告办法；⑬股东会认为需要规定的其他事项。

（4）须办理公司登记的公司名称、住所、经营范围、法定代表人姓名等事项。

（二）设立方式

股份有限公司的设立，可以采取发起设立或者募集设立的方式。以发起设立方式设立股份有限公司的，发起人应当认足公司章程规定的公司设立时应发行的股份。以募集设立方式设立股份有限公司的，发起人认购的股份不得少于公司章程规定的公司设立时应发行股份总数的35%；但是，法律、行政法规另有规定的，从其规定。

（三）成立大会

募集设立股份有限公司的发起人应当自公司设立时应发行股份的股款缴足之日起30日内召开公司成立大会。发起人应当在成立大会召开15日前将会议日期通知各认股人或者予以公告。成立大会应当有持有表决权过半数的认股人出席，方可举行。以发起设立方式设立股份有限公司成立大会的召开和表决程序由公司章程或者发起人协议规定。

公司成立大会行使下列职权：（1）审议发起人关于公司筹办情况的报告；（2）通过公司章程；（3）选举董事、监事；（4）对公司的设立费用进行审核；（5）对发起人非货币财产出资的作价进行审核；（6）发生不可抗力或者经营条件发生重大变化直接影响公司设立的，可以作出不设立公司的决议。成立大会对前述所列事项作出决议，应当经出席会议的认股人所持表决权过半数通过。

二、组织机构

股份有限公司的组织机构包括股东会、董事会和监事会。

（一）股东会

股份公司的股东会由全体股东组成，是公司的权力机构。《公司法》第59条第1款、第2款关于有限责任公司股东会职权的规定，适用于股份有限公司股东会；第60条关于只有一个股东的有限责任公司不设股东会的规定，适用于只有一个股东的股份有限公司。

1.股东会的召开

股东会应当每年召开一次年会。有下列情形之一的，应当在2个月内召开临时股东会：（1）董事人数不足《公司法》规定人数或者公司章程所定人数的 2/3 时；（2）公司未弥补的亏损达到股本总数的 1/3 时；（3）单独或者合计持有公司 10% 以上股份的股东请求时；（4）董事会认为必要时；（5）监事会提议时；（6）公司章程规定的其他情形。

2.会议的召集与主持

股东会会议由董事会召集，董事长主持；董事长不能履行职务或者不履行职务的，由副董事长主持；副董事长不能履行职务或者不履行职务的，由过半数的董事共同推举一名董事主持。董事会不能履行或者不履行召集股东会会议职责的，监事会应当及时召集和主持；监事会不召集和主持的，连续 90 日以上单独或者合计持有公司 10% 以上股份的股东可以自行召集和主持。

单独或者合计持有公司 10% 以上股份的股东请求召开临时股东会会议的，董事会、监事会应当在收到请求之日起 10 日内作出是否召开临时股东会会议的决定，并书面答复股东。

3.会议的通知

召开股东会，应在会议召开的 20 日前将会议召开的时间、地点和审议的事项通知各股东；临时股东会会议应当于会议召开的 15 日前通知各股东。

4.股东会的决议

股东出席股东会会议，所持每一股份有一表决权，类别股股东除外。公司持有的本公司股份没有表决权。股东会作出决议，应当经出席会议的股东所持表决权过半数通过。股东会作出修改公司章程、增加或者减少注册资本的决议，以及公司合并、分立、解散或者变更公司形式的决议，应当经出席会议的股东所持表决权的 2/3 以上通过。股东会应当对所议事项的决定作成会议记录，主持人、出席会议的董事应当在会议记录上签名。会议记录应当与出席股东的签名册及代理出席的委托书一并保存。

股东会选举董事、监事，可以按照公司章程的规定或者股东会的决议，实行累积投票制。所谓累积投票制，是指股东会选举董事或者监事时，每一股份拥有与应选董事或者监事人数相同的表决权，股东拥有的表决权可以集中使用。

（二）董事会和经理

1.董事会的组成和职权

股份有限公司设董事会，规模较小或者股东人数较少的股份有限公司，可以不设董事会，设 1 名董事，行使《公司法》规定的董事会的职权。该董事可以兼任公司经理。《公司法》第 67 条、第 68 条第 1 款、第 70 条、第 71 条关于有限责任公司的规定，适用于股份有限公司。

股份有限公司可以按照公司章程的规定在董事会中设置由董事组成的审计委员会，行使《公司法》规定的监事会的职权，不设监事会或者监事。审计委员会成员为 3 名以上，过半数成员不得在公司担任除董事以外的其他职务，且不得与公司存在任何可能影响其独立客观判断的关系。公司董事会成员中的职工代表可以成为审计委员会成员。审计委员会作出决议，应当经审计委员会成员的过半数通过。审计委员会决议的表决，应当一人一票。审计委员会的议事方式和表决程序，除《公司法》有规定的外，由公司章程规定。公

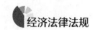

司可以按照公司章程的规定在董事会中设置其他委员会。

董事会设董事长1人，可以设副董事长。董事长或副董事长由董事会以全体董事的过半数选举产生。

2.董事会会议的召开

股份公司的董事会会议分为定期会议和临时会议。定期会议，每年度至少召开两次，每次应于会议召开10日前通知全体董事和监事。代表1/10以上表决权的股东、1/3以上董事或者监事会，可以提议召开临时董事会会议。董事长应当自接到提议后10日内，召集和主持董事会会议。董事会召开临时会议，可以另定召集董事会的通知方式和通知时限。

股份公司董事会会议应有过半数的董事出席方可举行。董事会作出决议，必须经全体董事过半数通过。董事会决议的表决，应当一人一票。董事会应当对所议事项的决定作成会议记录，出席会议的董事应当在会议记录上签名。

董事应当对董事会的决议承担责任。董事会的决议违反法律、行政法规或者公司章程、股东会决议，给公司造成严重损失的，参与决议的董事对公司负赔偿责任；经证明在表决时曾表明异议并记载于会议记录的，该董事可以免除责任。

【例题2-7】为维护公司价值和股东权益所必需，某上市公司董事会经股东会授权，召开董事会会议作出回购公司股份的决议。该公司董事会有9人，此次董事会会议共有5名董事参加，在表决时，4名董事投赞成票，1名董事投反对票。公司拟根据本次决议实施回购计划，但公司监事卫某对此提出异议。根据公司法律制度的规定，下列表述中，正确的有（　　　）。

A.股东会授权董事会作出回购决议不违反《公司法》的规定

B.此次董事会会议的出席人数符合《公司法》的规定

C.卫某可以请求人民法院确认此次董事会决议不成立

D.此次回购决议依法获得通过 　　　　　　　　　　　（答案：AC）

3.经理

股份公司设经理，由董事会决定聘任或者解聘。董事会也可以决定由董事会成员兼任经理。经理对董事会负责，根据公司章程的规定或者董事会的授权行使职权。经理列席董事会会议。

【例题2-8】茂林股份公司效益一直不错，为提升公司治理现代化，增强市场竞争力并顺利上市，公司决定重金聘请知名职业经理人蒋某担任总经理。对此，下列哪些选项是正确的？（　　　）

A.对蒋某的聘任以及具体的薪酬，由茂林公司董事会决定

B.蒋某受聘总经理后，有权决定聘请其好友沈某担任茂林公司的财务总监

C.蒋某受聘总经理后，公司一旦发现其不称职，可通过股东会决议将其解聘

D.蒋某受聘总经理后，就其职权范围的事项，有权以茂林公司名义对外签订合同

（答案：AD）

（三）监事会

股份有限公司设监事会，但董事会中已设立审计委员会行使监事会职权，不设监事会或者监事，以及规模较小或者股东人数较少的股份有限公司，设 1 名监事，未设监事会的除外。监事会成员为 3 人以上。监事会应当包括股东代表和适当比例的公司职工代表，其中职工代表的比例不得低于 1/3，具体比例由公司章程规定。监事会中的职工代表由公司职工通过职工代表大会、职工大会或者其他形式民主选举产生。董事、高级管理人员不得兼任监事。《公司法》第 78 条至第 80 条，关于有限公司监事会的规定，适用于股份公司监事会。

监事会每 6 个月至少召开一次会议。监事可以提议召开临时监事会会议。监事会的议事方式和表决程序，除《公司法》有规定的外，由公司章程规定。监事会决议应当经全体监事的过半数通过。监事会决议的表决，应当一人一票。监事会应当对所议事项的决定作成会议记录，出席会议的监事应当在会议记录上签名。

监事会设主席 1 人，可以设副主席，都由全体监事过半数选举产生。监事的任期每届为 3 年，任期届满，可连选连任。

三、股份发行与转让

（一）股份与股票

股份有限公司的资本划分为股份。公司的股份采取股票的形式。股票是公司签发的证明股东所持股份的凭证。公司的全部股份，根据公司章程的规定择一采用面额股或者无面额股。采用面额股的，每一股的金额相等。公司可以根据公司章程的规定将已发行的面额股全部转换为无面额股或者将无面额股全部转换为面额股。采用无面额股的，应当将发行股份所得股款的 1/2 以上计入注册资本。

从不同的角度和标准，可对股份进行不同的划分。

（1）普通股和优先股。普通股股东有权在公司提取完毕公积金、公益金以及支付了优先股股利后，参与公司的盈余分配，其股利不固定。公司终止清算时，普通股股东在优先股股东之后取得公司剩余财产。优先股股东在公司盈余或剩余财产的分配上享有比普通股股东优先的权利。优先股的股利率事先约定，优先股先于普通股分配红利，公司终止清算时，优先股先于普通股收回投资。但优先股股东没有表决权。

（2）记名股和无记名股。记名股是指将股东姓名记载于股票之上的股份。记名股不仅要求在股票上记载股东姓名，而且要求将之记于公司的股东名册上。公司向发起人、法人发行的股票，应当为记名股票。无记名股是指不将股东姓名记载于股票之上的股份。发行无记名股票的，公司应当记载其股票数量、编号及发行日期。我国《公司法》规定，公司发行的股票，应当为记名股票。

（3）面额股和无面额股。面额股在股票票面上记载一定金额，无面额股票面上不记载金额，只注明股份数量或占总股本比例。面额股股票的发行价格可以按票面金额，也可以超过票面金额，但不得低于票面金额。无面额股股票发行或转让价格较灵活，不受票面金额的约束，发行该股票的公司能够比较容易地进行股票分割。

（4）国家股、法人股和个人股。国家股是指由国家授权投资的机构或者国家授权的部门，以国有资产向公司投资形成的股份。法人股是指由具有法人资格的组织以其可支配的财产向公司投资形成的股份。根据投资法人的种类不同，法人股又可分为企业法人股、事业单位法人股和社会团体法人股三种。个人股是指个人以合法取得的财产向公司投资形成的股份，包括社会个人股和本公司内部职工个人股。

（5）内资股和外资股。内资股一般是由境内个人或机构以人民币认购和买卖的股票；外资股一般是以外币认购和买卖的股票。外资股有境内上市外资股（即B股）和境外上市外资股。境外上市外资股一般以境外上市地的英文名称中的第一个字母命名，如在纽约上市的N股，在新加坡上市的S股等。

（二）股份发行

股份的发行，实行公平、公正的原则，同类别的每一股份应当具有同等权利。同次发行的同类别股票，每股的发行条件和价格应当相同；认购人所认购的股份，每股应当支付相同价额。

《公司法》第144条规定，公司可以按照公司章程的规定发行下列与普通股权利不同的类别股：（1）优先或者劣后分配利润或者剩余财产的股份；（2）每一股的表决权数多于或者少于普通股的股份；（3）转让须经公司同意等转让受限的股份；（4）国务院规定的其他类别股。公开发行股份的公司不得发行第（2）项、第（3）项规定的类别股，公开发行前已发行的除外。公司发行第（2）项规定的类别股的，对于监事或者审计委员会成员的选举和更换，类别股与普通股每一股的表决权数相同。

公司发行新股，股东会应当对下列事项作出决议：（1）新股种类及数额；（2）新股发行价格；（3）新股发行的起止日期；（4）向原有股东发行新股的种类及数额；（5）发行无面额股的，新股发行所得股款计入注册资本的金额。公司发行新股，可以根据公司经营情况和财务状况，确定其作价方案。公司章程或者股东会可以授权董事会在3年内决定发行不超过已发行股份50%的股份。但以非货币财产作价出资的应当经股东会决议。

公司向社会公开募集股份，应当经国务院证券监督管理机构注册，公告招股说明书；并应当由依法设立的证券公司承销，签订承销协议。公司应当同银行签订代收股款协议，代收股款的银行应当按照协议代收和保存股款，向缴纳股款的认股人出具收款单据，并负有向有关部门出具收款证明的义务。

（三）股份转让

股份转让，是指股份有限公司的股份持有人依照法定条件和程序，将其持有的股份出让给受让人，受让人成为公司股东的行为。

1.股份转让方式

股份有限公司的股东持有的股份可以向其他股东转让，也可以向股东以外的人转让；公司章程对股份转让有限制的，其转让按公司章程的规定进行。股东转让其股份，应当在依法设立的证券交易场所或者按照国务院规定的其他方式进行。股票的转让，由股东以背书方式或者法律、行政法规规定的其他方式进行；转让后由公司将受让人的姓名或者名称及住所记载于股东名册。

2.股份转让的限制

（1）公司公开发行股份前已发行的股份，自公司股票在证券交易所上市交易之日起1年内不得转让。法律、行政法规或者国务院证券监督管理机构对上市公司的股东、实际控制人转让其所持有的本公司股份另有规定的，从其规定。

（2）公司董事、监事、高级管理人员应当向公司申报所持有的本公司的股份及其变动情况，在就任时确定的任职期间每年转让的股份不得超过其所持有本公司股份总数的25%；所持本公司股份自公司股票上市交易之日起1年内不得转让。上述人员离职后半年内，不得转让其所持有的本公司股份。公司章程可以对公司董事、监事、高级管理人员转让其所持有的本公司股份作出其他限制性规定。

（四）股份回购

股份回购，是指公司收购本公司已发行的股份。我国《公司法》原则上不允许公司收购自己的股份，但有下列情形之一的除外：（1）减少公司注册资本；（2）与持有本公司股份的其他公司合并；（3）将股份用于员工持股计划或者股权激励；（4）股东因对股东会作出的公司合并、分立决议持异议，要求公司收购其股份；（5）将股份用于转换公司发行的可转换为股票的公司债券；（6）上市公司为维护公司价值及股东权益所必需。

此外，有下列情形之一的，对股东会该项决议投反对票的股东可以请求公司按照合理的价格收购其股份，公开发行股份的公司除外：（1）公司连续5年不向股东分配利润，而公司该5年连续盈利，并且符合《公司法》规定的分配利润条件；（2）公司转让主要财产；（3）公司章程规定的营业期限届满或者章程规定的其他解散事由出现，股东会通过决议修改章程使公司存续。自股东会决议作出之日起60日内，股东与公司不能达成股份收购协议的，股东可以自股东会决议作出之日起90日内向人民法院提起诉讼。

【例题2-9】星河股份公司注册资本5000万元，是在深圳证券交易所上市的公司。旺达公司持有星河公司200万股股份。202X年1月，星河公司拟吸收合并旺达公司，对此，下列说法正确的是（　　　）。

A.两家公司合并应当由星河公司董事会决议

B.星河公司可回购15%股份用于未来两家公司的员工激励

C.两家公司合并后，对于星河公司所回购的股份应当在6个月内转让或注销

D.对于两家公司合并持有异议的星河公司股东，无权要求星河公司回购其股份

（答案：C）

四、上市公司组织机构的特别规定

上市公司，是指其股票在证券交易所上市交易的股份有限公司。《公司法》对于上市公司组织机构的特别规定如下。

（1）上市公司在1年内购买、出售重大资产或者向他人提供担保的金额超过公司资产总额30%的，应当由股东会作出决议，并经出席会议的股东所持表决权的2/3以上通过。

（2）上市公司设独立董事，具体办法由国务院证券监督管理机构规定。

（3）上市公司在董事会中设置审计委员会的，董事会对下列事项作出决议前应当经审计委员会全体成员过半数通过：①聘用、解聘承办公司审计业务的会计师事务所；②聘任、解聘财务负责人；③披露财务会计报告；④国务院证券监督管理机构规定的其他事项。

（4）上市公司设董事会秘书，负责公司股东会和董事会会议的筹备、文件保管以及公司股东资料的管理，办理信息披露事务等事宜。

（5）上市公司董事与董事会会议决议事项所涉及的企业或者个人有关联关系的，该董事应当及时向董事会书面报告。有关联关系的董事不得对该项决议行使表决权，也不得代理其他董事行使表决权。该董事会会议由过半数的无关联关系董事出席即可举行，董事会会议所作决议须经无关联关系董事过半数通过。出席董事会会议的无关联关系董事人数不足3人的，应当将该事项提交上市公司股东会审议。

（6）上市公司应当依法披露股东、实际控制人的信息，相关信息应当真实、准确、完整。禁止违反法律、行政法规的规定代持上市公司股票。

（7）上市公司控股子公司不得取得该上市公司的股份。上市公司控股子公司因公司合并、质权行使等持有上市公司股份的，不得行使所持股份对应的表决权，并应当及时处分相关上市公司股份。

第四节　公司债券与公司财务会计

一、公司债券

公司债券，是指公司发行的约定按期还本付息的有价证券。公司债券应当为记名债券。公司债券可以公开发行，也可以非公开发行。公司债券的发行和交易应当符合《中华人民共和国证券法》等法律、行政法规的规定。

（一）公司债券与股票的区别

（1）性质不同。债券表示的是债权，是债权凭证；股票表示的是股东权，是股权凭证。

（2）收益水平不同。债券持有人是债权人，无论公司是否盈利，都可按照约定的利率和期限获取收益；股票持有人是从公司利润中分取股息、红利，收益不确定。

（3）承担的风险不同。债券是还本付息的有价证券，其风险比股票要小。

（4）参与经营管理权限不同。债券持有人无权参与公司经营管理，而股票持有人作为公司股东会的成员，可以通过行使表决权等参与公司的经营管理。

（二）公司债券发行

公开发行公司债券，应当经国务院证券监督管理机构注册，公告公司债券募集办法。

公司债券募集办法应当载明下列主要事项：（1）公司名称；（2）债券募集资金的用途；（3）债券总额和债券的票面金额；（4）债券利率的确定方式；（5）还本付息的期限和方式；（6）债券担保情况；（7）债券的发行价格、发行的起止日期；（8）公司净资产额；（9）已发行的尚未到期的公司债券总额；（10）公司债券的承销机构。

公司发行公司债券应当置备公司债券持有人名册，名册上应当载明下列事项：（1）债券持有人的姓名或者名称及住所；（2）债券持有人取得债券的日期及债券的编号；（3）债券总额，债券的票面金额、利率、还本付息的期限和方式；（4）债券的发行日期。

公司债券的登记结算机构应当建立债券登记、存管、付息、兑付等相关制度。

股份有限公司经股东会决议，或者经公司章程、股东会授权由董事会决议，可以发行可转换为股票的公司债券，并规定具体的转换办法。上市公司发行可转换为股票的公司债券，应当经国务院证券监督管理机构注册。

（三）公司债券转让

公司债券可以转让，转让价格由转让人与受让人约定。公司债券的转让应当符合法律、行政法规的规定。公司债券由债券持有人以背书方式或者法律、行政法规规定的其他方式转让；转让后由公司将受让人的姓名或者名称及住所记载于公司债券持有人名册。

二、公司财务、会计

公司应当依照法律、行政法规和国务院财政部门的规定建立本公司的财务、会计制度。

公司财务会计制度主要包括两个内容：一是财务会计报告制度，即公司应当依法编制财务会计报表和制作财务会计报告；二是收益分配制度，即公司的年度分配，应当依照法律规定及股东会决议，将公司利润用于缴纳税款、提取公积金和公益金以及进行红利分配。

（一）财务会计报告

公司应当在每一会计年度终了时编制财务会计报告，并依法经会计师事务所审计。有限责任公司应当按照公司章程规定的期限将财务会计报告送交各股东。股份有限公司的财务会计报告应当在召开股东会年会的 20 日前置备于本公司，供股东查阅；公开发行股份的股份有限公司应当公告其财务会计报告。

（二）收益分配与公积金

（1）公司分配当年税后利润时，应当提取利润的 10% 列入公司法定公积金。公司法定公积金累计额为公司注册资本的 50% 以上的，可以不再提取。

（2）公司已有的法定公积金不足以弥补以前年度亏损时，在提取当年法定公积金之前，先用当年利润弥补亏损。

（3）公司从税后利润中提取法定公积金后，经股东会决议，还可以从税后利润中提取任意公积金。

（4）公司弥补亏损和提取公积金后所余税后利润，有限责任公司按照股东实缴的出资比例分配利润，全体股东约定不按照出资比例分配利润的除外；股份有限公司按照股东所持有的股份比例分配利润，公司章程另有规定的除外。公司持有的本公司股份不得分配利润。

（5）股东会作出分配利润的决议的，董事会应当在股东会决议作出之日起6个月内进行分配。

（6）公司以超过股票票面金额的发行价格发行股份所得的溢价款、发行无面额股所得股款未计入注册资本的金额以及国务院财政部门规定列入资本公积金的其他项目，应当列为公司资本公积金。

（7）公司的公积金用于弥补公司的亏损、扩大公司生产经营或者转为增加公司注册资本。公积金弥补公司亏损，应当先使用任意公积金和法定公积金；仍不能弥补的，可以按照规定使用资本公积金。法定公积金转为增加注册资本时，所留存的该项公积金不得少于转增前公司注册资本的25%。

⑦【例题2-10】甲公司是一家募集设立的非上市股份公司，成立于202X年初。后溢价发行新股，形成资本公积金为0.5亿元。该年末甲公司未弥补亏损为0.4亿元，次年甲公司盈利状况良好，税前利润为0.8亿元，无累积的法定公积金。关于次年甲公司的财务处理，下列说法正确的是哪些？（　　　　）

A. 甲公司可以按规定用资本公积金弥补亏损

B. 甲公司应当先用0.8亿元利润弥补亏损

C. 甲公司董事会可决定提取一定比例的任意公积金

D. 因弥补亏损后，须缴纳所得税，甲公司提取法定公积金的金额将少于0.04亿元

（答案：ABD）

第五节　公司的变更、合并、分立、解散和清算

一、公司的变更

（一）一般规定

公司的变更，是指公司设立登记事项中某一项或某几项的改变，包括公司名称、住所、法定代表人、注册资本、公司组织形式、经营范围、营业期限、有限公司或股份公司发起人的姓名或名称的变更等。公司登记事项发生变更的，应当依法办理变更登记。公司变更登记事项涉及修改公司章程的，应当提交修改后的公司章程。公司营业执照记载的事项发生变更的，公司办理变更登记后，由公司登记机关换发营业执照。

（二）增资

有限责任公司增加注册资本时，股东在同等条件下有权优先按照实缴的出资比例认缴出资。但是，全体股东约定不按照出资比例优先认缴出资的除外。股份有限公司为增加注册资本发行新股时，股东不享有优先认购权，公司章程另有规定或者股东会决议决定股东

享有优先认购权的除外。

（三）减资

公司减少注册资本，应当编制资产负债表及财产清单。公司应当自股东会作出减少注册资本决议之日起 10 日内通知债权人，并于 30 日内在报纸上或者国家企业信用信息公示系统公告。债权人自接到通知之日起 30 日内，未接到通知的自公告之日起 45 日内，有权要求公司清偿债务或者提供相应的担保。

公司减少注册资本，应当按照股东出资或者持有股份的比例相应减少出资额或者股份，法律另有规定、有限责任公司全体股东另有约定或者股份有限公司章程另有规定的除外。公司依法使用公积金弥补亏损后，仍有亏损的，可以减少注册资本弥补亏损。减少注册资本弥补亏损的，公司不得向股东分配，也不得免除股东缴纳出资或者股款的义务。

二、公司的合并

公司合并，是指两个或两个以上的公司，订立合并协议，依照《公司法》的规定，不经过清算程序，直接结合为一个公司的法律行为。公司合并可以采取吸收合并或者新设合并两种形式。一个公司吸收其他公司为吸收合并，被吸收的公司解散。两个以上公司合并设立一个新的公司为新设合并，合并各方解散。

公司与其持股 90% 以上的公司合并，被合并的公司无须经股东会决议，但应当通知其他股东，其他股东有权请求公司按照合理的价格收购其股权或者股份。公司合并支付的价款不超过本公司净资产 10% 的，可以不经股东会决议；但是，公司章程另有规定的除外。公司前述未经股东会决议的，应当经董事会决议。

公司合并，应当由合并各方签订合并协议，并编制资产负债表及财产清单。公司应当自作出合并决议之日起 10 日内通知债权人，并于 30 日内在报纸上或者国家企业信用信息公示系统公告。债权人自接到通知之日起 30 日内，未接到通知的自公告之日起 45 日内，可以要求公司清偿债务或者提供相应的担保。公司合并时，合并各方的债权、债务，应当由合并后存续的公司或者新设的公司承继。

三、公司的分立

公司分立，是指一个公司通过依法签订分立协议，不经过清算程序，分为两个或两个以上公司的法律行为。公司分立可采取新设分立与派生分立两种方式。新设分立，是指公司全部资产分别划归两个或两个以上的新公司，原公司解散。派生分立，是指公司以其部分资产另设一个或数个新的公司，原公司存续。

公司分立，其财产作相应的分割。公司分立，应当编制资产负债表及财产清单。公司应当自作出分立决议之日起 10 日内通知债权人，并于 30 日内在报纸上或者国家企业信用信息公示系统公告。

公司分立前的债务由分立后的公司承担连带责任。但是，公司在分立前与债权人就债务清偿达成的书面协议另有约定的除外。

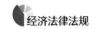

四、公司的解散

公司解散，是指已成立的公司基于一定的合法事由而使公司消灭的法律行为。《公司法》第 229 条规定，公司因下列情形解散：（1）公司章程规定的营业期限届满或者公司章程规定的其他解散事由出现；（2）股东会决议解散；（3）因公司合并或者分立需要解散；（4）依法被吊销营业执照、责令关闭或者被撤销；（5）股东请求法院解散公司。《公司法》第 231 条规定，公司经营管理发生严重困难，继续存续会使股东利益受到重大损失，通过其他途径不能解决的，持有公司 10% 以上表决权的股东，可以请求人民法院解散公司。

公司出现上述解散事由，应当在 10 日内将解散事由通过国家企业信用信息公示系统予以公示。

公司有上述第（1）、（2）项情形，且尚未向股东分配财产的，可以通过修改公司章程或者经股东会决议而存续。此种情形下修改公司章程或者经股东会决议，有限责任公司须经持有 2/3 以上表决权的股东通过，股份有限公司须经出席股东会会议的股东所持表决权的 2/3 以上通过。

⑦【例题 2-11】韩云是某股份公司发起人之一，持有 15% 的股份。在公司成立后的两年多时间里，各董事之间矛盾不断，不仅使公司原定上市计划难以实现，更导致公司经营管理出现严重困难。关于韩云可采取的法律措施，下列哪一说法是正确的？（　　）

A. 可起诉各董事履行对公司的忠实义务和勤勉义务

B. 可同时提起解散公司的诉讼和对公司进行清算的诉讼

C. 在提起解散公司诉讼时，应以公司为被告

D. 在提起解散公司诉讼时，可直接要求法院采取财产保全措施　　　（答案：C）

五、公司解散时的清算

清算是终结已解散公司的一切法律关系，处理公司剩余财产的程序。公司除因合并或分立解散无须清算，以及因破产适用破产清算程序外，其他解散的公司，都应按《公司法》的规定进行清算。

（一）清算组的组成

董事为公司清算义务人，应当在解散事由出现之日起 15 日内组成清算组进行清算。清算组由董事组成，但是公司章程另有规定或者股东会决议另选他人的除外。清算义务人未及时履行清算义务，给公司或者债权人造成损失的，应当承担赔偿责任。逾期不成立清算组进行清算或者成立清算组后不清算的，利害关系人可以申请人民法院指定有关人员组成清算组进行清算。人民法院应当受理该申请，并及时组织清算组进行清算。

公司因依法被吊销营业执照、责令关闭或者被撤销而解散的，作出吊销营业执照、责令关闭或者撤销决定的部门或者公司登记机关，可以申请人民法院指定有关人员组成清算组进行清算。

（二）清算组的职责

《公司法》第 234 条规定：清算组在清算期间行使下列职权：（1）清理公司财产，分别编制资产负债表和财产清单；（2）通知、公告债权人；（3）处理与清算有关的公司未了结的业务；（4）清缴所欠税款以及清算过程中产生的税款；（5）清理债权、债务；（6）分配公司清偿债务后的剩余财产；（7）代表公司参与民事诉讼活动。

（三）清算程序

清算组应当自成立之日起 10 日内通知债权人，并于 60 日内在报纸上或者国家企业信用信息公示系统公告。债权人应当自接到通知之日起 30 日内，未接到通知的自公告之日起 45 日内，向清算组申报其债权。在申报债权期间，清算组不得对债权人进行清偿。

清算组在清理公司财产、编制资产负债表和财产清单后，应当制订清算方案，并报股东会或者人民法院确认。公司财产在分别支付清算费用、职工的工资、社会保险费用和法定补偿金，缴纳所欠税款，清偿公司债务后的剩余财产，有限公司按照股东的出资比例分配，股份公司按照股东持有的股份比例分配。

清算组在清理公司财产、编制资产负债表和财产清单后，发现公司财产不足清偿债务的，应当依法向人民法院申请破产清算。人民法院受理破产申请后，清算组应当将清算事务移交给人民法院指定的破产管理人。

公司清算结束后，清算组应当制作清算报告，报股东会或者人民法院确认，并报送公司登记机关，申请注销公司登记。

案例直击：股东资格确认纠纷　　案例直击：公司盈余分配纠纷案

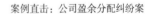

思政园地

关键词：完善制度　优化治理　股东权利保护　党的领导

《公司法》修订的亮点

2023 年修订的《公司法》有许多制度创新和解决实际问题的举措，可谓亮点纷呈。

完善公司资本制度。一是完善注册资本认缴登记制度。规定有限责任公司股东出资期限不得超过 5 年。二是在股份有限公司中引入授权资本制，允许公司章程或者股东会授权董事会发行股份，同时要求发起人全额缴纳股款，既方便公司设立、提高筹资灵活性，又减少注册资本虚化等问题。三是规定股份有限公司可以发行优先股和劣后股、特殊表决权股、转让受限股等类别股。四是允许公司根据章程择一采用面额股或者无面额股。五是允许公司按照规定使用资本公积金弥补亏损。六是规定简易减资制度，允许公司按照规定通过减少注册资本方式弥补亏损，但不得向股东分配，也不得免除股东缴纳出资或者股款的义务。七是增加股东未按期缴纳出资的失权制度、股东认缴出资加速到期制度，规定股权转让后转让人、受让人的责任。

优化公司治理。一是允许公司只设董事会、不设监事会，公司只设董事会的，应当在董事会中设置审计委员会行使监事会职权。二是简化公司组织机构设置。对于规模较小或者股东人数较少的公司，可以不设董事会，设1名董事，不设监事会，设1名监事；对于规模较小或者股东人数较少的有限责任公司，经全体股东一致同意，可以不设监事。三是为更好保障职工参与公司民主管理，规定职工人数300人以上的公司，除依法设监事会并有公司职工代表的外，其董事会成员中应当有公司职工代表。公司董事会成员中的职工代表可以成为审计委员会成员。四是对股份有限公司董事会审计委员会和上市公司董事会审计委员会的议事方式和表决程序作了规定。

加强股东权利保护。一是强化股东知情权。扩大股东查阅材料的范围，允许有限责任公司股东查阅会计凭证，股份有限公司符合条件的股东查阅会计账簿和会计凭证，允许股东查阅、复制全资子公司相关材料。二是完善股份有限公司股东请求召集临时股东会会议的程序，完善股东临时提案权规定，强化股东民主参与公司治理。三是对于公司的控股股东滥用股东权利，严重损害公司或者其他股东利益的，规定其他股东有权请求公司按照合理的价格收购其股权。四是规定公司减少注册资本，应当按照股东出资或者持有股份的比例相应减少出资额或者股份，法律另有规定、有限责任公司全体股东另有约定或者股份有限公司章程另有规定的除外。五是允许股东对公司全资子公司董事、监事、高级管理人员等提起代表诉讼。

强化控股股东、实际控制人和董事、监事、高级管理人员的责任。一是完善忠实和勤勉义务的具体内容。二是加强对董事、监事、高级管理人员与公司关联交易等的规范，增加关联交易等的报告义务和回避表决规则。三是强化董事、监事、高级管理人员维护公司资本充实的责任。四是规定董事、高级管理人员执行职务存在故意或者重大过失，给他人造成损害的，应当承担赔偿责任。五是规定公司的控股股东、实际控制人不担任公司董事但实际执行公司事务的，对公司负有忠实义务和勤勉义务。六是规定公司的控股股东、实际控制人指示董事、高级管理人员从事损害公司或者股东利益的行为的，与该董事、高级管理人员承担连带责任。

完善公司设立、退出制度。一是新设公司登记一章，明确公司设立登记、变更登记、注销登记的事项和程序；同时要求公司登记机关优化登记流程，提高登记效率和便利化水平。二是充分利用信息化建设成果，明确电子营业执照、通过国家企业信用信息公示系统发布公告、采用电子通信方式召开会议和表决的法律效力。三是扩大可用作出资的财产范围，明确股权、债权可以作价出资。四是放宽一人有限责任公司设立等限制，并允许设立一人股份有限公司。五是完善公司清算制度，明确清算义务人及其责任。六是增加简易注销和强制注销制度，方便公司退出。

完善国家出资公司相关规定。一是设国家出资公司组织机构的特别规定专章，将适用范围由国有独资有限责任公司，扩大到国有独资、国有资本控股的有限责任公司、股份有限公司。二是坚持党对国有企业的领导，强调国家出资公司中中国共产党的组织的领导作用。三是要求国有独资公司董事会成员中外部董事应当过半数。四是规定国有独资公司在董事会中设置由董事组成的审计委员会行使监事会职权的，不设监事会或者监事。五是增加国家出资公司应当依法建立健全内部监督管理和风险控制制度的规定。

完善公司债券相关规定。一是根据《关于国务院机构改革方案的决定》将国家发展改革委企业债券审核职责划入中国证监会的要求，删去国务院授权的部门对公开发行债券注册的规定。二是明确公司债券可以公开发行，也可以非公开发行。三是将发行可转债的公司由上市公司扩大到所有股份有限公司。四是增加债券持有人会议决议效力的规定，增加债券受托管理人相关规定。

思考与探究

1. 如何理解股东的有限责任与股东权利滥用？
2. 如何理解有限责任公司股权转让的规则？
3. 如何理解公司内部治理结构的法律安排？
4. 如何理解股份有限公司可以回购股份的情形？
5. 如何理解董事、监事和高级管理人员的任职资格条件？

本章主要涉及的法律规定

1.《中华人民共和国公司法》（2023 年修订）
2.《中华人民共和国证券法》（2019 年修订）

本章速览

第三章
合伙企业法、个人独资企业法和外商投资法

学习要点

　　了解合伙企业的概念与分类，熟悉普通合伙企业和有限合伙企业的特点，掌握合伙企业事务的执行。了解个人独资企业的概念、特征和设立，掌握个人独资企业的事务管理。了解外商投资和外商投资企业的概念，理解外商投资促进、投资保护和投资管理的内容。

思政目标

　　对学生进行创业规划教育、创业风险教育、创业法律责任教育等，鼓励学生创新创业，培养企业家精神，增强爱国精神，开拓国际视野，秉持开放包容心态，敢于竞争，善于竞争。

第一节　合伙企业法

一、合伙企业的概念与特征

（一）合伙企业的概念

　　合伙企业，是指自然人、法人和其他组织依照《中华人民共和国合伙企业法》（以下简称《合伙企业法》）在中国境内设立的普通合伙企业和有限合伙企业。

　　普通合伙企业由普通合伙人组成，合伙人对合伙企业债务承担无限连带责任。《合伙企业法》对普通合伙人承担责任的形式有特别规定的，从其规定。有限合伙企业由普通合伙人和有限合伙人组成，普通合伙人对合伙企业债务承担无限连带责任，有限合伙人以其认缴的出资额为限对合伙企业债务承担责任。国有独资公司、国有企业、上市公司以及公益性的事业单位、社会团体不得成为普通合伙人。

　　申请设立合伙企业，应当向企业登记机关提交登记申请书、合伙协议书、合伙人身份证明等文件。合伙企业的营业执照签发日期为合伙企业成立日期。

（二）合伙企业的特征

　　合伙企业具有以下法律特征：（1）合伙企业是契约式组织，不具有法人资格。（2）合伙企业以合伙协议为法律基础，合伙协议依法由全体合伙人协商一致、以书面形式订立。（3）合伙企业的生产经营所得和其他所得，由合伙人分别缴纳所得税。（4）普通合伙人对合伙企业债务承担无限连带责任。

二、普通合伙企业

（一）普通合伙企业的设立

《合伙企业法》第14条规定，设立普通合伙企业，应当具备下列条件。

（1）有2个以上合伙人。自然人、法人和其他组织均可成为合伙人。合伙人为自然人的，应当具有完全民事行为能力；法律、行政法规禁止从事营利性活动的人，不得成为合伙企业的合伙人，具体包括国家公务员、法官、检察官及警察等。

（2）有书面合伙协议。合伙协议应当载明以下内容：①合伙企业的名称和主要经营场所的地点；②合伙目的和合伙经营范围；③合伙人的姓名或者名称、住所；④合伙人的出资方式、数额和缴付期限；⑤利润分配、亏损分担方式；⑥合伙事务的执行；⑦入伙与退伙；⑧争议解决办法；⑨合伙企业的解散与清算；⑩违约责任。

（3）有合伙人认缴或者实际缴付的出资。合伙人可以用货币、实物、知识产权、土地使用权或者其他财产权利出资，也可以用劳务出资。合伙人应当按照合伙协议约定的出资方式、数额和缴付期限，履行出资义务。

（4）有合伙企业的名称和生产经营场所。合伙企业名称中应当标明"普通合伙"字样。

（5）法律、行政法规规定的其他条件。

（二）普通合伙企业的财产

合伙企业财产指合伙存续期间，合伙人的出资和所有以合伙企业名义取得的收益和依法取得的其他财产。合伙企业财产属于全体合伙人共同共有。

合伙人向合伙人以外的人转让其在合伙企业中的全部或部分财产份额时，除合伙协议另有约定外，须经其他合伙人一致同意，并且在同等条件下其他合伙人有优先受让的权利。合伙人之间可以转让在合伙企业中的全部或者部分财产份额，但应通知其他合伙人。合伙人以其在合伙企业中的财产份额出质的，须经其他合伙人一致同意；否则，出质行为无效，由此给善意第三人造成损失的，由行为人依法承担赔偿责任。

除依法退伙等法律有特别规定的外，合伙人不得请求分割合伙企业财产，也不得私自转移或者处分合伙企业财产。

（三）利润分配与亏损分担

合伙企业的利润分配、亏损分担，按照合伙协议的约定办理；合伙协议未约定或者约定不明确的，由合伙人协商决定；协商不成的，由合伙人按照实缴出资比例分配、分担；无法确定出资比例的，由合伙人平均分配、分担。

合伙协议不得约定将全部利润分配给部分合伙人或者由部分合伙人承担全部亏损。

（四）合伙事务的执行

1.合伙事务的执行方式与规则

根据《合法企业法》的规定，合伙人对执行合伙事务享有同等的权利。按照合伙协议的约定或经过全体合伙人决定，可以采用以下四种方式执行合伙事务。

（1）全体合伙人共同执行。全体合伙人共同执行合伙事务的，对合伙事务的处理决定由全体合伙人共同协商，各合伙人之间有相互监督权。

（2）委托一名或数名合伙人执行合伙事务。采取这种方式的，其他合伙人不再执行合伙事务。不执行合伙事务的合伙人有权监督执行事务合伙人执行合伙事务的情况。执行事务合伙人应当定期向其他合伙人报告事务执行情况以及合伙企业的经营和财务状况，其执行合伙事务所产生的收益归合伙企业，所产生的费用和亏损由合伙企业承担。

（3）合伙人分别单独执行合伙事务。合伙人分别执行合伙事务的，执行事务合伙人可以对其他合伙人执行的事务提出异议。提出异议时，应当暂停该项事务的执行。如果发生争议，依照《合伙企业法》有关事项决议方法作出决定。

（4）外聘经营管理人员，在授权范围内履行职务。被聘任的合伙企业的经营管理人员应当在合伙企业授权范围内履行职务。其超越合伙企业授权范围履行职务，或者在履行职务过程中因故意或者重大过失给合伙企业造成损失的，依法承担赔偿责任。

2.合伙事务的决议

合伙人对合伙企业有关事项作出决议，按照合伙协议约定的表决办法办理。合伙协议未约定或者约定不明确的，实行合伙人一人一票并经全体合伙人过半数通过的表决办法。《合伙企业法》对合伙企业的表决办法另有规定的，从其规定。

除合伙协议另有约定外，合伙企业的下列事项应当经全体合伙人一致同意：（1）改变合伙企业的名称；（2）改变合伙企业的经营范围、主要经营场所的地点；（3）处分合伙企业的不动产；（4）转让或者处分合伙企业的知识产权和其他财产权利；（5）以合伙企业名义为他人提供担保；（6）聘任合伙人以外的人担任合伙企业的经营管理人员；（7）修改或者补充合伙协议；（8）合伙人向第三人转让其在合伙企业中的全部或者部分财产份额；（9）吸收新的合伙人。

【例题3-1】美源商务中心为普通合伙企业，合伙人为杨某、朱某、秦某、尤某、许某。就合伙事务的执行，合伙协议约定由杨某、朱某二人负责。下列哪些表述是正确的？（　　）

A.对杨某、朱某的业务执行行为，尤某享有监督权

B.对杨某、朱某的业务执行行为，许某享有异议权

C.秦某仍有权以合伙企业的名义对外签订合同

D.杨某以合伙企业名义对外签订合同时，朱某享有异议权　　　（答案：AD）

（五）普通合伙人与第三人的关系

（1）合伙企业债务的清偿。合伙企业对其债务，应先以其全部财产进行清偿。合伙企业不能清偿到期债务的，合伙人承担无限连带责任。合伙人由于承担连带责任所清偿债务数额超过其应当承担的数额时，有权向其他合伙人追偿。

（2）合伙人个人债务的清偿。合伙人发生与合伙企业无关的债务，相关债权人不得以其债权抵销其对合伙企业的债务；也不得代位行使合伙人在合伙企业中的权利。合伙人的

自有财产不足清偿其与合伙企业无关的债务的，该合伙人可以以其从合伙企业中分取的收益用于清偿；债权人也可以依法请求人民法院强制执行该合伙人在合伙企业中的财产份额用于清偿。

（3）双重优先原则。若同时存在合伙企业债务和合伙人个人债务，当合伙人与合伙企业都处于资不抵债的境地时，实践中依照双重优先原则处理。所谓双重优先原则，是指合伙财产优先用于清偿合伙债务，个人财产优先用于清偿个人债务，即合伙人个人的债权人优先于合伙企业的债权人从合伙人的个人财产中得到清偿，合伙企业的债权人优先于合伙人个人的债权人从合伙财产中得到清偿。

（4）合伙企业与善意第三人的关系。合伙企业对合伙人执行合伙事务以及对外代表合伙企业权利的限制，不得对抗善意第三人。合伙人对《合伙企业法》规定或者合伙协议约定，必须经全体合伙人一致同意始得执行的事务擅自处理，给合伙企业或者其他合伙人造成损失的，依法承担赔偿责任。

【例题3-2】何劲向吕走借款50万元用来炒股，借期1个月，结果恰遇股市动荡，何劲到期不能还款。经查明，何劲为某普通合伙企业的合伙人，持有45%的合伙份额。对此，下列哪些说法是正确的？（　　　）

A.吕走可主张对何劲的合伙份额进行强制执行

B.对何劲的合伙份额进行强制执行时，其他合伙人不享有优先购买权

C.吕走可主张以何劲自该合伙企业中所分取的收益来清偿债务

D.吕走可直接向合伙企业要求对何劲进行退伙处理，并以退伙结算所得来清偿债务

（答案：AC）

（六）普通合伙的入伙与退伙

1.入伙

新合伙人入伙，除合伙协议另有约定外，应当经全体合伙人一致同意，并依法订立书面入伙协议。订立入伙协议时，原合伙人应当向新合伙人如实告知原合伙企业的经营状况和财务状况。入伙的新合伙人与原合伙人享有同等权利，承担同等责任。入伙协议另有约定的，从其约定。新合伙人对入伙前合伙企业的债务承担无限连带责任。

2.退伙

（1）自愿退伙。自愿退伙又称声明退伙，是指合伙人基于自愿的意思表示而退伙。合伙协议约定合伙期限的，在合伙企业存续期间，有下列情形之一的，合伙人可以退伙：①合伙协议约定的退伙事由出现；②经全体合伙人一致同意；③发生合伙人难以继续参加合伙的事由；④其他合伙人严重违反合伙协议约定的义务。

合伙协议未约定合伙期限的，合伙人在不给合伙企业事务执行造成不利影响的情况下，可以退伙，但应当提前30日通知其他合伙人。

（2）当然退伙。当然退伙是指发生了某种客观情况而导致的退伙。《合伙企业法》第48条规定，合伙人有下列情形之一的，当然退伙：①作为合伙人的自然人死亡或者被依法

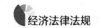

宣告死亡；②个人丧失偿债能力；③作为合伙人的法人或者其他组织依法被吊销营业执照、责令关闭、撤销，或者被宣告破产；④法律规定或者合伙协议约定合伙人必须具有相关资格而丧失该资格；⑤合伙人在合伙企业中的全部财产份额被人民法院强制执行。退伙事由实际发生之日为退伙生效日。

（3）除名退伙。除名退伙也称开除退伙，是指在合伙人出现法定事由的情形下，由其他合伙人决议将该合伙人除名。《合伙企业法》第49条规定，合伙人有下列情形之一的，经其他合伙人一致同意，可以决议将其除名：①未履行出资义务；②因故意或者重大过失给合伙企业造成损失；③执行合伙事务时有不正当行为；④发生合伙协议约定的事由。对合伙人的除名决议应当书面通知被除名人。被除名人接到除名通知之日，除名生效，被除名人退伙。被除名人对除名决议有异议的，可以自接到除名通知之日起30日内，向法院起诉。

⑦【例题3-3】甲厂是一家生产工业用刷的普通合伙企业，合伙人是施某、张某和孔某。2022年4月5日，因孔某未履行出资义务，施某和张某决定开除孔某，并于当日将除名通知快递给孔某，孔某于4月6日收到。4月10日，甲厂自乙公司购进设备，价款为200万元，2022年7月10日前付清。4月15日，曹某与施某、张某签订入伙协议，作为普通合伙人加入甲厂。4月30日，甲厂办理完变更登记，合伙人变更登记为施某、张某和曹某（变更前合伙人为孔某、施某和张某）。至2022年7月中旬，甲厂无法清偿对乙公司的债务。对此，以下正确的是哪些？（   ）

A. 2022年4月5日起，孔某不再是甲厂合伙人

B. 就设备价款对应的债权，乙公司有权要求曹某承担无限连带责任

C. 如乙公司对甲厂开除孔某情况不知情，则其有权要求孔某承担无限连带责任

D. 因欠缺孔某作为签约主体，故曹某与施某、张某的入伙协议无效

（答案：BC）

（七）特殊的普通合伙企业

以专门知识和技能为客户提供有偿服务的专业服务机构，可以设立为特殊的普通合伙企业。特殊的普通合伙企业必须在其企业名称中标明"特殊普通合伙"字样。

在特殊的普通合伙企业中，一个合伙人或者数个合伙人在执业活动中因故意或者重大过失造成合伙企业债务的，应当承担无限责任或者无限连带责任，其他合伙人以其在合伙企业中的财产份额为限承担责任。合伙人在执业活动中非因故意或者重大过失造成的合伙企业债务以及合伙企业的其他债务，由全体合伙人承担无限连带责任。

合伙企业的财产承担对外责任后，有过错的合伙人应当按照合伙协议的约定对给合伙企业造成的损失承担赔偿责任。

三、有限合伙企业

有限合伙企业，是指由一个以上的普通合伙人和一个以上的有限合伙人共同设立的，普通合伙人对合伙企业债务承担无限连带责任，有限合伙人以其认缴的出资额为限对合伙

企业债务承担责任的合伙企业形式。

（一）有限合伙企业的设立

（1）有符合要求的合伙人。有限合伙企业由 2 个以上 50 个以下合伙人设立；但是，法律另有规定的除外。有限合伙企业至少应当有一个普通合伙人。

（2）出资的要求。有限合伙人可以货币、实物、知识产权、土地使用权或者其他财产权利作价出资，但不得以劳务出资。

（3）合伙协议的要求。合伙协议除需要记载普通合伙企业协议应当记载的事项，还需要载明以下特殊事项：①普通合伙人和有限合伙人的姓名或者名称、住所；②执行事务合伙人应具备的条件和选择程序；③执行事务合伙人的权限与违约处理办法；④执行事务合伙人的除名条件和更换程序；⑤有限合伙人入伙、退伙的条件、程序以及相关责任；⑥有限合伙人和普通合伙人相互转变程序。

（4）有限合伙企业的名称中应当标明"有限合伙"字样，登记事项中应当载明有限合伙人的姓名或者名称及认缴的出资数额。

（二）合伙事务执行

有限合伙企业的事务由普通合伙人执行，执行事务合伙人可以要求在合伙协议中确定执行事务的报酬及报酬提取方式。有限合伙人不执行合伙事务，也不得对外代表有限合伙企业。第三人有理由相信有限合伙人为普通合伙人并与其交易的，该有限合伙人对该笔交易承担与普通合伙人同样的责任。有限合伙人未经授权以有限合伙企业名义与他人进行交易，给有限合伙企业或者其他合伙人造成损失的，该有限合伙人应当承担赔偿责任。

（三）有限合伙人的特别规定

（1）有限合伙人仅以其认缴的出资额为限对合伙企业的债务承担责任，而普通合伙人需要对合伙企业债务承担无限连带责任。新入伙的有限合伙人对入伙前合伙企业的债务也是以其认缴的出资额为限承担责任。

（2）除非合伙协议另有约定，有限合伙人可以：①同合伙企业进行交易；②自营或者同他人合作经营与本合伙企业相竞争的业务；③将其在合伙企业中的财产份额出质。

（3）有限合伙人可以按照合伙协议的约定向合伙人以外的人转让其在合伙企业中的财产份额，提前 30 日通知其他合伙人即可。

（4）作为有限合伙人的自然人在合伙企业存续期间丧失民事行为能力的，其他合伙人不得要求其退伙。作为有限合伙人的自然人死亡、被依法宣告死亡或者作为有限合伙人的法人及其他组织终止时，其继承人或者权利承受人可以依法取得该有限合伙人在有限合伙企业中的资格。

（5）有限合伙人退伙后，对基于其退伙前的原因发生的有限合伙企业债务，以其退伙时从有限合伙企业中取回的财产承担责任。

【例题 3-4】 浩德投资是一家有限合伙企业，专门从事新能源开发方面的风险投资。甲公司是浩德投资的有限合伙人，乙和丙是普通合伙人。关于合伙协议的约定，下列哪些选项的约定是合法的？（　　　）

A. 甲公司不得将自己在浩德投资中的份额设定质权

B. 甲公司不得将自己在浩德投资中的份额转让给他人

C. 甲公司不得与其他公司合作从事新能源方面的风险投资

D. 甲公司派驻浩德投资的员工不领取报酬，其劳务折抵10%的出资

（答案：AC）

（四）有限合伙与普通合伙的转换

（1）当有限合伙企业仅剩普通合伙人时，有限合伙企业转为普通合伙企业，并应当进行相应的变更登记；仅剩有限合伙人时，该企业不再是合伙企业，应解散。

（2）除合伙协议另有约定外，普通合伙人转变为有限合伙人，或者有限合伙人转变为普通合伙人，应当经全体合伙人一致同意。

（3）有限合伙人转为普通合伙人时，对其作为有限合伙人期间合伙企业发生的债务承担无限连带责任；普通合伙人转变为有限合伙人时，对其作为普通合伙人期间合伙企业发生的债务承担无限连带责任。

四、合伙企业的解散与清算

（一）合伙企业的解散

《合伙企业法》第85条规定，合伙企业有下列情形之一的，应当解散：（1）合伙期限届满，合伙人决定不再经营；（2）合伙协议约定的解散事由出现；（3）全体合伙人决定解散；（4）合伙人已不具备法定人数满30天；（5）合伙协议约定的合伙目的已经实现或者无法实现；（6）依法被吊销营业执照、责令关闭或者被撤销；（7）法律、行政法规规定的其他原因。

（二）合伙企业的清算

合伙企业解散，应当由清算人进行清算。

（1）清算人的确定：①清算人由全体合伙人担任。②经全体合伙人过半数同意，可以自合伙企业解散事由出现后15日内指定一个或数个合伙人，或者委托第三人，担任清算人。③自合伙企业解散事由出现之日起15日内未确定清算人的，合伙人或者其他利害关系人可以申请人民法院指定清算人。

（2）清算人的职责。清算人在清算期间执行的事务包括：①清算合伙企业财产，分别编制资产负债表和财产清单；②处理与清算有关的合伙企业未了结的事务；③清缴所欠税款；④清理债权、债务；⑤处理合伙企业清偿债务后的剩余财产；⑥代表合伙企业参与民事诉讼活动。

（3）清算程序：①清算人自被确定之日起10日内将合伙企业解散事项通知债权人，并于60日内在报纸上公告。债权人应当自接到通知书之日起30日内，未接到通知书的自公告之日起45日内，向清算人申报债权。②清算期间，合伙企业存续，但不得开展与清算无关的经营活动。③合伙企业财产在支付清算费用和职工工资、社会保险费用、法定补

偿金以及缴纳所欠税款、清偿债务后的剩余财产，按《合伙企业法》的规定分配。如果合伙企业的财产不足以清偿其债务的，由原合伙人承担无限连带责任，合伙企业注销后，债权人仍可追偿。④合伙企业不能清偿到期债务的，债权人可以依法向法院提出破产清算申请，也可以要求普通合伙人清偿。如果选择破产清算程序，则合伙企业在依法宣告破产后，普通合伙人对合伙企业的债务仍然需要承担无限连带责任。

第二节 个人独资企业法

一、个人独资企业的概念与特征

个人独资企业，简称独资企业，是指依照《中华人民共和国个人独资企业法》（以下简称《个人独资企业法》）在中国境内设立，由一个自然人投资，财产为投资人个人所有，投资人以其个人财产对企业债务承担无限责任的经营实体。

个人独资企业具有以下特征：（1）企业由一个自然人投资设立。这是独资企业在投资主体上与合伙企业和公司的区别所在。（2）企业的财产为投资者个人所有，投资人是企业财产的唯一所有者。（3）企业的投资人以其个人财产对企业债务承担无限责任。（4）独资企业不具有法人资格，但属于独立的法律主体，性质上属于非法人组织，能够以自己的名义进行法律行为。

二、个人独资企业的设立

（一）个人独资企业的设立条件

《个人独资企业法》第 8 条规定，设立个人独资企业应当具备下列条件：（1）投资人为一个自然人；（2）有合法的企业名称；（3）有投资人申报的出资；（4）有固定的生产经营场所和必要的生产经营条件；（5）有必要的从业人员。

（二）个人独资企业的设立程序

个人独资企业的设立采取直接登记制，无须经过任何部门的审批，而由投资人根据设立准则直接到市场监督管理部门申请登记。

三、个人独资企业的投资人及事务管理

（一）个人独资企业投资人

《个人独资企业法》第 16 条规定，法律、行政法规禁止从事营利性活动的人，不得作为投资人申请设立个人独资企业。我国现行法律、行政法规禁止从事营利活动的人包括国家公务员、人民警察、法官、检察官等。

（二）个人独资企业投资人的财产

个人独资企业投资人对本企业财产依法享有所有权，其有关权利可以依法进行转让或继承。个人独资企业投资人在申请企业设立登记时明确以其家庭共有财产作为个人出资

的，应当依法以家庭共有财产对企业债务承担无限责任。个人独资企业财产不足以清偿债务的，投资人应当以其个人的其他财产予以清偿。

（三）个人独资企业事务

《个人独资企业法》第19条规定，个人独资企业投资人可以自行管理企业事务，也可以委托或者聘用其他具有民事行为能力的人负责企业的事务管理。投资人委托或者聘用他人管理个人投资企业事务，应当与受托人或者被聘用的人签订书面合同，明确委托的具体内容和授予的权利范围。受托人或者被聘用的人员应当履行诚信、勤勉义务，按照与投资人签订的合同负责个人独资企业的事务管理。投资人对受托人或者被聘用的人员职权的限制，不得对抗善意第三人。

投资人委托或者聘用的管理个人独资企业事务的人员不得有下列行为：（1）利用职务上的便利索取或者收受贿赂；（2）利用职务或者工作上的便利侵占企业财产；（3）挪用企业的资金归个人使用或者借贷给他人；（4）擅自将企业资金以个人名义或者以他人名义开立账户储存；（5）擅自以企业财产提供担保；（6）未经投资人同意，从事与本企业相竞争的业务；（7）未经投资人同意，同本企业订立合同或者进行交易；（8）未经投资人同意，擅自将企业商标或者其他知识产权转让给他人使用；（9）泄露本企业的商业秘密；（10）法律、行政法规禁止的其他行为。

四、个人独资企业的解散和清算

（一）个人独资企业的解散

《个人独资企业法》第26条规定，个人独资企业有下列情形之一时，应当解散：（1）投资人决定解散；（2）投资人死亡或者被宣告死亡，无继承人或者继承人决定放弃继承；（3）被依法吊销营业执照；（4）法律、行政法规规定的其他情形。

（二）个人独资企业的清算

个人独资企业解散，由投资人自行清算或者由债权人申请人民法院指定清算人进行清算。投资人自行清算的，应当在清算前15日内书面通知债权人，无法通知的，应当予以公告。债权人应当在接到通知之日起30日内，未接到通知的应当在公告之日起60日内，向投资人申报其债权。清算期间，个人独资企业不得开展与清算目的无关的经营活动。在清偿债务前，投资人不得转移、隐匿财产。

个人独资企业解散的，财产应当按照下列顺序清偿：（1）所欠职工工资和社会保险费用；（2）所欠税款；（3）其他债务。

个人独资企业解散后，原投资人对个人独资企业存续期间的债务仍应承担偿还责任，但债权人在5年内未向债务人提出偿债请求的，该责任消灭。

个人独资企业清算结束后，投资人或者人民法院指定的清算人应当编制清算报告，并于15日内到登记机关办理注销登记。

【例题3-5】甲出资设立个人独资企业N后，聘用严某担任N的管理人，聘用合同特别约定："未经甲同意，严某不得签订标的额超过50万元的合同。"后，未经甲同意，严某以 N 的名义与不知情的乙签订了一份标的额为 80 万元的买卖合同，同时，为担保 N 基于该买卖合同对乙负担的价款债务，严某以 N 的厂房抵押担保，办理了抵押登记。甲知情后，不同意 N 对乙履行买卖合同。对此，下列说法正确的是（　　）。

A. 乙有权请求 N 履行买卖合同

B. 乙无权请求 N 履行买卖合同

C. 若 N 不履行到期的价款债务，乙无权对厂房行使抵押权

D. 若 N 不履行到期的价款债务，乙有权对厂房行使抵押权　　　（答案：AD）

第三节　外商投资法

一、外商投资法概述

（一）外商投资法的立法概况

《中华人民共和国外商投资法》（以下简称《外商投资法》）于 2019 年 3 月 15 日第十三届全国人民代表大会第二次会议通过，自 2020 年 1 月 1 日起施行。《中华人民共和国外商投资法实施条例》（以下简称《外商投资法实施条例》）经 2019 年 12 月 12 日国务院第 74 次常务会议通过，也自 2020 年 1 月 1 日起施行。之前颁布且实施已久的《中华人民共和国中外合资经营企业法》《中华人民共和国外资企业法》和《中华人民共和国中外合作经营企业法》同时废止。

（二）外商投资法的适用范围

凡是在中国境内的外商投资，都适用《外商投资法》。对外国投资者在中国境内投资银行业、证券业、保险业等金融行业，或者在证券市场、外汇市场等金融市场进行投资的管理，国家另有规定的，依照其规定。

二、外商投资、外国投资者与外商投资企业

（一）外商投资的概念与类型

（1）外商投资，是指外国的自然人、企业或者其他组织（以下简称外国投资者）直接或者间接在中国境内进行的投资活动。

（2）外商投资包括如下具体情形：①外国投资者单独或者与其他投资者共同在中国境内设立外商投资企业；②外国投资者取得中国境内企业的股份、股权、财产份额或者其他类似权益；③外国投资者单独或者与其他投资者共同在中国境内投资新建项目；④法律、行政法规或者国务院规定的其他方式的投资。

（二）外国投资者的概念与范围

外国投资者，是指外国的自然人、企业或者其他组织。《外商投资法》中的外国投资

者不包括香港特别行政区、澳门特别行政区、台湾地区的投资者。

《外商投资法实施条例》第48条对港澳台投资的法律适用进行了明确规定，具体是：香港特别行政区、澳门特别行政区投资者在内地投资，参照《外商投资法》和《外商投资法实施条例》执行；法律、行政法规或者国务院另有规定的，从其规定。我国台湾地区投资者在大陆投资，适用《中华人民共和国台湾同胞投资保护法》（以下简称《台湾同胞投资保护法》）及其实施细则的规定；《台湾同胞投资保护法》及其实施细则未规定的事项，参照《外商投资法》和《外商投资法实施条例》执行。

此外，定居在国外的中国公民在中国境内投资，参照《外商投资法》和《外商投资法实施条例》执行；法律、行政法规或者国务院另有规定的，从其规定。

（三）外商投资企业的概念与组织形式

1.外商投资企业的概念

外商投资企业，是指依照我国的法律规定，在我国境内经登记注册设立的，由外国投资者与中国投资者共同投资或者仅由外国投资者投资的企业，包括中外合资经营企业、中外合作经营企业和外资企业三种类型。

2.外商投资企业的组织形式

《外商投资法》第31条规定，外商投资企业的组织形式、组织机构及其活动准则，适用《公司法》《合伙企业法》等法律的规定。外商投资企业依法可以设立成为有限责任公司、股份有限公司和合伙企业等。

三、外商投资促进制度

（一）准入前国民待遇与负面清单管理制度

《外商投资法》第4条第1款规定，国家对外商投资实行准入前国民待遇加负面清单管理制度。所谓准入前国民待遇，是指在企业设立、取得、扩大等阶段给予外国投资者及其投资不低于本国投资者及其投资的待遇。负面清单，是指国家规定在特定领域对外商投资实施的准入特别管理措施。国家对负面清单之外的外商投资，给予国民待遇。对负面清单之内的外商投资，则实行审核制，不适用国民待遇。

（二）促进外商投资的具体措施

1.与内资企业同等适用各项政策

外商投资企业依法平等适用国家支持企业发展的各项政策。制定与外商投资有关的法律、法规、规章，应当采取适当方式征求外商投资企业的意见和建议。这些举措旨在营造更好的外商投资政策环境，防止内外资企业在企业发展方面享有差别政策与待遇。当然，如果任何国家或者地区在投资方面对我国采取歧视性的禁止、限制或者其他类似措施的，我国可以根据实际情况对该国家或者该地区采取相应的措施。

2.外商投资企业有权平等参与我国的标准化工作

《外商投资法》第15条规定，国家保障外商投资企业依法平等参与标准制定工作，强化标准制定的信息公开和社会监督。国家制定的强制性标准平等适用于外商投资企业。

《外商投资法实施条例》进一步具体化为外商投资企业依法和内资企业平等参与国家标准、行业标准、地方标准和团体标准的制定、修订工作。可以向标准化行政主管部门和有关行政主管部门提出标准的立项建议，在标准立项、起草、技术审查以及标准实施信息反馈、评估等过程中提出意见和建议，并按照规定承担标准起草、技术审查的相关工作以及标准的外文翻译工作。国家制定的强制性标准对外商投资企业和内资企业平等适用，不得专门针对外商投资企业适用高于强制性标准的技术要求。

3. 外商投资企业可公平参与政府采购

国家保障外商投资企业依法通过公平竞争参与政府采购活动。政府采购依法对外商投资企业在中国境内生产的产品、提供的服务平等对待。政府及其有关部门不得阻挠和限制外商投资企业自由进入本地区和本行业的政府采购市场。

4. 外商投资企业可以通过资本市场融资

外商投资企业可以依法在中国境内或者境外通过公开发行股票、公司债券等证券，以及公开或者非公开发行其他融资工具、借用外债等方式进行融资。

5. 鼓励和引导外商投资

县级以上地方人民政府可以根据法律、行政法规、地方性法规的规定，在法定权限内制定费用减免、用地指标保障、公共服务提供等方面的外商投资促进和便利化政策措施。

6. 提高外商投资政策的透明度

制定与外商投资有关的行政法规、规章、规范性文件，或者政府及其有关部门起草与外商投资有关的法律、地方性法规，应当根据实际情况，采取书面征求意见以及召开座谈会、论证会、听证会等多种形式，听取外商投资企业和有关商会、协会等方面的意见和建议；对反映集中或者涉及外商投资企业重大权利义务问题的意见和建议，应当通过适当方式反馈采纳的情况。

与外商投资有关的规范性文件应当依法及时公布，未经公布的不得作为行政管理依据。与外商投资企业生产经营活动密切相关的规范性文件，应当结合实际，合理确定公布到施行之间的时间。

四、外商投资保护制度

（一）审慎的外资征收制度

国家对外国投资者的投资不实行征收。在特殊情况下，国家为了公共利益的需要，可以依照法律规定对外国投资者的投资实行征收或者征用。征收、征用应当依照法定程序进行，并及时给予公平、合理的补偿。

（二）外国投资者资金的汇入汇出的自由化

外国投资者在中国境内的出资、利润、资本收益、资产处置所得、知识产权许可使用费、依法获得的补偿或者赔偿、清算所得等，可以依法以人民币或者外汇自由汇入、汇出。

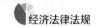

（三）强化对外国投资者和外商投资企业的知识产权保护

国家保护外国投资者和外商投资企业的知识产权，保护知识产权权利人和相关权利人的合法权益；对知识产权侵权行为，严格依法追究法律责任。国家鼓励在外商投资过程中基于自愿原则和商业规则开展技术合作。技术合作的条件由投资各方遵循公平原则平等协商确定。行政机关及其工作人员不得利用行政手段强制转让技术。行政机关及其工作人员对于履行职责过程中知悉的外国投资者、外商投资企业的商业秘密，应当依法予以保密，不得泄露或者非法向他人提供。

（四）要求地方政府严守依法作出的政策承诺和合同约定

地方各级人民政府及其有关部门应当履行向外国投资者、外商投资企业依法作出的政策承诺以及依法订立的各类合同，不得以行政区划调整、政府换届、机构或者职能调整以及相关责任人更替等为由违约毁约。因国家利益、社会公共利益需要改变政策承诺、合同约定的，应当依照法定权限和程序进行，并依法对外国投资者、外商投资企业因此受到的损失予以补偿。

（五）不得减少外商投资企业的合法权益

各级人民政府及其有关部门制定涉及外商投资的规范性文件，应当符合法律法规的规定；没有法律、行政法规依据的，不得减损外商投资企业的合法权益或者增加其义务，不得设置市场准入和退出条件，不得干预外商投资企业的正常生产经营活动。

【例题3-6】各级人民政府及其有关部门制定涉及外商投资的规范性文件，应当符合法律法规的规定；没有法律、行政法规依据的，如何处理？（　　　）

A.不得减损外商投资企业的合法权益或者增加其义务

B.不得设置市场准入和退出条件

C.不得干预外商投资企业的正常生产经营活动

D.可以规定更严的地方环保性规范内容　　　　　　　　　（答案：ABCD）

（六）建立外商投资企业投诉机制

国家建立外商投资企业投诉工作机制，及时处理外商投资企业或者其投资者反映的问题，协调完善相关政策措施。外商投资企业或者其投资者认为行政机关及其工作人员的行政行为侵犯其合法权益的，可以通过外商投资企业投诉工作机制申请协调解决，还可以依法申请行政复议、提起行政诉讼。

五、外商投资管理制度

（一）外商投资准入负面清单管理制度

外商投资准入负面清单规定禁止投资的领域，外国投资者不得投资。外商投资准入负面清单规定限制投资的领域，外国投资者进行投资应当符合负面清单规定的条件。外商投资准入负面清单以外的领域，按照内外资一致的原则实施管理。

外国投资者投资外商投资准入负面清单规定禁止投资的领域的，由有关主管部门责令停止投资活动，限期处分股份、资产或者采取其他必要措施，恢复到实施投资前的状态；有违法所得的，没收违法所得。外国投资者的投资活动违反外商投资准入负面清单规定的限制性准入特别管理措施的，由有关主管部门责令限期改正，采取必要措施满足准入特别管理措施的要求；逾期不改正的，依照上述规定处理。

（二）外商投资经营者集中审查

根据《国务院关于经营者集中申报标准的规定》，经营者集中是指下列情形：（1）经营者合并；（2）经营者通过取得股权或者资产的方式取得对其他经营者的控制权；（3）经营者通过合同等方式取得对其他经营者的控制权或者能够对其他经营者施加决定性影响。

外国投资者并购中国境内企业或者以其他方式参与经营者集中的，应当依照《中华人民共和国反垄断法》的规定接受经营者集中审查。

（三）外商投资信息报告制度

国家建立外商投资信息报告制度。外国投资者或者外商投资企业应当通过企业登记系统以及企业信用信息公示系统向商务主管部门报送投资信息。外商投资信息报告的内容和范围按照确有必要的原则确定；通过部门信息共享能够获得的投资信息，不得再行要求报送。

（四）外商投资安全审查制度

国家建立外商投资安全审查制度，对影响或者可能影响国家安全的外商投资进行安全审查。依法作出的安全审查决定为最终决定，不存在申请复议或提起行政诉讼的情形。

⑦【例题3-7】外国投资者投资需要进行外商投资安全审查的有（　　　）。

A.投资于军工、军工配套等领域

B.在军事设施和军工设施周边地域投资

C.投资于关系国家安全的重大装备制造、重要基础设施领域

D.投资于关系国家安全的重要文化产品与服务领域，并取得所投资企业实际控制权

（答案：ABD）

案例直击：财产份额转让纠纷案

关键词：民营经济　　内在要素　　稳定　　创新

民营经济是我国经济制度的内在要素

民营经济是我国经济制度的内在要素，在我国经济社会发展中，民营经济不仅自身取得了巨大成功，也显著提升了国家发展水平，而这正是民营经济高度耦合、深度融合、内在契合我国经济制度的表现和结果。

我国登记在册的民营企业数量已由 2012 年底的 1085.7 万户增长至 2023 年 9 月底的 5200 万户，同期民营企业在企业中的数量占比也由 79.4% 提升至 92.3%，是我国经济发展当之无愧的主力军。"56789" 常被用来概括民营经济在经济社会发展中的重要作用，即民营经济贡献了 50% 以上的税收，60% 以上的国内生产总值，70% 以上的技术创新成果，80% 以上的城镇劳动就业，90% 以上的企业数量。民营经济是稳定我国经济发展大局的重要力量。民营经济在助推高质量发展方面，也发挥着重要作用。目前我国民营科技企业占全国高新技术企业数量的 50% 左右，全国 65% 以上的发明专利、70% 以上的技术创新和 80% 以上的新产品都来自民营企业。民营企业在推动经济转型和产业升级上也在发挥巨大作用。2023 年我国 "四新"（即新技术、新产业、新业态、新模式）经济民营企业已经超过 2500 万家，新经济新业态保持强劲发展态势；在 2022 年中国新经济企业 500 强中，民营企业数量已经达到 407 家，占比高达 81.4%；在 2022 年全球最具创新力的 50 家公司中，我国上榜的 7 家企业全为民营企业。这一系列指标也充分说明民营经济对我国创新发展能力提升的重要意义。

思考与探究

1. 如何理解普通合伙企业的人合性？
2. 如何理解合伙企业债务与合伙人债务的清偿顺序？
3. 如何理解合伙协议在合伙企业经营中的作用？
4. 如果你准备创业，将会选择公司、合伙企业还是个人独资企业形式？
5. 如何分析理解吸引外资与盘活内资的关系？

本章主要涉及的法律规定

1.《中华人民共和国合伙企业法》（2006 年）
2.《中华人民共和国合伙企业登记管理办法》（2007 年修订）
3.《中华人民共和国个人独资企业法》（1999 年）
4.《个人独资企业登记管理办法》（2019 年修订）
5.《中华人民共和国外商投资法》（2019 年）
6.《中华人民共和国台湾同胞投资保护法》（2019 年修正）
7.《中华人民共和国外商投资法实施条例》（2019 年）
8.《最高人民法院关于适用〈中华人民共和国外商投资法〉若干问题的解释》（2019 年）

本章速览

第四章

企业破产法

学习要点

　　了解破产概念，掌握破产申请的提出与受理；了解管理人制度、债权人会议的职权；理解破产债权的概念、范围，掌握破产财产的处置与分配；掌握和解、重整及破产清算程序。

思政目标

　　对学生加强创业失败的风险教育，在人生遇到困境时要有不逃避责任担当、永不言败、涅槃重生的勇气、信念。通过对和解、重整和破产清算规定的学习，感悟中国特色的协商民主制度的优越性，以及坚持公平公正对待所有债权人利益的原则。

第一节　破产法概述

一、破产的概念

　　破产，是指企业法人不能清偿到期债务，并且资产不足以清偿全部债务或者明显缺乏清偿能力时，经债权人或者债务人申请，由人民法院依法定程序宣告企业终止，将法人的全部财产用于清产还债，或者在人民法院的监督下，由债权人会议达成和解协议或重整计划以使企业复苏，避免企业倒闭清算的法律制度。

二、破产原因

　　（1）破产原因是适用破产程序所依据的特定法律事实，是法院进行破产宣告所依据的特定法律状态。破产原因可以分为两种情况：①债务人不能清偿到期债务，并且资产不足以清偿全部债务，主要适用于债务人提出破产申请且其资不抵债情况通过对相关证据的形式审查即可判断的情况；②债务人不能清偿到期债务，并且明显缺乏清偿能力，主要适用于债权人提出破产申请和债务人提出破产申请但其资不抵债状况通过形式审查不易判断的情况。

　　（2）应当认定为债务人不能清偿到期债务的情形包括：①债权债务关系依法成立，债务履行期限已经届满，债务人未完全清偿债务。②债务人的资产负债表，或者审计报告、资产评估报告等显示其全部资产不足以偿付全部负债，但有相反证据足以证明债务人资产能够偿付全部负债的除外。③债务人账面资产虽大于负债，但存在下列情形之一的：1）因资金严重不足或者财产不能变现等情况无法清偿债务；2）法定代表人下落不明且无其他人员负责管理财产，无法清偿债务；3）经法院强制执行，无法清偿债务；4）长期亏损且经营扭亏困难，无法清偿债务；5）导致债务人丧失清偿能力的其他情形。

三、破产法的适用范围

《中华人民共和国企业破产法》（以下简称《企业破产法》）的适用范围为：（1）企业法人，包括所有具有法人资格的企业。（2）商业银行、证券公司、保险公司等金融机构出现破产原因后，国务院金融监督管理机构可以向人民法院提出对该金融机构进行重整或者破产清算的申请。（3）其他法律规定企业法人以外的组织的清算，属于破产清算的，参照适用《企业破产法》规定的程序。

第二节　破产申请和受理

一、破产申请

破产申请是破产申请人请求法院受理破产案件的意思表示。破产申请是破产程序开始的必要条件。

（一）破产申请人和适用程序

《企业破产法》第7条规定，债务人可以向人民法院提出重整、和解或者破产清算申请。债务人不能清偿到期债务，债权人可以向人民法院提出对债务人进行重整或者破产清算的申请。企业法人已解散但未清算或者未清算完毕，资产不足以清偿债务的，依法负有清算责任的人应当向人民法院申请破产清算。

（二）申请文件

向人民法院提出破产申请，应当提交破产申请书和有关证据。破产申请书应当载明下列事项：（1）申请人、被申请人的基本情况；（2）申请目的；（3）申请的事实和理由；（4）人民法院认为应当载明的其他事项。

债务人提出申请的，还应当向人民法院提交财产状况说明、债务清册、债权清册、有关财务会计报告、职工安置预案以及职工工资的支付和社会保险费用的缴纳情况。

（三）法院管辖

企业破产案件，由债务人住所地人民法院管辖。

根据最高人民法院的规定，基层人民法院一般管辖县、县级市或者区的市场主体登记注册部门核准登记企业的破产案件；中级人民法院一般管辖设区的市级（含本级）以上的市场主体登记注册部门核准登记企业的破产案件。纳入国家计划调整的企业、金融机构、上市公司破产案件，由中级人民法院管辖。

二、破产案件的受理

破产案件的受理，又称立案，是指人民法院在收到破产案件申请后，认为申请符合法定条件而予以接受，并由此开始破产程序的司法行为。法院裁定受理破产申请，是破产程序开始的标志。

（一）程序要求

1.破产申请受理时限

债权人提出破产申请的，人民法院应当自收到申请之日起 5 日内通知债务人。债务人对申请有异议的，应当自收到人民法院的通知之日起 7 日内向人民法院提出。法院应当自异议期满之日起 10 日内裁定是否受理。在债务人或者清算责任人提出破产申请的情形下，法院应当自收到破产申请之日起 15 日内裁定是否受理。

当出现一些比较特殊的情况时，如债权人人数众多、债权债务关系复杂、资产状况混乱等，法院难以在很短时间内完成对破产申请的审查，经上一级法院批准，可以延长 15 日。

2.受理裁定的送达

人民法院受理破产申请的，应当自裁定作出之日起 5 日内送达申请人。债权人提出申请的，人民法院应当自裁定作出之日起 5 日内送达债务人。债务人应当自裁定送达之日起 15 日内，向法院提交财务状况说明、债务清册、债权清册、有关财务会计报告以及职工工资的支付和社会保险费用的缴纳情况。

（二）受理后的法律效果

破产申请被人民法院受理后，产生如下法律效果。

（1）债务人对个别债权人的债务清偿无效。

（2）债务人的债务人或者财产持有人应当向管理人清偿债务或者交付财产。

（3）管理人对破产申请受理前成立而债务人和对方当事人均未履行完毕的合同有权决定解除或者继续履行，并通知对方当事人。管理人自破产申请受理之日起 2 个月内未通知对方当事人，或者自收到对方当事人催告之日起 30 日内未答复的，视为解除合同。管理人决定继续履行合同的，对方当事人应当履行。但是，对方当事人有权要求管理人提供担保。管理人不提供担保的，视为解除合同。

（4）人民法院受理破产申请后，有关债务人财产的保全措施应当解除，执行程序应当中止。已经开始而尚未终结的有关债务人的民事诉讼或者仲裁应当中止；在管理人接管债务人的财产后，该诉讼或者仲裁继续进行。有关债务人的民事诉讼，只能向受理破产申请的人民法院提起。

三、指定管理人

法院裁定受理破产申请时，应当同时指定管理人。破产程序开始后，无论是重整、和解还是清算，都需要对企业进行持续的管理。由于在破产清算的预期下，债务人及其管理层存在较高的道德风险，各种当事人之间也存在较尖锐的利益冲突，有必要设立中立的专门机构，即破产管理人来执行破产程序，管理债务人的破产财产和事务。

管理人可以由有关部门、机构的人员组成的清算组或者依法设立的律师事务所、会计师事务所、破产清算事务所等社会中介机构担任。人民法院根据债务人的实际情况，可以在征询有关社会中介机构的意见后，指定该机构具备相关专业知识并取得执业资格的人员担任管理人。管理人没有正当理由不得辞去职务，管理人辞去职务应当经人民法院许可。

《企业破产法》第 25 条规定，管理人履行下列职责：（1）接管债务人的财产、印章和账簿、文书等资料；（2）调查债务人财产状况，制作财产状况报告；（3）决定债务人的内部管理事务；（4）决定债务人的日常开支和其他必要开支；（5）在第一次债权人会议召开之前，决定继续或者停止债务人的营业；（6）管理和处分债务人的财产；（7）代表债务人参加诉讼、仲裁或者其他法律程序；（8）提议召开债权人会议；（9）人民法院认为管理人应当履行的其他职责。《企业破产法》对管理人的职责另有规定的，适用其规定。

【例题 4-1】2021 年 1 月，甲公司自胜达公司采购设备，价款为 1200 万元。甲公司的破产申请于 2021 年 8 月 1 日被法院受理，此时甲公司已经向胜达公司足额支付了全部价款。胜达公司于 2021 年 7 月 10 日发货（由丙公司承运，且交付丙公司）。8 月 10 日法院宣告甲公司破产，设备预计将于 8 月 13 日送到。对此，正确的是哪一个？（　　　）

A. 管理人有权解除该合同

B. 管理人有权向法院申请撤销对胜达公司的价款支付

C. 胜达公司得知甲公司破产时，有权取回该设备

D. 设备一经送达，管理人即可将其列为破产财产

（答案：D）

第三节　债权人会议

一、债权申报

债权申报，是指债权人在破产案件受理后依照法定程序主张并证明其债权，以参加破产程序行使权利的法律行为。

（一）债权申报的期限

债权人申报债权的期限自人民法院发布受理破产申请公告之日起计算，最短不得少于 30 日，最长不得超过 3 个月。债权人应当在人民法院确定的债权申报期限内向管理人申报债权。债权人未按时申报债权的，可以在破产财产最后分配前补充申报；但是，此前已进行的分配，不再对其补充分配。为审查和确认补充申报债权产生的费用，由补充申报人承担。债权人未依法申报债权的，不得参加破产程序行使权利。

（二）债权申报的范围

破产案件受理前成立的对债务人的债权，均为可申报的债权。未到期的债权，在破产

申请受理时视为到期。附条件、附期限的债权和诉讼、仲裁未决的债权，债权人可以申报。债权无论有无财产担保均可申报。债务人的保证人或者其他连带债务人已经代替债务人清偿债务的，以其对债务人的求偿权申报债权。债务人所欠职工的工资和医疗、伤残补助、抚恤费用，所欠的应当划入职工个人账户的基本养老保险、基本医疗保险费用，以及法律、行政法规规定应当支付给职工的补偿金，不必申报，由管理人调查后列出清单并予以公示。

管理人收到债权申报材料后，应当登记造册，对申报的债权进行审查，并编制债权表。债务人、债权人对债权表记载的债权无异议的，由人民法院裁定确认。债务人、债权人对债权表记载的债权有异议的，可以向受理破产申请的人民法院提起诉讼。

⑦【例题4-2】H公司因经营不善，资产已不足以清偿全部债务，经申请进入破产还债程序。关于破产债权的申报，下列哪些表述是正确的？（　　　）

A.甲对H公司的债权因附有条件，故不能申报

B.乙对H公司的债权虽未到期，仍可以申报

C.丙对H公司的债权虽然诉讼未决，但丙仍可以申报

D.职工丁对H公司的伤残补助请求权，应予以申报　　　（答案：BC）

二、债权人会议

（一）债权人会议的组成

依法申报债权的债权人为债权人会议的成员。债权人会议应当有债务人的职工和工会代表参加，对有关事项发表意见。债权人会议设主席1人，由人民法院从有表决权的债权人中指定。债权人会议主席主持债权人会议。

（二）债权人会议的职权

债权人会议行使下列职权：（1）核查债权；（2）申请法院更换管理人，审查管理人的费用和报酬；（3）监督管理人；（4）选任和更换债权人委员会成员；（5）决定继续或者停止债务人的营业；（6）通过重整计划；（7）通过和解协议；（8）通过债务人财产的管理方案；（9）通过破产财产的变价方案；（10）通过破产财产的分配方案；（11）法院认为应当由债权人会议行使的其他职权。债权人会议应当对所议事项的决议作成会议记录。

（三）债权人会议的召开

1.债权人会议的召集

第一次债权人会议由人民法院召集，自债权申报期限届满之日起15日内召开。以后的债权人会议，在人民法院认为必要时，或者管理人、债权人委员会、占债权总额1/4以上的债权人向债权人会议主席提议时召开。召开债权人会议，管理人应当提前15日通知已知的债权人。

2.债权人会议的决议

债权人会议的决议，由出席会议的有表决权的债权人过半数通过，并且其所代表的债权额占无财产担保债权总额的1/2以上。但是，《企业破产法》另有规定的除外。债权人认

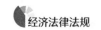

为债权人会议的决议违反法律规定，损害其利益的，可以自债权人会议作出决议之日起 15 日内，请求人民法院裁定撤销该决议，责令债权人会议依法重新作出决议。

债权人会议的决议，对于全体债权人均有约束力。

（四）债权人委员会

债权人会议可以决定设立债权人委员会。债权人委员会由债权人会议选任的债权人代表和 1 名债务人的职工代表或者工会代表组成。债权人委员会成员不得超过 9 人。债权人委员会成员应当经人民法院书面决定认可。

债权人委员会行使下列职权：（1）监督债务人财产的管理和处分；（2）监督破产财产分配；（3）提议召开债权人会议；（4）债权人会议委托的其他职权。债权人委员会执行职务时，有权要求管理人、债务人的有关人员对其职权范围内的事务作出说明或者提供有关文件。

《企业破产法》第 69 条还规定了债权人委员会的特别监督权，即管理人实施的下列行为，应当及时报告债权人委员会：（1）涉及土地、房屋等不动产权益的转让；（2）探矿权、采矿权、知识产权等财产权的转让；（3）全部库存或者营业的转让；（4）借款；（5）设定财产担保；（6）债权和有价证券的转让；（7）履行债务人和对方当事人均未履行完毕的合同；（8）放弃权利；（9）担保物的取回；（10）对债权人利益有重大影响的其他财产处分行为。未设立债权人委员会的，管理人实施前款规定的行为应当及时报告人民法院。

第四节　重整与和解

一、重整

重整，是指不对无偿付能力但有复苏希望的债务人的财产立即进行清算，而是在法院的主持下由债务人和债权人达成协议，制订重整计划，规定在一定的期限内，债务人按一定的方式全部或部分地清偿债务，同时债务人可以继续经营的制度。

（一）重整申请

债务人或者债权人可以依照《企业破产法》规定，直接向人民法院申请对债务人进行重整。债权人申请对债务人进行破产清算的，在法院受理破产申请后、宣告债务人破产前，债务人或者出资额占债务人注册资本 1/10 以上的出资人，可以向法院申请重整。法院经审查认为重整申请符合《企业破产法》规定的，应当裁定许可债务人进行重整并予以公告。

（二）重整期间

重整期间是重整程序开始后的一个法定期间，自法院裁定债务人重整之日起至重整程序终止。包括重整计划提交阶段和重整计划通过阶段，但不包括重整计划执行阶段。

在重整期间，经债务人申请，人民法院批准，债务人可以在管理人的监督下自行管理财产和营业事务。在此情形下，依照《企业破产法》规定，已接管债务人财产和营业事务的管理人应当向债务人移交财产和营业事务，管理人的职权由债务人行使。管理人负责管

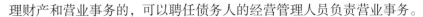

理财产和营业事务的，可以聘任债务人的经营管理人员负责营业事务。

（三）重整计划

债务人或者管理人应当自人民法院裁定债务人重整之日起6个月内，同时向人民法院和债权人会议提交重整计划草案。前述规定的期限届满，经债务人或者管理人请求，有正当理由的，人民法院可以裁定延期3个月。债务人自行管理财产和营业事务的，由债务人制作重整计划草案。管理人负责管理财产和营业事务的，由管理人制作重整计划草案。

重整计划草案应当包括下列内容：（1）债务人的经营方案；（2）债权分类；（3）债权调整方案；（4）债权受偿方案；（5）重整计划的执行期限；（6）重整计划执行的监督期限；（7）有利于债务人重整的其他方案。

人民法院应当自收到重整计划草案之日起30日内召开债权人会议，对重整计划草案进行表决。出席会议的同一表决组的债权人过半数同意重整计划草案，并且其所代表的债权额占该组债权总额的2/3以上的，即为该组通过重整计划草案。各表决组均通过重整计划草案时，重整计划即为通过。

重整计划由债务人负责执行。按照重整计划减免的债务，自重整计划执行完毕时起，债务人不再承担清偿责任。债务人不能执行或者不执行重整计划的，人民法院经管理人或者利害关系人请求，应当裁定终止重整计划的执行，并宣告债务人破产。

（四）重整程序的终止

（1）债务人或者管理人未按期提出重整计划草案的，法院应当裁定终止重整程序，并宣告债务人破产。

（2）在重整期间，有下列情形之一的，经管理人或者利害关系人请求，法院应当裁定终止重整程序，并宣告债务人破产：①债务人的经营状况和财产状况继续恶化，缺乏挽救的可能性；②债务人有欺诈、恶意减少债务人财产或者其他显著不利于债权人的行为；③债务人的行为致使管理人无法执行职务。

（3）自重整计划通过之日起10日内，债务人或者管理人应当向法院提出批准重整计划的申请。法院经审查认为符合《企业破产法》规定的，应当自收到申请之日起30日内裁定批准，终止重整程序，并予以公告。重整计划草案未获得通过且未依照《企业破产法》第87条的规定获得批准，或者已通过的重整计划未获得批准的，人民法院应当裁定终止重整程序，并宣告债务人破产。

【例题4-3】关于破产重整的申请与重整期间，下列哪一表述是正确的？（　　　）

A.重整期间为法院裁定债务人重整之日起至重整计划执行完毕时

B.只有在破产清算申请受理后，债务人才能向法院提出重整申请

C.在重整期间，就债务人所承租的房屋，即使租期已届至，出租人也不得请求返还

D.在重整期间，经债务人申请并经法院批准，债务人可在管理人监督下自行管理财产和营业事务

（答案：D）

二、和解

和解，是指不能清偿到期债务的债务人，与债权人之间就债务人债务的减免或者延期以及其他解决债务的措施达成协议，以中止破产程序，避免破产清算的制度。

（一）和解申请

债务人可以依照《企业破产法》规定，直接向人民法院申请和解；也可以在人民法院受理破产申请后、宣告债务人破产前，向人民法院申请和解。人民法院经审查认为和解申请符合法律规定的，应当裁定和解，予以公告。另外，人民法院受理破产申请后，债务人与全体债权人就债权债务的处理自行达成协议的，可以请求人民法院裁定认可，并终结破产程序。

（二）和解协议的成立和生效

债务人申请和解时，应当提出和解协议草案，并由法院召集债权人会议讨论该和解协议草案。债权人会议通过和解协议的决议，由出席会议的有表决权的债权人过半数同意，并且其所代表的债权额占无财产担保债权总额的 2/3 以上。

债权人会议通过和解协议的，由人民法院裁定认可，终止和解程序，并予以公告。经人民法院裁定认可的和解协议，对债务人和全体和解债权人均有约束力。和解债权人是指人民法院受理破产申请时对债务人享有无财产担保债权的人。

因债务人的欺诈或者其他违法行为而成立的和解协议，人民法院应当裁定无效，并宣告债务人破产。和解协议草案经债权人会议表决未获得通过，或者已经债权人会议通过的和解协议未获得人民法院认可的，人民法院应当裁定终止和解程序，并宣告债务人破产。

（三）和解协议的执行

债务人应当按照和解协议规定的条件清偿债务。按照和解协议减免的债务，自和解协议执行完毕时起，债务人不再承担清偿责任。

债务人不能执行或者不执行和解协议的，人民法院经和解债权人请求，应当裁定终止和解协议的执行，并宣告债务人破产。人民法院裁定终止和解协议执行的，和解债权人在和解协议中作出的债权调整的承诺失去效力；和解债权人因执行和解协议所受的清偿仍然有效，和解债权未受清偿的部分作为破产债权；为和解协议的执行提供的担保继续有效。

第五节　破产清算

一、债务人财产

（一）债务人财产的范围

《企业破产法》第 30 条规定，破产申请受理时属于债务人的全部财产，以及破产申请受理后至破产程序终结前债务人取得的财产，为债务人财产。

根据最高人民法院司法解释的规定，债务人财产的范围包括：（1）债务人所有的货币、实物等有形财产；（2）债务人享有的可以用货币估价并可以依法转让的债权、股权、知识产权、用益物权等财产权益；（3）债务人已依法设定担保物权的特定财产；（4）债务人对按份享有所有权的共有财产的相关份额，或者共同享有所有权的共有财产的相应财产权利，以及依法分割共有财产所得部分；（5）依法执行回转的财产；（6）破产程序受理后，债务人财产的增值部分；（7）管理人行使追回权对应的财产；（8）管理人行使撤销权对应的财产等。

不属于债务人财产的范围：（1）相关权利人取回权对应的财产；（2）债务人在所有权保留买卖中尚未取得所有权的财产；（3）所有权专属于国家且不得转让的财产；（4）其他依照法律、行政法规不属于债务人的财产。

（二）撤销权、追回权、取回权与抵销权

1. 撤销权

破产撤销权，是指债务人财产的管理人对债务人在破产申请受理前的法定期间内进行的欺诈债权人或损害对全体债权人公平清偿的行为，有向法院申请予以撤销的权利。

（1）法院受理破产申请前1年内，涉及债务人财产的下列行为，管理人有权请求撤销：①无偿转让财产的；②以明显不合理的价格进行交易的；③对没有财产担保的债务提供财产担保的；④对未到期的债务提前清偿的；⑤放弃债权的。

（2）法院受理破产申请前6个月内，债务人已经出现不能清偿到期债务且资不抵债或明显缺乏清偿能力之情形，仍对个别债权人进行清偿，管理人有权请求撤销。该撤销所涉及行为，系针对到期、合法债务的清偿。

但是，个别清偿的如下情形不予撤销：①对以自有财产设定担保物权的债权进行的个别清偿，不予撤销。但是，债务清偿时担保财产的价值低于债权额除外。②债务人经诉讼、仲裁、执行程序对债权人进行的个别清偿，不予撤销。但是，债务人与债权人恶意串通损害其他债权人利益的除外。③使债务人财产受益的其他个别清偿，不予撤销。

⑦【例题4-4】甲公司因不能清偿到期债务且明显缺乏清偿能力，遂于2022年3月申请破产，且法院已受理。经查，在此前半年内，甲公司针对若干债务进行了个别清偿。关于管理人的撤销权，下列哪些表述是正确的？（　　　）

A. 甲公司清偿对乙银行所负的且以自有房产设定抵押担保的贷款债务的，管理人可以主张撤销

B. 甲公司清偿对丙公司所负的为维系基本生产所需的水电费债务的，管理人不得主张撤销

C. 甲公司清偿对丁公司所负的且经法院判决所确定的货款债务的，管理人可以主张撤销

D. 甲公司清偿对戊所负的劳动报偿债务的，管理人不得主张撤销

（答案：BD）

2.追回权

（1）因《企业破产法》第31条、第32条或者第33条规定的可撤销或无效的行为而取得的债务人的财产，管理人有权追回。

（2）人民法院受理破产申请后，债务人的出资人尚未完全履行出资义务的，管理人应当要求该出资人补缴所认缴的出资，而不受出资期限的限制。

（3）债务人的董事、监事和高级管理人员利用职权从企业获取的非正常收入和侵占的企业财产，管理人应当追回。

所谓"非正常收入"，是指依照法律、法规和企业的报酬制度、分配制度，不应当获取的金钱、有价证券、股份或股份期权以及其他财产权益。此外，在债务人出现破产原因时，债务人的董事、监事、高级管理人员利用职权获取的以下收入，应当认定为非正常收入：①绩效奖金；②普遍拖欠职工工资情况下获取的工资性收入；③其他非正常收入。

3.取回权

人民法院受理破产申请后，管理人可以通过清偿债务或者提供为债权人接受的担保，取回质物、留置物。此为债务人的取回权利。人民法院受理破产申请后，债务人占有的不属于债务人的财产，该财产的权利人可以通过管理人取回，《企业破产法》另有规定的除外。此为债务人的义务。

4.抵销权

破产抵销权，是指破产债权人在破产宣告前对破产人负有债务的，无论债的种类和到期时间，得于清算分配前以破产债权抵销其所负债务的权利。

《企业破产法》第40条规定，债权人在破产申请受理前对债务人负有债务的，可以向管理人主张抵销。但是，有下列情形之一的，不得抵销：（1）债务人的债务人在破产申请受理后取得他人对债务人的债权的；（2）债权人已知债务人有不能清偿到期债务或者破产申请的事实，对债务人负担债务的；但是，债权人因为法律规定或者有破产申请1年前所发生的原因而负担债务的除外；（3）债务人的债务人已知债务人有不能清偿到期债务或者破产申请的事实，对债务人取得债权的；但是，债务人的债务人因为法律规定或者有破产申请1年前所发生的原因而取得债权的除外。

二、破产费用和共益债务

（一）破产费用

破产费用，是指法院在受理破产案件时收取的案件受理费及管理人为破产债权人的共同利益而在破产程序中所支出的各项费用的总和。

破产费用包括：（1）破产案件的诉讼费用；（2）管理、变价和分配债务人财产的费用；（3）管理人执行职务的费用、报酬和聘用工作人员的费用；（4）法院裁定受理破产申请的，此前债务人尚未支付的公司强制清算费用、未终结的执行程序中产生的评估费、公告费、保管费等执行费用，可以参照《企业破产法》关于破产费用的规定，由债务人财产随时清偿。

（二）共益债务

共益债务，是指破产程序中为全体债权人的共同利益而管理、变价和分配破产财产而负担的债务。

人民法院受理破产申请后发生的下列债务，为共益债务：（1）因管理人或者债务人请求对方当事人履行双方均未履行完毕的合同所产生的债务。（2）债务人财产受无因管理所产生的债务。（3）因债务人不当得利所产生的债务。（4）为债务人继续营业而应支付的劳动报酬和社会保险费用以及由此产生的债务；破产申请受理后，经债权人会议决议通过，或者第一次债权人会议召开前经人民法院许可，管理人或者自行管理的债务人可以为债权人继续营业而借款。提供借款的债权人主张参照共益债务处理的，人民法院应予支持。（5）管理人或者相关人员执行职务致人损害所产生的债务。（6）债务人财产致人损害所产生的债务。

（三）清偿原则

破产费用和共益债务由债务人财产随时清偿。在债务人财产足以清偿破产费用和共益债务时，二者的清偿不分先后。在债务人财产不足以清偿所有破产费用和共益债务的情况下，先行清偿破产费用。债务人财产不足以清偿所有破产费用或者共益债务的，按照比例清偿。债务人财产不足以清偿破产费用的，管理人应当提请法院终结破产程序。人民法院应当自收到请求之日起 15 日内裁定终结破产程序，并予以公告。如果此时尚未宣告债务人破产，则无须宣告。

⊘【例题 4-5】东泰公司因资产不足以清偿全部到期债务，法院裁定其重整。管理人为维持公司运行，向华某借款 20 万元支付水电费和保安费，约定如 1 年内还清就不计利息。1 年后东泰公司未还款，还因不能执行重整计划被法院宣告破产。关于华某的债权，下列哪些选项是正确的？（　　　　）

    A. 应从东泰公司的财产中随时清偿

    B. 与东泰公司的其他债权同等受偿

    C. 华某只能主张返还借款本金 20 万元

    D. 华某可主张返还本金 20 万元和逾期还款的利息　　　　　　（答案：AC）

三、破产宣告

破产宣告，是法院对债务人具备破产原因的事实作出具有法律效力的认定。人民法院依照《企业破产法》规定宣告债务人破产的，应当自裁定作出之日起 5 日内送达债务人和管理人，自裁定作出之日起 10 日内通知已知债权人，并予以公告。债务人被宣告破产后，债务人称为破产人，债务人财产称为破产财产，人民法院受理破产申请时对债务人享有的债权称为破产债权。

破产宣告前，有下列情形之一的，人民法院应当裁定终结破产程序，并予以公告：（1）第三人为债务人提供足额担保或者为债务人清偿全部到期债务的；（2）债务人已清偿全部到期债务的。

对破产人的特定财产享有担保权的权利人，对该特定财产享有优先受偿的权利。享有该担保权的债权人行使优先受偿权利未能完全受偿的，其未受偿的债权作为普通债权；放弃优先受偿权利的，其债权作为普通债权。

四、破产财产分配

（一）破产财产分配的顺序

破产财产在优先清偿破产费用和共益债务后，依照下列顺序清偿：（1）破产人所欠职工的工资和医疗、伤残补助、抚恤费用，所欠的应当划入职工个人账户的基本养老保险、基本医疗保险费用，以及法律、行政法规规定应当支付给职工的补偿金；（2）破产人欠缴的除第（1）项规定以外的社会保险费用和破产人所欠税款；（3）普通破产债权。

破产财产不足以清偿同一顺序的清偿要求的，按照比例分配。

破产企业的董事、监事和高级管理人员的工资按照该企业职工的平均工资计算。

（二）破产财产分配方案

管理人应当及时拟订破产财产分配方案，提交债权人会议讨论。破产财产分配方案应当载明下列事项：（1）参加破产财产分配的债权人名称或者姓名、住所；（2）参加破产财产分配的债权额；（3）可供分配的破产财产数额；（4）破产财产分配的顺序、比例及数额；（5）实施破产财产分配的方法。

债权人会议通过破产财产分配方案后，由管理人将该方案提请人民法院裁定认可。破产财产分配方案经人民法院裁定认可后，由管理人执行。

五、破产程序的终结

破产人无财产可供分配的，管理人应当请求人民法院裁定终结破产程序。管理人在最后分配完结后，应当及时向人民法院提交破产财产分配报告，并提请人民法院裁定终结破产程序。人民法院应当自收到管理人终结破产程序的请求之日起15日内作出是否终结破产程序的裁定。裁定终结的，应当予以公告。管理人应当自破产程序终结之日起10日内，持人民法院终结破产程序的裁定，向破产人的原登记机关办理注销登记。

破产人的保证人和其他连带债务人，在破产程序终结后，对债权人依照破产清算程序未受清偿的债权，依法继续承担清偿责任。

案例直击：企业破产案

 **思政园地**

关键词：重整　破产　资源配置

破产重整是要素资源的重新配置

2023 年，最高人民法院工作报告总结了 2018—2022 年的五年里全国法院办理破产案件的情况。审结破产案件 4.7 万件，涉及债权 6.3 万亿元，对仍有市场潜力的高负债企业通过依法重整实现重生，对资不抵债、拯救无望的企业宣告破产，实现市场出清。探索个人破产制度，让诚实而不幸的债务人能有重归市场打拼的机会。推进"执破直通"，办理执行转破产案件 1.5 万件。审结破产重整案件 2801 件，盘活资产 3.4 万亿元，帮助 3285 个企业摆脱困境，稳住 92.3 万名员工就业岗位。海航集团破产重整案成功化解 1.1 万亿元债务风险，北大方正、紫光集团、永泰能源、大船海工、"建工系"、中孚实业、贵阳大数据交易所、青海盐湖股份等一批有价值有前景的企业通过破产重整获得新生。法院依法高效办理破产案件，促进市场要素资源重新有效配置，为社会的稳定和发展作出了积极贡献。

思考与探究

　　1.试述破产案件受理的法律效果。

　　2.论述我国现行破产法对破产原因的规定。

　　3.论述我国破产管理人的职责及其完善。

　　4.试述破产宣告的法律效果。

　　5.比较重整程序与破产清算程序、和解程序的特点。

本章主要涉及的法律规定

　　1.《中华人民共和国企业破产法》（2006 年）

　　2.《最高人民法院关于适用〈中华人民共和国企业破产法〉若干问题的规定（一）》（2011 年）

　　3.《最高人民法院关于适用〈中华人民共和国企业破产法〉若干问题的规定（二）》（2020 年修正）

　　4.《最高人民法院关于适用〈中华人民共和国企业破产法〉若干问题的规定（三）》（2020 年修正）

本章速览

第五章

民法典·合同编

第一节 合同概述

一、合同的概念

《民法典》第 464 条规定，合同是民事主体之间设立、变更、终止民事法律关系的协议。婚姻、收养、监护等有关身份关系的协议，适用有关该身份关系的法律规定；没有规定的，可以根据其性质参照适用《民法典》合同编规定。

合同是一种民事法律行为，以设立、变更、终止民事法律关系为目的。首先，尽管合同主要是有关债权债务关系的协议（债权合同），但并不限于此，而是涉及各类民事法律关系（如物权关系、身份关系）。其次，合同的目的不仅在于设立民事权利义务关系，也包括变更和终止民事权利义务关系。

二、合同的分类

按照不同的标准，可以将合同划分为不同的类型。合同主要有以下分类。

（一）有名合同与无名合同

根据法律是否赋予特定名称并设有具体规则，合同可分为有名合同与无名合同。有名合同是立法上规定了确定名称与规则的合同，又称典型合同，如《民法典》合同编在第二分编中规定的买卖合同、赠与合同、借款合同、租赁合同等各类合同。无名合同是立法上尚未规定有确定名称与规则的合同，又称非典型合同。有名合同可直接适用《民法典》合同编第二分编中关于该种合同的具体规定。对无名合同则只能在适用《民法典》合同编第一分编通则的同时，参照适用《民法典》合同编第二分编或者其他法律最相类似合同的规定。

（二）单务合同与双务合同

根据当事人是否互负给付义务，合同可分为单务合同与双务合同。单务合同是指只有一方当事人承担给付义务的合同，如赠与合同。双务合同是指当事人双方互相承担对待给付义务的合同。《民法典》所规定的合同多数为双务合同。

（三）诺成合同与实践合同

根据是否以交付标的物为合同成立条件，可以将合同分为诺成合同与实践合同。诺成合同，是指以缔约当事人意思表示一致为充分成立条件的合同。实践合同也称要物合同，是指除当事人意思表示一致外尚需交付标的物才能成立的合同。实践中，大多数合同均为诺成合同，实践合同仅限于法律规定的少数合同。常见的实践合同有保管合同、自然人之间的借贷合同、定金合同。根据《民法典》的规定，赠与合同、质押合同不是实践合同。

（四）要式合同与不要式合同

以合同的成立是否须采取一定的形式为标准，合同可分为要式合同与不要式合同。要式合同，是指法律规定或当事人要求必须采取一定形式的合同。不要式合同，则是法律或当事人未要求采取特定形式的合同。要式合同与不要式合同区分的主要意义在于判定合同的成立。要式合同除非采用法律规定或当事人约定的形式，否则不成立；不要式合同的成立则不拘泥于合同的形式。当前，合同以不要式为原则，以要式为例外。

（五）主合同与从合同

以合同相互间的主从关系为标准，合同可分为主合同与从合同。在两个关联合同中，不依赖其他合同的存在即可独立存在的合同称为主合同，以其他合同的存在为前提而存在的合同称为从合同。如借款合同与保证合同之间，前者为主合同，后者为从合同。

（六）有偿合同与无偿合同

这是依合同当事人之间的权利义务是否存在对价关系所作的分类。有偿合同，是指当事人一方享有合同约定的权益，须向对方当事人偿付相应代价的合同。实践中常见的买卖、租赁、运输、承揽等合同，均属有偿合同。无偿合同，是指一方当事人向对方给予某种利益，对方取得该利益时不支付任何代价的合同。无偿合同不是典型的交易形式，实践中主要有赠与合同、借用合同、无偿保管合同等。在无偿合同中，一方当事人不支付对价，但也可能承担义务，如借用他人物品，借用人负有正当使用和按期返还的义务。因此，无偿合同与单务合同并非同一概念。

三、合同的相对性

合同的相对性，指合同主要在特定的合同当事人之间发生效力，合同一方当事人只能向合同的另一方当事人提出请求，而不能向与其无合同关系的第三人提出合同上的请求，也不能擅自为第三人设定合同上的义务。合同相对性规则主要表现在以下三个方面。

（一）合同主体的相对性

合同关系只能发生在特定的主体之间，只有合同一方当事人可以向合同的另一方当事人提出请求。一方面，只有合同的债权人可以请求合同债务人履行合同义务，原则上合同债权人之外的第三人无权请求合同债务人履行债务。另一方面，合同债权人只能向合同债务人提出履行请求，无权请求合同债务人以外的第三人履行合同义务。

（二）合同内容的相对性

除法律另有规定或者合同另有约定外，只有合同当事人才能享有合同债权并承担合同义务，合同当事人以外的任何第三人都不能主张合同上的权利。

（三）违约责任的相对性

违约责任只能在特定的当事人之间，即合同当事人之间发生，合同以外的第三人不对合同当事人负违约责任，合同当事人也不对合同以外的第三人承担违约责任。《民法典》第593条规定，当事人一方因第三人的原因造成违约的，应当依法向对方承担违约责任。当事人一方和第三人之间的纠纷，依照法律规定或者按照约定处理。

在法律设有特别规定的情形下，合同可以突破其相对性，对第三人产生拘束力。

第二节　合同的订立

一、合同的内容和形式

（一）合同的内容

合同的内容，即合同当事人订立合同的各项意思表示，在实质意义上是指合同当事人的权利义务，在形式意义上即为合同的条款。《民法典》第470条规定，合同的内容由当事人约定，一般包括下列条款：（1）当事人的姓名或者名称和住所；（2）标的；（3）数量；（4）质量；（5）价款或者报酬；（6）履行期限、地点和方式；（7）违约责任；（8）解决争议的方法。

（二）合同的形式

合同的形式，即合同当事人意思表示的外在表现形式。《民法典》第469条规定，当事人订立合同，可以采用书面形式、口头形式或者其他形式。书面形式是合同书、信件等可以有形地表现所载内容的形式。以电子数据交换、电子邮件等方式能够有形地表现所载内容，并可以随时调取查用的数据电文，视为书面形式。

当事人未以书面形式或者口头形式订立合同，但从双方从事的民事行为能够推定双方有订立合同意愿的，可以认定是以"其他形式"订立的合同。法律、行政法规规定采用书面形式或者当事人约定采用书面形式的，应当采用书面形式。

二、合同订立的一般方式

合同是双方法律行为，合同的成立必须基于当事人的合意，即双方当事人意思表示达成一致。合意的形成过程，就是双方相互交换意思表示的过程。这一过程即合同订立的一般程序，分为要约和承诺两个阶段。《民法典》第 471 条规定，当事人订立合同，可以采取要约、承诺方式或者其他方式。

（一）要约

要约，是指希望和他人订立合同的意思表示。根据《民法典》的规定，该意思表示应当符合下列规定：（1）内容必须具体、确定。所谓具体，是指要约的内容必须是某一类型合同成立所必需的条款（合同的主要条款）。所谓确定，是指要约的内容必须明确，不能含混不清，使相对人难明其意。（2）表明经受要约人承诺，要约人即受该意思表示的约束。

1.要约邀请

要约邀请也称要约引诱，是指希望他人向自己发出要约的意思表示。《民法典》第 473 条规定，拍卖公告、招标公告、招股说明书、债券募集办法、基金招募说明书、商业广告和宣传、寄送的价目表等为要约邀请。但商业广告和宣传的内容符合要约条件的，构成要约。《民法典》第 499 条规定，悬赏人以公开方式声明对完成特定行为的人支付报酬的，构成要约，完成该行为的人可以请求其支付。

2.要约的生效

要约属于意思表示的一种，因此适用意思表示的生效规则。《民法典》第 137 条规定，以对话方式作出的意思表示，相对人知道其内容时生效。以非对话方式作出的意思表示，到达相对人时生效。以非对话方式作出的采用数据电文形式的意思表示，相对人指定特定系统接收数据电文的，该数据电文进入该特定系统时生效；未指定特定系统的，相对人知道或者应当知道该数据电文进入其系统时生效。当事人对采用数据电文形式的意思表示的生效时间另有约定的，按照其约定。

此外，无相对人的意思表示，表示完成时生效，法律另有规定的，依照其规定。以公告方式作出的意思表示，公告发布时生效。

3.要约的撤回与撤销

要约的撤回，是指要约人在发出要约后，于要约到达受要约人之前取消要约的行为。撤回要约的通知应当在要约到达受要约人之前或者与要约同时到达受要约人。撤回要约是在要约尚未生效的情形下发生的。

要约的撤销，是指在要约生效后，要约人取消要约从而使要约归于消灭的行为。要约可以撤销，但是有下列情形之一的除外：（1）要约人以确定承诺期限或者其他形式明示要约不可撤销；（2）受要约人有理由认为要约是不可撤销的，并已经为履行合同做了合理准备工作。

撤销要约的意思表示以对话方式作出的，该意思表示的内容应当在受要约人作出承诺之前为受要约人所知道；撤销要约的意思表示以非对话方式作出的，应当在受要约人作出承诺之前到达受要约人。

4.要约的失效

有下列情形之一的，要约失效：（1）要约被拒绝；（2）要约被依法撤销；（3）承诺期限届满，受要约人未作出承诺；（4）受要约人对要约的内容作出实质性变更。

（二）承诺

承诺是受要约人同意要约的意思表示。承诺应当由受要约人向要约人作出，并在要约确定的期限内到达要约人。

1.承诺期限

承诺应当在要约确定的期限内到达要约人。要约没有确定承诺期限的，承诺应当依照下列规定到达：（1）要约以对话方式作出的，应当即时作出承诺；（2）要约以非对话方式作出的，承诺应当在合理期限内到达。

对于承诺的合理期限起算点，《民法典》第482条规定，要约以信件或者电报作出的，承诺期限自信件载明的日期或者电报交发之日开始计算。信件未载明日期的，自投寄该信件的邮戳日期开始计算。要约以电话、传真、电子邮件等快速通信方式作出的，承诺期限自要约到达受要约人时开始计算。

2.承诺的生效时间

承诺应当以通知的方式作出；但是，根据交易习惯或者要约表明可以通过行为作出承诺的除外。承诺自通知到达要约人时生效。承诺不需要通知的，自根据交易习惯或者要约的要求作出承诺的行为时生效。采用数据电文形式订立合同，如同要约，承诺的生效时间亦适用《民法典》第137条第2款的规则。承诺生效时合同成立。

3.承诺的撤回

承诺的撤回，是指受要约人在其承诺生效之前作出的阻止其承诺发生法律效力的意思表示。承诺的撤回仅适用于以通知方式作出的承诺，不需要通知，即作出时就生效的承诺不存在撤回问题，如对供用水、电等要约的承诺，因已实际消费而无法撤回。承诺生效，合同成立。因此，承诺不存在撤销的问题。

4.承诺的迟延

受要约人超过承诺期限发出承诺，或者在承诺期限内发出承诺，按照通常情形不能及时到达要约人的，为承诺的通常迟延。除要约人及时通知受要约人该承诺有效的以外，迟延的承诺为新要约。

受要约人在承诺期限内发出承诺，按照通常情形能够及时到达要约人，但出于其他原因使承诺到达要约人时超过承诺期限的，为承诺的非正常迟延，也称特殊的迟延。除要约人及时通知受要约人因承诺超过期限不接受该承诺的以外，非正常迟延的承诺为有效承诺。

5.承诺的内容

承诺的内容应当与要约的内容一致，但在实践中，受要约人可能对要约的文字乃至内容作出某些修改，此时承诺是否具有法律效力须根据具体情况予以确认。《民法典》第488条规定，受要约人对要约的内容作出实质性变更的，为新要约。有关合同标的、数量、质量、价款或者报酬、履行期限、履行地点和方式、违约责任和解决争议方法等的变更，是对要约内容的实质性变更。承诺对要约的内容作出非实质性变更的，除要约人及时表示反对或者要约表明承诺不得对要约的内容作出任何变更的外，该承诺有效，合同的内容以承诺的内容为准。

⏀【例题5-1】郎某在路上遇见同村的鲁某，询问鲁某是否愿意购买其某辆摩托车，价格2000元，鲁某当场未答复。次日，鲁某找到郎某表示同意以2000元的价格购买该摩托车，郎某告知鲁某该摩托车已卖给邻村的韦某。鲁某表示同意以2000元的价格购买摩托车的意思表示是（　　　）。

A.要约邀请　　B.承诺　　C.要约　　D.单方法律行为　　　（答案：C）

三、合同的成立

《民法典》中包含很多关于合同成立的时间、地点的规定。在当事人未作特别约定时，应适用这些规定确定合同成立的时间、地点。

（一）合同成立的时间

由于合同订立方式的不同，合同成立的时间也有不同：（1）承诺生效时合同成立。这是大部分合同成立的时间标准。（2）当事人采用合同书形式订立合同的，自当事人均签名、盖章或者按指印时合同成立。在签名、盖章或者按指印之前，当事人一方已经履行主要义务，对方接受时，该合同成立。（3）当事人采用信件、数据电文等形式订立合同，要求签订确认书的，签订确认书时合同成立。（4）当事人一方通过互联网等信息网络发布的商品或者服务信息符合要约条件的，对方选择该商品或者服务并提交订单成功时合同成立，但是当事人另有约定的除外。

（二）合同成立的地点

由于合同订立方式的不同，合同成立地点的确定标准也有不同：（1）承诺生效的地点为合同成立的地点。这是大部分合同成立的地点标准。（2）采用数据电文形式订立合同的，收件人的主营业地为合同成立的地点；没有主营业地的，其住所地为合同成立的地点。当事人另有约定的，按照其约定。（3）当事人采用合同书形式订立合同的，最后签名、盖章或者按指印的地点为合同成立的地点。但是当事人另有约定的除外。

⏀【例题5-2】金某与魏某在甲地谈妥买卖合同的主要条款，金某于乙地在合同上签字，随后魏某于丙地在合同上签字，合同在丁地履行，当事人对合同成立地点未作特别约定，该买卖合同的成立地点为（　　　）。

A.丙地　　B.甲地　　C.乙地　　D.丁地　　　（答案：A）

四、免责条款和格式条款

（一）免责条款

免责条款，是指当事人用以免除或者限制一方或双方违约责任的合同条款。免责条款是合同的组成部分，须由当事人达成合意。允许依免责条款免除或限制当事人一方或双方的违约责任，是民法尊重当事人意思自治的体现。但免责条款应符合合同成立和有效的一般规定，并且受到法律的特别规制。如《民法典》第 506 条规定，合同中的下列免责条款无效：（1）造成对方人身损害的；（2）因故意或者重大过失造成对方财产损失的。

（二）格式条款

格式条款，是指当事人为了重复使用而预先拟订，并在订立合同时未与对方协商的条款。

（1）格式条款的订立规则。《民法典》第 496 条第 2 款规定，采用格式条款订立合同的，提供格式条款的一方应当遵循公平原则确定当事人之间的权利和义务，并采取合理的方式提示对方注意免除或者减轻其责任等与对方有重大利害关系的条款，按照对方的要求，对该条款予以说明。提供格式条款的一方未履行提示或者说明义务，致使对方没有注意或者理解与其有重大利害关系的条款的，对方可以主张该条款不成为合同的内容。

（2）格式条款的无效。《民法典》第 497 条规定，有下列情形之一的，该格式条款无效：①具有《民法典》第 1 编第 6 章第 3 节和第 506 条规定的无效情形；②提供格式条款一方不合理地免除或者减轻其责任、加重对方责任、限制对方主要权利；③提供格式条款一方排除对方主要权利。

（3）格式条款的解释。对格式条款的理解发生争议的，应当按照通常理解予以解释。对格式条款有两种以上解释的，应当作出不利于提供格式条款一方的解释。格式条款和非格式条款不一致的，应当采用非格式条款。

五、缔约过失责任

缔约过失责任，是指在订立合同过程中，一方因违反其依据诚实信用原则所负先合同义务而致另一方遭受损失，依法应承担的民事责任。缔约过失责任主要表现为赔偿责任。

《民法典》第 500 条、第 501 条规定，缔约过失责任适用以下情形：（1）假借订立合同，恶意进行磋商；（2）故意隐瞒与订立合同有关的重要事实或者提供虚假情况；（3）当事人泄露或者不正当地使用在订立合同过程中知悉的商业秘密或者其他应当保密的信息；（4）有其他违背诚实信用原则的行为。

第三节 合同的效力

一、合同的生效

《民法典》第 502 条第 1 款规定，依法成立的合同，自成立时生效，但是法律另有规定或者当事人另有约定的除外。合同一经成立即可生效，属于合同的一般生效条件；依据法律规定或当事人约定，合同生效应具备的特别条件，属于合同的特殊生效条件。

合同特殊生效要件主要包括以下三种。

（1）某些合同以完成审批、登记手续为生效要件。依照法律、行政法规的规定经批准才能生效的合同成立后，有义务办理申请批准等手续的一方当事人未按照法律规定或者合同约定办理申请批准的，不影响合同中履行报批等义务条款以及相关条款的效力。

（2）实践合同以标的物交付为特殊生效要件。如《民法典》第 679 条规定，自然人之间的借款合同，自贷款人提供借款时成立。"提供借款"既是合同成立条件也是合同生效条件。

（3）当事人约定生效条件和生效期限。附生效条件的合同，自条件成就时生效。当事人为自己的利益不正当地阻止条件成就的，视为条件已成就；不正当地促成条件成就的，视为条件不成就。附生效期限的合同，自期限届至时生效。

二、无效合同

无效合同，是指合同虽然已经成立，但因违反法律、行政法规或社会公共利益，因而不发生法律效力的合同。无效合同可以分为合同内容全部无效的合同与合同内容部分无效的合同。对于合同内容部分无效的合同，无效内容不影响其他部分效力的，其他部分仍然有效。

有下列情形之一的，合同无效：（1）一方以欺诈、胁迫的手段订立合同，损害国家利益；（2）恶意串通，损害国家、集体或者第三人利益；（3）以合法形式掩盖非法目的；（4）损害社会公共利益；（5）违反法律、行政法规的强制性规定。

三、可撤销合同

可撤销合同，是指合同订立后，因意思表示不真实，可由当事人行使撤销权使合同归于无效的合同。

《民法典》第 147 条至第 151 条规定，可撤销合同主要包括以下情形。

（1）因重大误解订立的合同，行为人有权请求人民法院或者仲裁机构予以撤销。所谓重大误解，是指误解者作出意思表示时，对涉及合同法律效果的重要事项存在认识上的显著缺陷，其后果是使误解者的利益受到较大损失，或者达不到误解者订立合同的目的。

（2）以欺诈或胁迫手段订立的合同。一方以欺诈或胁迫手段，使对方在违背真实意思的情况下订立合同，受欺诈或受胁迫方有权请求人民法院或者仲裁机构予以撤销。第三人实施欺诈行为，使一方在违背真实意思的情况下订立合同，对方知道或者应当知道该欺诈行为的，受欺诈方有权请求人民法院或者仲裁机构予以撤销。

（3）在订立时显失公平的合同。所谓显失公平，是指一方利用对方处于危困状态、缺乏判断能力等情形，以致订立的合同使当事人之间的权利义务明显违反公平、等价有偿原则。受损害方有权请求人民法院或者仲裁机构撤销该合同。

【例题5-3】甲酒店是一家经营良好的星级酒店，酒店大堂悬挂有一幅巨型山水画，甲酒店对该山水画的价值不甚了解。乙公司的老板认为该山水画可能价值不菲，于是，乙公司提出以4.5亿元收购甲酒店的全部财产（包括大堂悬挂的山水画），但未告知甲酒店该山水画可能价值不菲。甲酒店见该收购价格高出同类酒店通常收购价格三到四千万元，遂表示同意。收购协议履行后，乙公司将该山水画拍卖得款1.5亿元，引起轰动。关于甲、乙间的收购协议，下列表述正确的是（　　）。

A.甲可以重大误解为由撤销　　B.甲可以遭受欺诈为由撤销

C.无效力瑕疵，甲无权撤销　　D.甲可以显失公平为由撤销　　（答案：C）

四、效力待定合同

效力待定合同，是指合同虽然已经成立，但其效力有待于第三人决定，在决定前，效力处于不确定状态的合同。

效力待定合同有以下几种情形。

（1）限制民事行为能力人订立的合同，经法定代理人追认后，该合同有效。但纯获利益的合同或者与其年龄、智力、精神健康状况相适应而订立的合同，不必经法定代理人追认。

（2）行为人没有代理权、超越代理权或者代理权终止后以被代理人名义订立合同，未经被代理人追认的，对被代理人不发生效力，由行为人承担责任。

（3）无处分权的人处分他人财产，经权利人追认或者无处分权的人订立合同后取得处分权的，该合同有效。

第四节　合同的履行

一、合同履行的规则

（一）合同履行的一般规则

合同的履行，是指债务人或其辅助人完成作为合同债务内容的给付，并因此使合同债权得以实现的行为。《民法典》第509条规定，合同的履行应当遵循全面履行、协作履行、节约资源与保护生态环境的原则，即：（1）当事人应当按照约定全面履行自己的义务；（2）当事人应当遵循诚信原则，根据合同的性质、目的和交易习惯履行通知、协助、保密等义务；（3）当事人在履行合同过程中，应当避免浪费资源、污染环境和破坏生态。

债务人不能迟延履行或提前履行。对于提前履行，《民法典》第530条明确规定，债权人可以拒绝债务人提前履行债务，但是提前履行不损害债权人利益的除外。债务人提前履行债务给债权人增加的费用，由债务人负担。

债务人原则上应全部履行债务的内容，不得部分履行债务。《民法典》第531条规定，债权人可以拒绝债务人部分履行债务，但是部分履行不损害债权人利益的除外。债务人部

分履行债务给债权人增加的费用，由债务人负担。

（二）当事人就有关合同内容约定不明确时的履行规则

合同生效后，当事人就质量、价款或者报酬、履行地点等内容没有约定或者约定不明确的，可以协议补充；不能达成补充协议的，按照合同有关条款或者交易习惯确定；仍不能确定的，适用下列规定。

（1）质量要求不明确的，按照强制性国家标准履行；没有强制性国家标准的，按照推荐性国家标准履行；没有推荐性国家标准的，按照行业标准履行；没有国家标准、行业标准的，按照通常标准或者符合合同目的的特定标准履行。

（2）价款或者报酬不明确的，按照订立合同时履行地的市场价格履行；依法应当执行政府定价或者政府指导价的，依照规定履行。

（3）履行地点不明确，给付货币的，在接受货币一方所在地履行；交付不动产的，在不动产所在地履行；其他标的，在履行义务一方所在地履行。

（4）履行期限不明确的，债务人可以随时履行，债权人也可以随时请求履行，但是应当给对方必要的准备时间。

（5）履行方式不明确的，按照有利于实现合同目的的方式履行。

（6）履行费用的负担不明确的，由履行义务一方负担；因债权人增加的履行费用，由债权人负担。

（三）涉及第三人的合同履行

（1）向第三人履行的合同。当事人约定由债务人向第三人履行债务，债务人未向第三人履行债务或者履行债务不符合约定的，应当向债权人承担违约责任。法律规定或者当事人约定第三人可以直接请求债务人向其履行债务，第三人未在合理期限内明确拒绝，债务人未向第三人履行债务或者履行债务不符合约定的，第三人可以请求债务人承担违约责任；债务人对债权人的抗辩，可以向第三人主张。

（2）由第三人履行的合同。当事人约定由第三人向债权人履行债务，第三人不履行债务或者履行债务不符合约定的，债务人应当向债权人承担违约责任。

（3）第三人代为履行。债务人不履行债务，第三人对履行该债务具有合法利益的，第三人有权向债权人代为履行；但是，根据债务性质、按照当事人约定或者依照法律规定只能由债务人履行的除外。债权人接受第三人履行后，其对债务人的债权转让给第三人，但是债务人和第三人另有约定的除外。

（四）电子合同的履行

通过互联网等信息网络订立的电子合同的标的为交付商品，并采用快递物流方式交付的，收货人的签收时间为交付时间。电子合同的标的为提供服务的，生成的电子凭证或者实物凭证中载明的时间为提供服务时间；前述凭证没有载明时间或者载明时间与实际提供服务时间不一致的，以实际提供服务的时间为准。

电子合同的标的物为采用在线传输方式交付的，合同标的物进入对方当事人指定的特定系统且能够检索识别的时间为交付时间。

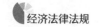

电子合同当事人对交付商品或者提供服务的方式、时间另有约定的，按照其约定。

二、双务合同履行抗辩权

双务合同履行中的抗辩权，是指在符合法律规定的条件下，合同当事人一方对抗对方当事人的履行请求权，暂时拒绝履行其债务的权利。双务合同履行中的抗辩权为一时抗辩权、延缓抗辩权，在产生抗辩权的原因消失后，债务人仍应当履行债务。这种权利对于抗辩权人而言是一种保护手段，目的是避免自己履行义务可能带来的风险。

（一）同时履行抗辩权

同时履行抗辩权，是指在未约定先后履行顺序的双务合同中，当事人应当同时履行，一方在对方未为对待给付之前，有权拒绝其履行要求。《民法典》第525条规定，当事人互负债务，没有先后履行顺序的，应当同时履行。一方在对方履行之前有权拒绝其履行请求。一方在对方履行债务不符合约定时，有权拒绝其相应的履行请求。

同时履行抗辩权的成立条件：（1）当事人基于同一合同互负给付义务；（2）双方互负的债务均已届清偿期；（3）双方所负债务没有先后履行顺序；（4）对方未履行债务或者履行合同义务不符合约定；（5）对方的债务可能履行。

（二）顺序履行抗辩权

顺序履行抗辩权也称先履行抗辩权，是指当事人互负债务，有先后履行顺序，应当先履行债务一方未履行的，后履行一方有权拒绝其履行请求，先履行一方履行债务不符合约定的，后履行一方有权拒绝其相应的履行请求。

顺序履行抗辩权的成立条件，除双方所负债务有先后履行顺序外，其余条件与同时履行抗辩权相同。

（三）不安抗辩权

不安抗辩权，是指双务合同的先给付义务人在有证据证明后给付义务人存在可能丧失履行债务能力的情形时，有权中止履行其合同义务的权利。《民法典》第527条规定，应当先履行债务的当事人，有确切证据证明对方有下列情形之一的，可以中止履行：（1）经营状况严重恶化；（2）转移财产抽逃资金，以逃避债务；（3）丧失商业信誉；（4）有丧失或者可能丧失履行债务能力的其他情形。

不安抗辩权的成立条件：（1）须双方当事人因同一合同互负债务；（2）须后履行债务人的履行能力丧失或明显降低，有不能给付的现实危险。

第五节　合同的保全

合同的保全是合同的一般担保，是指法律为防止因债务人的责任财产不当减少给债权人的债权造成损害，允许债权人代债务人之位向第三人行使债务人的权利，或者请求法院撤销债务人与第三人之间的法律行为的法律制度。债权人代位权与债权人撤销权共同构成合同的保全制度。其中代位权是针对债务人消极不行使自己债权的行为，撤销权则是针对债务人积极侵害债权人债权实现的行为。两者或是为了实现债务人的财产权利，或是为了恢复债务人的责任财产，从而保障债权人债权的实现。

一、债权人代位权

债权人代位权，是指当债务人怠于行使其债权或者与该债权有关的从权利，影响债权人的到期债权实现的，债权人可以向人民法院请求以自己的名义代位行使债务人对相对人的权利。

（一）代位权行使的条件

结合《民法典》的规定，债权人提起代位权诉讼，应当符合下列条件。

（1）债权人对债务人享有债权且债权确定、到期。

（2）债务人对第三人享有债权或与该债权有关的从权利，且债务人的债权不是专属于债务人自身的债权。所谓专属于债务人自身的债权，是指基于扶养关系、抚养关系、赡养关系、继承关系产生的给付请求权和劳动报酬、退休金、养老金、抚恤金、安置费、人寿保险、人身伤害赔偿请求权等权利。

（3）债务人怠于行使其对第三人的权利。

（4）债务人怠于行使其权利影响债权人债权的实现，即有保全债权的必要。

（二）代位权诉讼中的主体及管辖

债权人代位权必须通过诉讼方式行使。在代位权诉讼中，债权人是原告，次债务人是被告，债务人为诉讼上的第三人。因此在代位权诉讼中，如果债权人胜诉，由次债务人承担诉讼费用，且从实现的债权中优先支付；代位权诉讼的其他必要费用则由债务人承担。代位权诉讼由被告住所地人民法院管辖。

（三）代位权行使的法律效果

债权人代位权的行使范围以债权人的到期债权为限，并受次债务人对债务人所负债务数额限制。相对人对债务人的抗辩，可以向债权人主张。

《民法典》第537条规定，人民法院认定代位权成立的，由债务人的相对人向债权人履行义务，债权人接受履行后，债权人与债务人、债务人与相对人之间相应的权利义务在清偿范围内归于消灭。债务人对相对人的债权或者与该债权有关的从权利被采取保全、执行措施，或者债务人破产的，依照相关法律的规定处理。

二、债权人撤销权

（一）债权人撤销权的概念

债权人撤销权也称废罢诉权，是指债权人对债务人与他人实施的影响其债权实现的行为（诈害行为），可通过诉讼程序予以撤销的权利。撤销权诉讼由被告住所地人民法院管辖。债权人为原告，债务人为被告，受益人或受让人可以被追加为第三人。

《民法典》第538条、第539条规定，债权人可以请求人民法院撤销债务人行为的情形如下。

（1）债务人以放弃其债权、放弃债权担保、无偿转让财产等方式无偿处分财产权益，或者恶意延长其到期债权的履行期限，影响债权人的债权实现的。

（2）债务人以明显不合理的低价转让财产、以明显不合理的高价受让他人财产或者为他人的债务提供担保，影响债权人的债权实现，债务人的相对人知道或者应当知道该情形的。

（二）撤销权的成立要件

债权人行使撤销权，应当具备以下条件。

（1）债权人对债务人享有债权且成立于债务人实施诈害行为前。

（2）债务人实施了诈害行为。

（3）主观要件：①债务人无偿处分财产权益的，无论债务人、相对人是否存在恶意，均不影响债权人撤销权的成立。②债务人延长其到期债权的履行期限而影响债权实现的，仅在该行为出于恶意时，债权人方可主张撤销权，而相对人是否善意，法律未作要求。③债务人为有偿处分行为或为他人债务提供担保影响债权实现的，须相对人为恶意。

（三）撤销权行使的期限

撤销权的行使有期限限制。《民法典》第 541 条规定，撤销权自债权人知道或者应当知道撤销事由之日起 1 年内行使。自债务人的行为发生之日起 5 年内没有行使撤销权的，该撤销权消灭。

（四）撤销权行使的法律效果

撤销权的行使范围以债权人的债权为限。被撤销行为自始无效，债务人的处分行为被依法撤销后，债务人尚未支付的，不得向相对人给付，相对人也不得请求给付；相对人已受领债务人财产的，负有返还的义务，原物不能返还的，应折价予以赔偿。相对人已向债务人支付对价的，对债务人享有不当得利返还请求权。债权人行使撤销权的必要费用，由债务人负担。

第六节　合同的变更、转让

一、合同的变更

合同的变更，是指在主体保持不变的情况下，合同内容发生的改变。《民法典》第 543 条规定，当事人协商一致，可以变更合同。《民法典》第 544 条规定，当事人对合同变更的内容约定不明确的，推定为未变更。

合同内容的变更主要包括：（1）标的物质量、数量变更；（2）合同价款或者报酬的变更；（3）合同履行条件的变更，如履行期限变更、履行地点变更、履行方式变更等；（4）合同所附条件或期限的增添或除去；（5）单纯债权变为选择债权；（6）合同担保的设定或取消；（7）违约责任的变更；（8）争议解决方法的变更。

二、合同的转让

合同的转让，是指合同当事人一方将其合同的权利和义务全部或者部分转让给第三人的行为。

（一）合同权利转让

合同权利转让，是指不改变合同权利的内容，由债权人将合同权利的全部或者部分转让给第三人。转让权利的人称为转让人，第三人称为受让人。

合同权利全部转让的，原合同关系消灭，受让人取代原债权人的地位，成为新的债权人。合同权利部分转让的，受让人作为第三人加入到原合同关系中与原债权人共同享有债权。

有下列情形之一的，债权人不得转让合同权利：（1）根据债权性质不得转让；（2）按照当事人约定不得转让；（3）依照法律规定不得转让。

当事人约定非金钱债权不得转让的，不得对抗善意第三人。当事人约定金钱债权不得转让的，不得对抗第三人。

债权人转让债权未通知债务人的，该转让对债务人不发生效力。债权转让的通知不得撤销，但是经受让人同意的除外。

（二）合同义务转移

合同义务转移，是指在不改变合同内容的前提下，债务人将合同的义务全部或者部分转移给第三人的法律事实。

债务人将合同的义务全部或者部分转移给第三人的，应当经债权人同意。债务人或者第三人可以催告债权人在合理期限内予以同意，债权人未作表示的，视为不同意。

债务人全部转移合同义务时，新的债务人完全取代了旧的债务人的地位，承担了全面履行合同义务的责任，享有债务人所应享有的抗辩权。同时，与所转移的主债务有关的从债务，也应当由新债务人承担，但该从债务专属于原债务人自身的除外。债务人部分转移合同义务时，新的债务人加入到原合同关系中，与原债务人一起向债权人履行义务。

（三）合同权利义务的概括移转

合同权利义务的概括移转，是指合同当事人一方的合同权利义务基于当事人约定或者法律规定一并转移给第三人的情形。《民法典》第556条规定，合同的权利和义务一并转让的，适用债权转让、债务转移的有关规定。

当事人订立合同后合并的，由合并后的法人或者其他组织行使合同权利，履行合同义务。当事人订立合同后分立的，除债权人和债务人另有约定的以外，由分立的法人或者其他组织对合同的权利和义务享有连带债权，承担连带债务。

第七节 合同的权利义务终止

合同的权利义务终止制度包括债的终止制度和合同解除制度。债的终止，即债权债务终止，是指给付义务终局地消灭；合同解除，是指合同中原给付义务的效力终止，但在因违约而解除合同等场合中，债务人的损害赔偿义务仍然存在，故给付义务并未终局地消灭。

债权债务终止时，债务人的给付义务消灭，但当事人仍应当遵循诚信等原则，根据交易习惯履行通知、协助、保密、旧物回收等义务。债权债务终止时，债权的从权利同时消灭，但是法律另有规定或者当事人另有约定的除外。

根据《民法典》的规定，债权债务终止的情形包括：（1）债务已经履行，即清偿；（2）债务相互抵销；（3）债务人依法将标的物提存；（4）债权人免除债务；（5）债权债务同归于一人，即混同；（6）法律规定或者当事人约定终止的其他情形。

合同解除包括协议解除、约定解除、法定解除。

合同的权利义务终止，不影响合同中结算条款、清理条款以及解决争议方法条款的效力。

一、清偿

清偿，是指债务人一方按照约定正确、适当地履行债务，从而使债权人的债权得以实现并使债务归于消灭的现象。以下情形也属于按照合同内容约定履行：（1）当事人约定的第三人按照合同履行；（2）债权人同意以他种给付代替合同原定给付；（3）当事人之外的第三人接受履行。

二、解除

合同的解除，是指合同有效成立后，通过当事人的单方行为或者双方合意终止合同效力或者溯及地消灭合同关系的行为。

（一）合同解除的种类

（1）协议解除。《民法典》第562条第1款规定，当事人协商一致，可以解除合同。协议解除是指在合同成立后，未履行或履行完毕之前，当事人双方通过协商解除合同，使合同效力归于消灭。

（2）约定解除。《民法典》第562条第2款规定，当事人可以约定一方解除合同的事由。解除合同的事由发生时，解除权人可以解除合同。约定解除是指当事人双方在合同中约定，在合同成立后未履行或履行完毕之前，当事人一方在某种解除合同的条件成就时享有解除权，并行使解除权，使合同关系归于消灭。

（3）法定解除。法定解除，是指合同成立以后，未履行或履行完毕之前，在法律规定的解除条件具备时，当事人一方通过行使解除权使合同效力归于消灭。

《民法典》第563条规定，有下列情形之一的，当事人可以解除合同：（1）因不可抗力致使不能实现合同目的；（2）在履行期限届满前，当事人一方明确表示或者以自己的行为表明不履行主要债务；（3）当事人一方迟延履行主要债务，经催告后在合理期限内仍未履行；（4）当事人一方迟延履行债务或者有其他违约行为致使不能实现合同目的；（5）法律规定的其他情形。以持续履行的债务为内容的不定期合同，当事人可以随时解除合同，但是应当在合理期限之前通知对方。

【例题 5-4】2022 年 1 月 21 日，陶某与姜某签订活禽买卖合同，约定姜某于 2022 年 2 月 15 日前交付 1000 只活禽。姜某运输活禽交给陶某需耗时 2 天。姜某到期未交付活禽。根据合同法律制度的规定，下列情形中，姜某可以不可抗力为由主张免于承担违约损害赔偿责任的有（　　）。

　　A. 2022 年 1 月 24 日政府发布命令，暂停活禽交易 1 个月

　　B. 2022 年 2 月 10 日姜某发货，途中遭遇泥石流致使活禽灭失

　　C. 2022 年 2 月 16 日姜某发货，途中遭遇山体滑坡致使活禽灭失

　　D. 2022 年 2 月 11 日姜某发货，途中因违反交通法规车辆被暂扣 4 日

（答案：AB）

（二）解除权的行使

（1）通知解除。当事人一方依法主张解除合同的，应当通知对方。合同自通知到达对方时解除；通知载明债务人在一定期限内不履行债务则合同自动解除，债务人在该期限内未履行债务的，合同自通知载明的期限届满时解除。

（2）诉讼或者仲裁解除。当事人一方未通知对方，直接以提起诉讼或者申请仲裁的方式依法主张解除合同，人民法院或者仲裁机构确认该主张的，合同自起诉状副本或者仲裁申请书副本送达对方时解除。

（3）协议解除合同的，合同自解除协议生效时解除。

（三）解除权的消灭

（1）因除斥期间届满而消灭。法律规定或者当事人约定解除权行使期限，期限届满当事人不行使的，解除权消灭。

（2）法律没有规定或者当事人没有约定解除权行使期限，自解除权人知道或者应当知道解除事由之日起 1 年内不行使，解除权消灭。

（3）法律没有规定或者当事人没有约定解除权行使期限，经对方催告后在合理期限内不行使的，解除权消灭，合同关系继续存在。

（四）解除的效力

《民法典》第 566 条规定了合同解除的效力如下。

（1）合同解除后，尚未履行的，终止履行；已经履行的，根据履行情况和合同性质，当事人可以请求恢复原状或者采取其他补救措施，并有权请求赔偿损失。

（2）合同因违约解除的，解除权人可以请求违约方承担违约责任，但是当事人另有约定的除外。

（3）主合同解除后，担保人对债务人应当承担的民事责任仍应当承担担保责任，但是担保合同另有约定的除外。

三、抵销

抵销，是指双方当事人互负债务时，一方通知对方以其债权充当债务的清偿或者双方

协商以债权充当债务的清偿，使得双方的债务在对等数额内消灭的行为。抵销分为法定抵销与合意抵销。抵销具有简化交易程序、降低交易成本、提高交易安全的作用。

（一）法定抵销

《民法典》第 568 条规定，当事人互负债务，该债务的标的物种类、品质相同的，任何一方可以将自己的债务与对方的到期债务抵销；但是，根据债务性质、按照当事人约定或者依照法律规定不得抵销的除外。法定抵销须具备以下条件。

（1）双方互负债务，互享债权。效力不完全的债权不能作为主动债权而主张抵销，如诉讼时效完成后的债权，债权人不得主张抵销，但作为被动债权，对方以其债权主张抵销的，应当允许。

（2）双方互负债务的标的物种类、品质相同。但以特定物为给付物时，即使双方的给付物属于同一种类，也不允许抵销。

（3）对方债务已届清偿期。在一方当事人主张抵销的情形下，并不要求双方当事人的债务均届清偿期。若一方债务已届清偿期，而另一方债务未届清偿期，则未到期的债务人可以主张抵销。

（4）双方的债务均为可抵销的债务。下列债务不可抵销：①法律规定不得抵销的债务。如因故意侵权行为而产生债务的，债务人不得主张抵销。②根据债务性质不能抵销的债务。如以提供劳务或者不作为为债务内容的，债务人不得主张抵销。③当事人约定不得抵销的债务。

当事人主张抵销的，应当通知对方。通知自到达对方时生效。抵销不得附条件或者附期限。抵销产生如下法律效力：（1）双方的债权债务关系，按照能够相互抵销的对等数额归于消灭。（2）抵销后，双方的债权债务关系溯及至最初符合法定抵销的条件时而归于消灭。（3）如果双方所负债务数额不同，剩余债务的诉讼时效发生中断。

（二）合意抵销

《民法典》第 569 条规定，当事人互负债务，标的物种类、品质不相同的，经双方协商一致，也可以抵销。除依债的性质或法律规定不得抵销外，无论双方债务的标的物种类、品质是否相同，双方债务是否到期，都可约定抵销，并于抵销协议生效时发生债务抵销的效果。

四、提存

提存，是指由于债权人的原因而无法向其交付债的标的物时，债务人将该标的物交存于提存部门而消灭债务的制度。

（一）提存的原因

《民法典》第 570 条第 1 款规定，有下列情形之一，难以履行债务的，债务人可以将标的物提存：（1）债权人无正当理由拒绝受领；（2）债权人下落不明；（3）债权人死亡未确定继承人、遗产管理人，或者丧失民事行为能力未确定监护人；（4）法律规定的其他情形。

（二）提存的效力

标的物提存后，毁损、灭失的风险由债权人承担。提存期间，标的物的孳息归债权人所有。提存费用由债权人负担。标的物不适于提存或者提存费用过高的，债务人依法可以拍卖或者变卖标的物，提存所得的价款。

提存成立的，视为债务人在其提存范围内已经履行债务，但债务人还负有附随义务。标的物提存后，债务人应当及时通知债权人或者债权人的继承人、遗产管理人、监护人、财产代管人。

债权人可以随时领取提存物，但债权人对债务人负有到期债务的，在债权人未履行债务或者提供担保之前，提存部门根据债务人的要求应当拒绝其领取提存物。债权人领取提存物的权利，自提存之日起 5 年内不行使则消灭，提存物扣除提存费用后归国家所有。但是，债权人未履行对债务人的到期债务，或者债权人向提存部门书面表示放弃领取提存物权利的，债务人负担提存费用后有权取回提存物。

五、免除和混同

（一）债务免除

债务免除，是指债权人向债务人作出抛弃全部或部分债权的意思表示，从而全部或部分地消灭债的关系的行为。债权人免除债务人部分或者全部债务的，债权债务部分或者全部终止，但是债务人在合理期限内拒绝的除外。免除的意思表示无须采取特定的形式，口头、书面及其他方式都可发生免除的效力。

（二）混同

债权和债务同归于一人，即债权债务混同时，债权债务终止，但是损害第三人利益的除外。

第八节 违约责任

一、违约责任的概念与构成要件

（一）违约责任的概念

违约责任是违反合同的民事责任的简称，是指合同当事人一方不履行合同义务或者履行合同义务不符合合同约定或法律规定所应承担的民事责任。《民法典》第 577 条规定，当事人一方不履行合同义务或者履行合同义务不符合约定的，应当承担继续履行、采取补救措施或者赔偿损失等违约责任。据此，在我国除非法律有特别规定，违约责任属于严格责任，即违约责任的承担不以违约方有过错为条件。

（二）违约责任的构成要件

违约责任的一般构成要件包括违约行为以及无法定或约定的免责事由。此外尚需具备损害以及违约行为与损害之间存在因果关系两个要件。

违约行为分为实际违约与预期违约。实际违约包括履行拒绝、履行迟延与不适当履行。预期违约，是指在合同履行期到来之前，一方无正当理由但明确表示其在履行期到来后将不履行合同，或者其行为表明其在履行期到来后将不可能履行合同。《民法典》第578条规定，当事人一方明确表示或者以自己的行为表明不履行合同义务的，对方可以在履行期限届满前请求其承担违约责任。

【例题5-5】天南公司和海北公司商谈项目合作事宜，签订了《木材销售意向书》，约定天南公司取得销售许可证后，双方签订《木材销售合同》进一步约定数量和价格。后由于市场变化，海北公司取消订约。对此，下列哪些表述是正确的？（　　）

A.《木材销售意向书》是预约合同

B.海北公司有权撤销《木材销售意向书》

C.海北公司应承担缔约过失责任

D.海北公司应承担预约合同的违约责任 （答案：AD）

二、继续履行责任

继续履行又称实际履行，是指违约方根据对方当事人的请求继续履行合同义务的违约责任形式。

（1）金钱之债，无条件适用继续履行。《民法典》第579条规定，当事人一方未支付价款、报酬、租金、利息，或者不履行其他金钱债务的，对方可以请求其支付。

（2）非金钱债务，有条件适用继续履行。《民法典》第580条规定，当事人一方不履行非金钱债务或者履行非金钱债务不符合约定的，对方可以请求履行，但是有下列情形之一的除外：①法律上或者事实上不能履行；②债务的标的不适于强制履行或者履行费用过高；③债权人在合理期限内未请求履行。非金钱债务存在上述规定的除外情形之一，致使不能实现合同目的的，人民法院或者仲裁机构可以根据当事人的请求终止合同权利义务关系，但是不影响违约责任的承担。

三、补救措施责任

补救措施，是债务人的履行在质量、数量等方面不符合约定，债权人可根据合同履行情况请求债务人采取补救履行措施。《民法典》第582条规定，作为违约责任具体形式的补救措施包括修理、重作、更换、退货、减少价款或者报酬等。

四、赔偿损失责任

赔偿损失，也称违约损害赔偿，是指违约方以支付金钱的方式弥补守约方因违约行为所减少的财产或者所丧失的利益的责任形式。赔偿损失是最重要的违约责任形式。《民法典》第584条规定，当事人一方不履行合同义务或者履行合同义务不符合约定，造成对方损失的，损失赔偿额应当相当于因违约所造成的损失，包括合同履行后可以获得的利益；但是，不得超过违约一方订立合同时预见到或者应当预见到的因违约可能造成的损失。

五、违约金责任

违约金，是指按照当事人约定或者法律规定，一方违约时应当向对方支付的一定数量的金钱或其他财物。违约金既有担保债务履行的作用，又有补偿和惩罚功能，故成为违约责任的重要形式。

约定的违约金低于造成的损失的，当事人可以请求人民法院或者仲裁机构予以增加；约定的违约金过分高于造成的损失的，当事人可以请求人民法院或者仲裁机构予以适当减少。《最高人民法院关于适用〈中华人民共和国民法典〉合同编通则若干问题的解释》第65条规定，当事人主张约定的违约金过分高于违约造成的损失，请求予以适当减少的，人民法院应当以《民法典》第584条规定的损失为基础，兼顾合同主体、交易类型、合同的履行情况、当事人的过错程度、履约背景等因素，遵循公平原则和诚信原则进行衡量，并作出裁判。约定的违约金超过造成损失的30%的，人民法院一般可以认定为过分高于造成的损失。恶意违约的当事人一方请求减少违约金的，人民法院一般不予支持。

当事人就迟延履行约定违约金的，违约方支付违约金后，还应当履行债务。

六、定金责任

《民法典》第586条规定，当事人可以约定一方向对方给付定金作为债权的担保。定金合同自实际交付定金时成立。定金的数额由当事人约定；但是，不得超过主合同标的额的20%，超过部分不产生定金的效力。实际交付的定金数额多于或者少于约定数额的，视为变更约定的定金数额。

债务人履行债务的，定金应当抵作价款或者收回。给付定金的一方不履行债务或者履行债务不符合约定，致使不能实现合同目的的，无权请求返还定金；收受定金的一方不履行债务或者履行债务不符合约定，致使不能实现合同目的的，应当双倍返还定金。

当事人既约定违约金，又约定定金的，一方违约时，对方可以选择适用违约金或者定金条款。定金与违约金原则上不能并用。

定金不足以弥补一方违约造成的损失的，对方可以请求赔偿超过定金数额的损失。对此应理解为，适用定金罚则（如违约方双倍返还定金）后，守约方损失仍未得到充分补偿的，可就超出的数额部分向违约方请求赔偿。

案例直击：服务合同纠纷案　　案例直击：加工合同纠纷案

 思政园地

关键词：合同履约　契约精神　和谐稳定

加强合同履约领域信用建设

合同作为市场主体开展经济活动的重要表现形式，是现代经济社会活动的重要载体。马克思指出，只要社会的经济流转按照商品交换的原则进行，就需要以合同作为经济流转的主要法律形式。合同履约既是一个经济问题，也是一个法律问题；既是降低交易成本、促进要素流动、优化资源配置、保障市场运行的过程，也是保障合法权益、增进社会互信、稳定社会预期、维护良好秩序的过程。合同履约所蕴含的契约精神是市场经济法治化的法学、社会学基础。

党的二十大报告要求，"完善产权保护、市场准入、公平竞争、社会信用等市场经济基础制度，优化营商环境"①。中共中央办公厅、国务院办公厅印发的《关于推进社会信用体系建设高质量发展促进形成新发展格局的意见》明确提出，"健全市场主体信誉机制，提升企业合同履约水平"。加强合同履约信用建设是供需有效衔接的重要保障，是资源优化配置的坚实基础。建立规范的合同履约机制，是信用体系建设的重要组成部分，也是信用体系建设的基础支撑，更是塑造良好市场经济秩序、建立和谐稳定社会的根本要求。

思考与探究

1.合同成立与合同生效有何区别与联系？

2.合同履行中抗辩权有哪些种类？分别适用于何种情形？

3.合同被撤销或被确认无效的法律后果如何？

4.什么情况下当事人可以解除合同？

5.承担合同违约责任的主要方式有哪些？分别适用于何种情形？

本章主要涉及的法律规定

1.《中华人民共和国民法典·合同编》（2020年）

2.《最高人民法院关于适用〈中华人民共和国民法典〉合同编通则若干问题的解释》（2023年）

本章速览

---

① 习近平. 高举中国特色社会主义伟大旗帜 为全面建设社会主义现代化国家而团结奋斗——在中国共产党第二十次全国代表大会上的报告[M]. 北京：人民出版社，2022: 29.

第六章

会计法、支付结算与票据法律制度

学习要点

了解会计法的基本原则，熟悉会计人员的职责，掌握会计核算的基本规定以及会计监督的具体内容；了解支付结算的原则和特征，熟悉支付工具的种类，掌握银行结算账户的种类和使用规定；了解票据的概念和种类，理解票据的特征、功能、票据权利及票据责任，掌握票据行为和票据追索，掌握汇票、本票、支票的基本规定。

思政目标

培养学生正确的金钱观、价值观，促使学生遵守职业道德，讲求诚信，及时履约，维护社会主义市场经济的高效率高质量运行。

第一节 会计法

一、会计法概述

（一）会计法的概念

会计法，是指调整因国家管理会计工作和会计机构、会计人员在办理会计事务过程中所产生的会计关系的法律规范的总称。国务院财政部门主管全国的会计工作。县级以上地方各级人民政府财政部门管理本行政区域内的会计工作。国家实行统一的会计制度，由国务院财政部门根据会计法制定并公布。

（二）会计法的基本原则

（1）依法办理会计事务原则。国家机关、社会团体、公司、企业、事业单位和其他组织必须依照《中华人民共和国会计法》（以下简称《会计法》）办理会计事务。任何单位或者个人不得以任何方式授意、指使、强令会计机构、会计人员伪造、变造会计凭证、会计账簿和其他会计资料，提供虚假财务会计报告。

（2）真实、完整原则。各单位必须依法设置会计账簿，并保证其真实、完整。单位负责人对本单位的会计工作和会计资料的真实性、完整性负责。

二、会计机构和会计人员

（一）会计机构

（1）会计机构的设置。《会计法》第36条规定，各单位应当根据会计业务的需要，设置会计机构，或者在有关机构中设置会计人员并指定会计主管人员；不具备设置条件的，应当委托经批准设立从事会计代理记帐业务的中介机构代理记帐。国有的和国有资产占控股地位或者主导地位的大、中型企业必须设置总会计师。总会计师的任职资格、任免程序、职责权限由国务院规定。

（2）会计机构的稽核制度。《会计法》第37条规定，会计机构内部应当建立稽核制度。出纳人员不得兼任稽核、会计档案保管和收入、支出、费用、债权债务账目的登记工作。

（二）会计人员

（1）对会计人员的一般要求。《会计法》第38条规定，会计人员应当具备从事会计工作所需要的专业能力。担任单位会计机构负责人（会计主管人员）的，应当具备会计师以上专业技术职务资格或者从事会计工作3年以上经历。

会计人员应当遵守职业道德，提高业务素质，应当加强对会计人员的教育和培训工作。因有提供虚假财务会计报告，做假账，隐匿或者故意销毁会计凭证、会计账簿、财务会计报告，贪污，挪用公款，职务侵占等与会计职务有关的违法行为被依法追究刑事责任的人员，不得再从事会计工作。

（2）会计人员工作交接。会计人员调动工作或者离职，必须与接管人员办清交接手续。一般会计人员办理交接手续，由会计机构负责人（会计主管人员）监交；会计机构负责人（会计主管人员）办理交接手续，由单位负责人监交，必要时主管单位可以派人会同监交。

⑦【例题6-1】2022年9月甲公司成立，设置会计机构并配备会计人员。甲公司会计人员的下列工作岗位设置中，不符合法律规定的有（   ）。

A.具有会计师专业技术职务资格的昌某担任会计机构负责人

B.具有初级会计专业技术资格的马某担任工资核算和成本费用核算工作

C.从事会计工作15年的高级会计师苗某担任总账报表和稽核工作

D.刚毕业的会计专业学生凤某担任出纳和会计档案保管工作　　　　（答案：D）

三、会计核算

会计核算，是指以货币为主要计量单位，运用专门的会计方法，对生产经营活动或预算执行过程及其结果进行连续、系统、全面的记录、计算、分析，定期编制并提供财务会计报告和其他会计资料，为经营决策和宏观经济管理提供依据的一项会计活动。会计核算是会计工作的基本职能之一，是会计工作的基本环节。

（一）会计核算的内容

《会计法》第10条规定，下列经济业务，应当办理会计手续，进行会计核算：（1）款项和有价证券的收付；（2）财物的收发、增减和使用；（3）债权债务的发生和结算；（4）资本、基金的增减；（5）收入、支出、费用、成本的计算；（6）财务成果的计算和处理；（7）需要办理会计手续、进行会计核算的其他事项。

（二）会计年度和记账本位币

会计年度自公历1月1日起至12月31日止。会计核算以人民币为记账本位币。业务收支以人民币以外的货币为主的单位，可以选定其中一种货币作为记账本位币，但是编报的财务会计报告应当折算为人民币。

（三）会计核算的要求

《会计法》第13条规定，会计凭证、会计账簿、财务会计报告和其他会计资料，必须符合国家统一的会计制度的规定。使用电子计算机进行会计核算的，其软件及其生成的会计凭证、会计账簿、财务会计报告和其他会计资料，也必须符合国家统一的会计制度的规定。任何单位和个人不得伪造、变造会计凭证、会计账簿及其他会计资料，不得提供虚假的财务会计报告。

（1）会计凭证，是指具有一定格式、用以记录经济业务事项发生和完成情况，明确经济责任，并作为记账凭证的书面证明，是会计核算的重要会计资料。会计凭证按来源和用途，可分为原始凭证和记账凭证。

办理前述经济业务事项，必须填制或者取得原始凭证并及时送交会计机构。会计机构、会计人员必须按照国家统一的会计制度的规定对原始凭证进行审核，对不真实、不合法的原始凭证有权不予接受，并向单位负责人报告；对记载不准确、不完整的原始凭证予以退回，并要求按照国家统一的会计制度的规定更正、补充。原始凭证记载的各项内容均不得涂改；原始凭证有错误的，应当由出具单位重开或者更正，更正处应当加盖出具单位印章。原始凭证金额有错误的，应当由出具单位重开，不得在原始凭证上更正。记帐凭证应当根据经过审核的原始凭证及有关资料编制。

（2）会计账簿，是指全面记录和反映一个单位经济业务事项，把大量分散的数据或者资料进行归类整理，逐步加工成有用会计信息的簿籍，它是编辑财务会计报告的重要依据。会计账簿包括总账、明细账、日记账和其他辅助性账簿。

会计账簿登记，必须以经过审核的会计凭证为依据，并符合有关法律、行政法规和国家统一的会计制度的规定。会计账簿应当按照连续编号的页码顺序登记。会计账簿记录发生错误或者隔页、缺号、跳行的，应按国家统一的会计制度规定的方法更正，并由会计人员和会计机构负责人（会计主管人员）在更正处盖章。使用电子计算机进行会计核算的，其会计账簿的登记、更正，应当符合国家统一的会计制度的规定。

各单位发生的各项经济业务事项应当在依法设置的会计账簿上统一登记、核算，不得违反会计法和国家统一的会计制度的规定私设会计账簿登记、核算。

各单位应当定期将会计账簿记录与实物、款项及有关资料相互核对，保证会计账簿记录与实物及款项的实有数额相符、会计账簿记录与会计凭证的有关内容相符、会计账簿之间相对应的记录相符、会计账簿记录与会计报表的有关内容相符。

（3）财务会计报告，也称财务报告，是指单位对外提供的、反映单位某一特定日期财务状况和某一会计期间经营成果、现金流量等会计信息的文件。财务会计报告应当根据经过审核的会计账簿记录和有关资料编制，并符合《会计法》和国家统一的会计制度关于财务会计报告的编制要求、提供对象和提供期限的规定；其他法律、行政法规另有规定的，从其规定。

财务会计报告由会计报表、会计报表附注和财务情况说明书组成。向不同的会计资料使用者提供的财务会计报告，其编制依据应当一致。有关法律、行政法规规定会计报表、会计报表附注和财务情况说明书须经注册会计师审计的，注册会计师及其所在的会计师事务所出具的审计报告应当随同财务会计报告一并提供。

财务会计报告应当由单位负责人和主管会计工作的负责人、会计机构负责人（会计主管人员）签名并盖章；设置总会计师的单位，还须由总会计师签名并盖章。单位负责人应当保证财务会计报告真实、完整。

（4）会计记录的文字及档案。会计记录的文字应当使用中文，在民族自治地方，会计记录可以同时使用当地通用的一种民族文字。我国境内的外商投资企业、外国企业和其他外国组织的会计记录可以同时使用一种外国文字。

各单位对会计凭证、会计账簿、财务会计报告和其他会计资料应当建立档案，妥善保管。会计档案的保管期限分为永久、定期两类。定期保管期限一般分为10年和30年。

（四）公司、企业会计核算的特别规定

《会计法》第25条规定，公司、企业必须根据实际发生的经济业务事项，按国家统一的会计制度的规定确认、计量和记录资产、负债、所有者权益、收入、费用、成本和利润。《会计法》第26条明确规定，公司、企业进行会计核算不得有下列行为：（1）随意改变资产、负债、所有者权益的确认标准或者计量方法，虚列、多列、不列或者少列资产、负债、所有者权益；（2）虚列或者隐瞒收入，推迟或者提前确认收入；（3）随意改变费用、成本的确认标准或者计量方法，虚列、多列、不列或者少列费用、成本；（4）随意调整利润的计算、分配方法，编造虚假利润或者隐瞒利润；（5）违反国家统一的会计制度规定的其他行为。

四、会计监督

会计监督是会计的基本职能之一，是指对单位的经济活动进行检查监督，借以控制经济活动，使经济活动能够根据一定的方向、目标、计划，遵循一定的原则正常进行。会计监督包括单位内部监督、社会监督和政府监督。

（一）单位内部监督

《会计法》第27条规定，各单位应当建立、健全本单位内部会计监督制度。单位内部会计监督制度应当符合下列要求。

（1）记账人员与经济业务事项和会计事项审批人员、经办人员、财物保管人员的职责权限应当明确，并相互分离、相互制约。

（2）重大对外投资、资产处置、资金调度和其他重要经济业务事项的决策和执行的相互监督、相互制约程序应当明确。

（3）财产清查的范围、期限和组织程序应当明确。

（4）对会计资料定期进行内部审计的办法和程序应当明确。

单位负责人应当保证会计机构、会计人员依法履行职责，不得授意、指使、强令会计机构、会计人员违法办理会计事项。会计机构、会计人员对违反《会计法》和国家统一的会计制度规定的会计事项，有权拒绝办理或者按照职权予以纠正。会计机构、会计人员发现会计账簿记录与实物、款项及有关资料不相符的，按照国家统一的会计制度的规定有权自行处理的，应当及时处理；无权处理的，应当立即向单位负责人报告，请求查明原因，作出处理。

? 【例题6-2】根据会计法律制度的规定，下列职务中，属于不相容职务的有（　　　）。

A.业务经办与稽核检查　　　　B.会计记录与财产保管

C.授权批准与监督检查　　　　D.业务经办与会计记录　　　（答案：ABCD）

（二）社会监督

会计工作的社会监督，主要是指由注册会计师及其所在的会计师事务所等中介机构接受委托，依法对单位的经济活动进行审计，出具审计报告，发表审计意见的一种监督制度。

根据《会计法》的规定，有关法律、行政法规规定须经注册会计师进行审计的单位，应当向受委托的会计师事务所如实提供会计凭证、会计帐簿、财务会计报告和其他会计资料以及有关情况。任何单位或者个人不得以任何方式要求或者示意注册会计师及其所在的会计师事务所出具不实或者不当的审计报告。任何单位和个人对违反本法和国家统一的会计制度规定的行为，有权检举。

（三）政府监督

会计工作的政府监督，主要是指财政部门代表国家对各单位和单位中相关人员的会计行为实施监督检查，以及对发现的会计违法行为实施行政处罚。

《会计法》第32条规定，财政部门对各单位的下列情况实施监督：（1）是否依法设置会计账簿；（2）会计凭证、会计账簿、财务会计报告和其他会计资料是否真实、完整；（3）会计核算是否符合本法和国家统一的会计制度的规定；（4）从事会计工作的人员是否具备专业能力、遵守职业道德。

财政、审计、税务、人民银行、证券监管、金融监管等部门应当依照有关法律、行政法规规定的职责，对有关单位的会计资料实施监督检查。

第二节 支付结算概述

一、支付结算的概念和工具

支付结算，是指单位、个人在社会经济活动中使用票据、银行卡和汇兑、托收承付、委托收款等结算方式进行货币给付及其资金清算的行为。支付结算作为社会经济金融活动的重要组成部分，其主要功能是完成资金从一方当事人向另一方当事人的转移。

传统的人民币非现金支付工具主要包括"三票一卡"和结算方式。"三票一卡"是指汇票、本票、支票和银行卡；结算方式是指汇兑、托收承付和委托收款。随着互联网技术的发展，网上银行、条码支付、网络支付等电子支付方式得到快速发展。目前，我国已形成了以票据和银行卡为主体、以电子支付为发展方向的非现金支付工具体系。票据和汇兑是我国经济活动中不可或缺的重要支付工具及方式，被广泛使用，并在大额支付中占据主导地位。银行卡收单、网络支付、预付卡、条码支付等在小额支付中占据主导地位。托收承付、国内信用证则使用较少。

二、支付结算的原则

支付结算工作的任务，是根据经济往来组织支付结算，准确、及时、安全办理支付结算，依法管理支付结算，保障支付结算活动的正常进行。为此，《支付结算办法》第 16 条规定了单位、个人和银行在办理支付结算时必须遵守的三个原则。

（一）恪守信用，履约付款原则

诚实信用原则是公认的商业伦理准则，也被称为民法上的"帝王条款"。支付结算活动与一般的市场交易活动相比，既涉及市场主体之间的商业信用，又由于银行作为中介机构参与进来而与银行信用紧密相连。因此，信用之于支付结算具有更加重要的意义。"恪守信用，履约付款原则"要求单位、个人与银行等支付结算的当事人恪守诚实守信的原则，依照约定履行自己的义务、行使自己的权利。对于参与市场交易活动的单位或个人，如果是付款人，应当按照约定履行付款义务；如果是收款人，应当按照约定履行义务，行使权利。对于银行，应当依法接受单位或个人的委托，在付款时应当善意地、按照规定的正常操作程序审查票据或结算凭证上的签章以及需要交验的个人有效身份证件等，依照约定和法律规定履行付款义务。

（二）谁的钱进谁的账，由谁支配原则

与现金结算相比，支付结算不是通过货币交付行为完成货币所有权的转移，而是通过银行账户将款项从付款人账户划转到收款人账户。这样有利于消除大额现金交易的安全隐患，也有利于减少现金交易成本，还有利于银行监督各单位或个人的经济活动。由于没有货币交付行为，为了保障收款人的合法权益，银行在支付结算中必须要遵循委托人的意愿，将款项支付给委托人确定的收款人，即将款项划转到委托人确定的收款人的银行结算账户。银行结算账户是活期存款账户，收款人在银行结算账户上的钱就是其在银行的活期

存款，是其合法的财产，理当由其支配。除法律、行政法规另有规定外，银行不得为任何单位或者个人查询；除法律另有规定外，银行不代任何单位或者个人冻结、扣款，不得停止单位、个人存款的正常支付。

（三）银行不垫款原则

银行具有信用中介和支付中介等多重职能。在支付结算活动中，银行是作为支付中介机构发挥作用，其只负责银行客户之间的资金转移，不能为客户垫付资金。付款人账户内没有资金或资金不足，或者收款人应收的款项由于付款人原因而不能收回时，银行没有垫付资金的义务。如果银行为客户垫付资金，实质上相当于客户向银行融资。为了保障银行资金的安全，银行对客户的融资要依据规定的条件和程序予以审核。因此，银行不垫款原则就是为了将银行资金与客户资金严格分开，保障银行资金的安全。不过，银行不垫款原则也不是绝对的，如作为银行承兑汇票的承兑人，银行由于其承兑行为具有付款义务，如果出票人的账户余额不足，银行有义务用自己的资金进行支付。

三、支付结算的特征

从法律上看，支付结算主要有以下两个特征。

（一）支付结算必须通过法律规定的中介机构进行

支付结算主要涉及付款人（或出票人）、收款人（或持票人）和中介机构。银行业金融机构是支付结算和资金清算的主要中介机构。未经中国人民银行批准的非银行金融机构和其他单位不得作为中介机构经营支付结算业务。

根据《非金融机构支付服务管理办法》的规定，依法取得《支付业务许可证》的非金融机构可以成为支付机构，在收付款人之间作为中介机构提供网络支付、预付卡的发行与受理、银行卡收单和中国人民银行确定的其他支付服务。但这些支付机构之间的货币资金转移应委托银行业金融机构办理，不得通过支付机构相互存放货币资金或委托其他支付机构等形式办理。这些支付机构也不得办理银行业金融机构之间的货币资金转移，经特别许可的除外。

（二）支付结算必须遵循法律规定的特定形式要求

支付结算行为具有要式性。票据和结算凭证是办理支付结算的工具，直接关系到支付结算的准确、及时和安全。单位、个人和银行办理支付结算，必须使用按中国人民银行统一规定印制的票据凭证和结算凭证。未使用按中国人民银行统一规定印制的票据，票据无效；未使用中国人民银行统一规定格式的结算凭证，银行不予受理。

填写票据和结算凭证，必须做到标准化、规范化。例如，单位和银行的名称应当记载全称或规范化的简称；票据和结算凭证上的签章形式要严格按照要求；结算凭证的金额、签发日期、收款人名称不得更改，更改的结算凭证，银行不予受理；票据和结算凭证金额须以中文大写和阿拉伯数字同时记载，二者必须一致，二者不一致的票据无效，二者不一致的结算凭证，银行不予受理。

经济法律法规

第三节　银行结算账户和非票据结算方式

一、银行结算账户的概念和种类

（一）银行结算账户的概念

银行结算账户，是指银行为存款人开立的办理资金收付结算的活期存款账户。其中，银行是指在中国境内经批准经营支付结算业务的银行业金融机构；存款人是指在中国境内开立银行结算账户的机关、团体、部队、企业、事业单位、其他组织（以下统称单位）、个体工商户和自然人。

（二）银行结算账户的种类

银行结算账户按存款人不同分为单位银行结算账户和个人银行结算账户。存款人以单位名称开立的银行结算账户为单位银行结算账户。单位银行结算账户按用途分为基本存款账户、一般存款账户、专用存款账户、临时存款账户。个体工商户凭营业执照以字号或经营者姓名开立的银行结算账户纳入单位银行结算账户管理。存款人凭个人身份证件以自然人名称开立的银行结算账户为个人银行结算账户。

1.基本存款账户

基本存款账户，是指存款人因办理日常转账结算和现金收付需要开立的银行结算账户。下列存款人，可以申请开立基本存款账户：（1）企业法人；（2）非法人企业；（3）机关、事业单位；（4）团级（含）以上军队、武警部队及分散执勤的支（分）队；（5）社会团体；（6）民办非企业组织；（7）异地常设机构；（8）外国驻华机构；（9）个体工商户；（10）居民委员会、村民委员会、社区委员会；单位设立的独立核算的附属机构，包括食堂、招待所、幼儿园；其他组织，即按照现行的法律、行政法规规定可以成立的组织，如业主委员会、村民小组等组织；境外机构。

基本存款账户是存款人的主办账户，一个单位只能开立一个基本存款账户。存款人日常经营活动的资金收付及其工资、奖金和现金的支取，应通过基本存款账户办理。

2.一般存款账户

一般存款账户，是指存款人因借款或其他结算需要，在基本存款账户开户银行以外的银行营业机构开立的银行结算账户。

一般存款账户用于办理存款人借款转存、借款归还和其他结算的资金收付。一般存款账户可以办理现金缴存，但不得办理现金支取。

3.专用存款账户

专用存款账户，是指存款人按照法律、行政法规和规章，对其特定用途资金进行专项管理和使用而开立的银行结算账户。

（1）适用范围。专用存款账户适用于对下列资金的管理和使用：①基本建设资金；②更新改造资金；③粮、棉、油收购资金；④证券交易结算资金；⑤期货交易保证金；⑥信托基金；⑦政策性房地产开发资金；⑧住房基金；⑨社会保障基金；⑩收入汇缴资金和业务支出资金；党、团、工会设在单位的组织机构经费；其他需要专项管理和使用的资金。

（2）专用存款账户的使用规定。①证券交易结算资金、期货交易保证金和信托基金专用存款账户不得支取现金。②基本建设资金、更新改造资金、政策性房地产开发资金账户需要支取现金的，应在开户时报中国人民银行当地分支机构批准。③粮、棉、油收购资金，社会保障基金，住房基金和党、团、工会经费等专用存款账户支取现金应按照国家现金管理的规定办理。银行应按照国家对粮、棉、油收购资金使用管理的规定加强监督，不得办理不符合规定的资金收付和现金支取。④收入汇缴资金和业务支出资金，是指基本存款账户存款人附属的非独立核算单位或派出机构发生的收入和支出的资金。收入汇缴账户除向其基本存款账户或预算外资金财政专用存款户划缴款项外，只收不付，不得支取现金。业务支出账户除从其基本存款账户拨入款项外，只付不收，其现金支取必须按照国家现金管理的规定办理。

4.预算单位零余额账户

预算单位零余额账户，是指预算单位经财政部门批准，在国库集中支付代理银行和非税收入收缴代理银行开立的，用于办理国库集中收付业务的银行结算账户。预算单位零余额账户的性质为基本存款账户或专用存款账户。预算单位未开立基本存款账户，或原基本存款账户在国库集中支付改革后已经按财政部门要求撤销的，经同级财政部门批准，预算单位零余额账户作为基本存款账户；除上述情况外，预算单位零余额账户作为专用存款账户。

5.临时存款账户

临时存款账户，是指存款人因临时需要并在规定期限内使用而开立的银行结算账户。

（1）适用范围。临时存款账户适用于下列情况：①设立临时机构，例如工程指挥部、筹备领导小组、摄制组等；②异地临时经营活动，例如建筑施工及安装单位等在异地的临时经营活动；③注册验资、增资；④军队、武警单位承担基本建设或者异地执行作战、演习、抢险救灾、应对突发事件等临时任务。

（2）临时存款账户的使用。临时存款账户用于办理临时机构以及存款人临时经营活动发生的资金收付。临时存款账户应根据有关开户证明文件确定的期限或存款人的需要确定其有效期限，最长不得超过2年。临时存款账户支取现金，应按照国家现金管理的规定办理。注册验资的临时存款账户在验资期间只收不付。

【例题6-3】 企业开立银行结算账户，可发生付款业务的时间为（   ）。

A.开户当日　B.开户次日　C.开户后3个工作日　D.开户后3天　　（答案：A）

6.个人银行结算账户

个人银行结算账户，是指存款人因投资、消费、结算等需要而凭个人身份证件以自然人名称开立的银行结算账户。个人银行结算账户分为I类银行账户、II类银行账户和III类银行账户（以下分别简称I类户、II类户和III类户）。

（1）银行可通过I类户为存款人提供存款、购买投资理财产品等金融产品、转账、消费和缴费支付、支取现金等服务。

（2）II类户可以办理存款、购买投资理财产品等金融产品、限额消费和缴费、限额向非绑定账户转出资金业务。经银行柜面、自助设备加以银行工作人员现场面对面确认身份的，Ⅱ类户还可以办理存取现金、非绑定账户资金转入业务，可以配发银行卡实体卡片。非绑定账户转入资金、存入现金日累计限额合计为1万元，年累计限额合计为20万元；消费和缴费、向非绑定账户转出资金、取出现金日累计限额合计为1万元、年累计限额合计为20万元。银行可以向Ⅱ类户发放本银行贷款资金并通过Ⅱ类户还款，发放贷款和贷款资金归还，不受转账限额限制。

（3）Ⅲ类户可以办理限额消费和缴费、限额向非绑定账户转出资金业务。经银行柜面、自助设备加以银行工作人员现场面对面确认身份的，Ⅲ类户还可以办理非绑定账户资金转入业务。Ⅲ类户任一时点账户余额不得超过2000元。

【例题6-4】2022年8月，应届大学毕业生戚某入职甲公司，按照财务人员的要求，戚某在Q银行申请开立Ⅰ类个人银行结算账户，用于工资发放。9月戚某收到工资和公司在Q银行代办的社保卡，12月开立一个Ⅱ类个人银行结算账户，在Q银行申请一笔汽车消费贷款。（已知：戚某未开立其他账户。）

要求：根据上述资料，不考虑其他因素，分析回答下列小题。

（1）Ⅰ类账户可采用的开户方式包括（　　　）。

A.柜面开户　　　　B.电子邮件开户　　　　C.登录Q银行申请开户

D.自助机具开户，银行工作人员现场核验身份信息　　　　（答案：AD）

（2）关于戚某通过手机银行申请开立Ⅱ类账户的表述正确的是（　　　）。

A.需验证手机号码与绑定账户使用手机号一致

B.需验证Ⅱ类账户与绑定账户为同一人开户

C.需审核戚某身份证

D.需绑定戚某本人Ⅰ类账户进行身份验证　　　　（答案：ABD）

（3）下列业务中，戚某使用Ⅱ类账户可以办理的是（　　　）。

A.缴存现金　B.支取现金　C.归还贷款　D.购买理财产品　　（答案：ABCD）

7.异地银行结算账户

异地银行结算账户，是指存款人在其注册地或住所地行政区域之外（跨省、市、县）开立的银行结算账户。

适用范围：（1）营业执照注册地与经营地不在同一行政区域（跨省、市、县）需要开立基本存款账户的；（2）办理异地借款和其他结算需要开立一般存款账户的；（3）存款人因附属的非独立核算单位或派出机构发生的收入汇缴或业务支出需要开立专用存款账户的；（4）异地临时经营活动需要开立临时存款账户的；（5）自然人根据需要在异地开立个人银行结算账户的。

根据《中国人民银行关于取消企业银行账户许可的通知》（银发〔2019〕41号）要求，截至2019年底完全取消企业银行账户许可。取消许可业务范围如下：境内依法设立的企业法人、非法人企业、个体工商户（以下统称企业）在银行办理基本存款账户、临时存款账户业务（含企业在取消账户许可前已开立基本存款账户、临时存款账户的变更和撤销业务），由核准制改为备案制，人民银行不再核发开户许可证。机关、事业单位等其他单位办理银行账户业务仍按现行银行账户管理制度执行。机关、实行预算管理的事业单位开立基本存款账户、临时存款账户和专用存款账户，应经财政部门批准并经人民银行核准，另有规定的除外。

二、银行卡

银行卡，是指经批准由商业银行向社会发行的具有消费信用、转账结算、存取现金等全部或部分功能的信用支付工具。银行卡主要有以下几种分类。

（1）按是否具有透支功能，分为信用卡（可透支）和借记卡（不可透支）。①信用卡按是否向发卡银行交存备用金分为贷记卡（在信用额度内先透支消费、后还款的信用卡）和准贷记卡（交存一定金额的备用金，余额不足时，可在信用额度内透支的信用卡）。②借记卡按功能不同分为转账卡、专用卡、储值卡。

（2）按币种不同分为人民币卡、外币卡（人民币以外的货币作为清算货币的银行卡）。

（3）按发行对象不同分为单位卡、个人卡。

（4）按信息载体不同分为磁条卡、芯片（IC）卡。

三、电子支付

电子支付，是指单位、个人通过计算机、手机等电子终端发出支付指令，依托网络系统以电子信息传递形式进行的货币支付与资金转移。电子支付服务的主要提供方有银行和支付机构，银行的电子支付方式主要有网上银行、手机银行和条码支付等，支付机构的电子支付方式主要有网络支付、条码支付等。

四、汇兑

汇兑是汇款人委托银行将其款项支付给收款人的结算方式。汇兑分为信汇、电汇两种，单位和个人的各种款项的结算，均可使用汇兑结算方式。

五、委托收款

委托收款是收款人委托银行向付款人收取款项的结算方式。单位和个人凭已承兑的商业汇票、债券、存单等付款人债务证明办理款项的结算，均可以使用委托收款结算方式。委托收款在同城、异地均可以使用。

六、预付卡

预付卡，是指发卡机构以特定载体和形式发行的、可在发卡机构之外购买商品或服务的预付价值。目前市场上预付卡有两类：一类是专营发卡机构发行，可跨地区、跨行业、跨法人使用的多用途预付卡；另一类是商业企业发行，只在本企业或同一品牌连锁商业企业购买商品、服务的单用途预付卡。

第四节 票据法律制度

一、票据的概念和特征

（一）票据的概念

票据，是指由出票人签发的、约定由自己或委托他人于见票时或确定的日期，向持票人或收款人无条件支付一定金额的有价证券。我国票据法上的票据仅指汇票、本票和支票。

（二）票据的特征

（1）票据是无因证券。票据上的法律关系是一种单纯的金钱支付关系，权利人享有票据权利只以持有符合票据法规定的有效票据为必要，至于票据赖以发生的原因则在所不问。即使原因关系无效或有瑕疵，均不影响票据的效力。所以，票据权利人在行使票据权利时，无须证明给付原因，票据债务人也不得以原因关系对抗善意第三人，进行拒付。

（2）票据是要式证券。票据的要式性表现在：①票据法律法规严格地规定了票据的制作格式和记载事项。不按票据法及相关法规的规定进行票据事项的记载，就会影响票据的效力甚至导致票据的无效。②在票据上所为的一切行为，如出票、背书、承兑、保证、付款、追索等，也必须严格按照票据法规定的程序和方式进行，否则无效。

（3）票据是文义证券。票据上所载权利义务的内容必须严格按照票据上所载文义确定；不允许依据票据记载以外的事实，对行为人的意思作出与票据所载文义相反的解释，或者对票据所载文义进行补充或变更。即使票据的书面记载内容与票据的事实相悖，也必须以该记载事项为准。

（4）票据是设权证券。票据权利的产生必须首先作成证券。在票据作成之前，票据权利是不存在的。票据权利是随着票据的作成同时产生的。没有票据，就没有票据权利。

（5）票据是流通证券。票据的一个基本功能就是流通。它较民法上的一般财产权利流通方式更加灵活简便。票据上的权利，经背书或单纯交付即可让与他人，无须依民法有关债权让与的有关规定。一般说来，无记名票据，可依单纯交付而转让；记名票据，须经背书交付才能转让。

二、票据行为

（一）票据行为的概念

票据行为，是指以票据当事人在票据上进行必备事项的记载、完成签名并予以交付为要件，以发生或转移票据上权利、负担票据上债务为目的的要式法律行为。

票据当事人，是指在票据上签章并承担责任的人和享有票据权利的人，包括基本当事人和非基本当事人。基本当事人是在票据发行时就已经存在于票据上的当事人。汇票和支票的基本当事人有出票人、收款人和付款人。本票的基本当事人有出票人和收款人。基本当事人是构成票据法律关系的必要主体，其不存在或者不完全，票据法律关系就不能成立，票据也就无效。非基本当事人则是在票据发出后，通过各种票据行为而加入票据关系中成为票据当事人，包括背书人、被背书人、承兑人、保证人、参加付款人、预备付款人等。

（二）票据行为的种类

在我国票据法上，就票据行为来说，汇票包括出票、背书、承兑、保证；本票包括出票、背书、保证；支票包括出票和背书。

（1）出票。出票是指出票人签发票据并将其交付给收款人的票据行为。出票包括两个行为：一是出票人依照票据法的规定作成票据，即在原始票据上记载法定事项并签章；二是交付票据，即将作成的票据交付给他人占有。这两者缺一不可。出票是最基本的票据行为，其他票据行为必须在出票行为的基础上才能进行。

（2）背书。背书是指在票据背面或者粘单上记载有关事项并签章，从而将票据权利转让给他人或者将一定的票据权利授予他人行使的票据行为。持票人以背书的连续证明自己的合法持票人身份。以背书的目的为标准，背书可分为转让背书和非转让背书。转让背书是指以转让票据权利为目的的背书；非转让背书是指以授予他人行使一定的票据权利为目的的背书。非转让背书包括委托收款背书和质押背书。

委托收款背书是背书人委托被背书人行使票据权利的背书。委托收款背书的被背书人有权代背书人行使被委托的票据权利。但是，被背书人不得再以背书转让票据权利。质押背书是以担保债务而在票据上设定质权为目的的背书。被背书人依法实现其质权时，可以行使票据权利。

（3）承兑。承兑是指汇票付款人承诺在汇票到期日支付汇票金额并签章的行为，仅适用于商业汇票。汇票上的付款人一经承兑，就必须承担无条件的、绝对的付款责任。付款人承兑汇票，不得附有条件；承兑附有条件的，视为拒绝承兑。

（4）保证。保证是指票据债务人以外的人，为担保特定债务人履行票据债务而在票据上记载有关事项并签章，从而承担连带责任的票据行为。

【例题6-5】根据支付结算法律制度的规定，下列各项中，不属于票据行为的是（　　）。

A.保证　　　　B.追索　　　　C.出票　　　　D.背书　　　　（答案：B）

（三）票据行为的代理

票据代理，是指代理人根据被代理人的授权，在票据上载明被代理人的名称，并在票据上签章的行为。

《中华人民共和国票据法》（以下简称《票据法》）第5条规定，票据当事人可以委托其代理人在票据上签章，并应当在票据上表明其代理关系。没有代理权而以代理人名义在票据上签章的，应当由签章人承担票据责任；代理人超越代理权限的，应当就其超越权限的部分承担票据责任。票据责任是指票据债务人向持票人支付票据金额的义务。

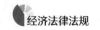

三、票据权利

（一）票据权利的概念

票据权利，是指持票人向票据债务人请求支付票据金额的权利，包括付款请求权和追索权。付款请求权是指持票人对主债务人所享有的、依票据而请求支付票据所载金额的权利，是第一次请求权。持票人必须首先向主债务人行使第一次请求权，而不能越过他直接行使追索权。追索权是指在付款请求权未能实现时发生的、持票人对从债务人所享有的、请求偿还票据所载金额及其他有关金额的权利。

（二）票据权利的取得

票据的签发、取得和转让，应当遵循诚实信用的原则，具有真实的交易关系和债权债务关系。票据的取得，必须给付对价，即应当给付票据双方当事人认可的相对应的代价。因税收、继承、赠与可以依法无偿取得票据的，不受给付对价的限制。但是，所享有的票据权利不得优于其前手的权利。

票据权利以持有票据为依据。行为人合法取得票据，即取得了票据权利，主要有以下几种情形：（1）依法接受出票人签发的票据；（2）依法接受背书转让的票据；（3）因税收、继承、赠与可以依法无偿取得票据。

以欺诈、偷盗或者胁迫等手段取得票据的，或者明知有前列情形，出于恶意取得票据的，不得享有票据权利；持票人因重大过失取得不符合《票据法》规定的票据的，也不得享有票据权利。

（三）票据权利的行使与保全

票据权利的行使，是指票据的持票人，即票据的权利人请求票据债务人履行票据债务的行为。票据权利人应进行票据提示，即实际地将票据向票据债务人出示，以此请求票据义务人履行义务。

票据权利的保全，是指票据权利人为防止票据权利丧失所进行的行为。票据权利的保全方式包括：（1）按期提示票据。《票据法》明确规定持票人只有在法定期间内提示票据请求付款被拒绝的，方可行使追索权。（2）作成拒绝证书。《票据法》规定，持票人行使追索权时，应当提供被拒绝承兑或被拒绝付款的有关证明。而在持票人提示承兑或者提示付款被拒绝时，承兑人或者付款人必须出具证明。（3）中断时效。一般说来，与普通民事债权相同，诉讼可以中断时效，保全票据权利。

持票人对票据债务人行使票据权利，或者保全票据权利，应当在票据当事人的营业场所和营业时间内进行，票据当事人无营业场所的，应当在其住所进行。

（四）票据的丧失与补救

票据权利与票据是紧密相连的。如果票据丧失，票据权利的实现就会受到影响。《票据法》第15条规定，票据丧失，失票人可以及时通知票据的付款人挂失止付，但是，未记载付款人或者无法确定付款人及其代理付款人的票据除外；收到挂失止付通知的付款人，应当暂停支付；失票人应当在通知挂失止付后3日内，也可以在票据丧失后，依法向人民法院申请公示催告，或者向人民法院提起诉讼。此即挂失止付、公示催告、提起诉讼3种补救措施。

🅰【例题6-6】甲公司持有的一张由F银行承兑的商业汇票不慎丢失，拟采取补救措施。下列措施中，不被法律认可的是（　　　）。

A.普通诉讼　　　B.声明作废　　　C.挂失止付　　　D.公示催告　　　（答案：B）

（五）票据权利的消灭

票据权利的消灭，是指因发生一定的事由而使票据权利失去其法律意义。票据权利消灭之后，票据上的债权、债务关系也随之消灭。票据权利消灭的事由如下。

（1）付款。票据权利人向票据债务人主张权利，票据债务人向其付款的，其债务消灭。具体而言，如果汇票的付款人或者承兑人、支票的付款人、本票的出票人向票据权利人支付了票据金额，票据权利全部消灭；如果票据权利人向其他票据债务人主张追索权（如果出现了追索事由），被追索人向其履行债务后，其自身的票据债务消灭，但因此而享有再追索权。

（2）票据时效期间届满。《票据法》第17条规定，票据权利在下列期限内不行使而消灭：①持票人对票据的出票人和承兑人的权利，自票据到期日起2年。见票即付的汇票、本票，自出票日起2年；②持票人对支票出票人的权利，自出票日起6个月；③持票人对前手的追索权，自被拒绝承兑或者被拒绝付款之日起6个月；④持票人对前手的再追索权，自清偿日或者被提起诉讼之日起3个月。

（3）票据记载事项欠缺。《票据法》第18条规定，票据可以因记载事项欠缺而使持票人丧失票据权利，这时，持票人只享有利益偿还请求权。

（4）保全手续欠缺。《票据法》第65条规定，持票人不能出示拒绝证明、退票理由书或者未按照规定期限提供其他合法证明的，丧失对其前手的追索权。

此外，票据物质形态的消灭也可以使票据权利消灭，民法上一般债权的消灭事由如抵销、混同、提存、免除等也可以使票据权利消灭。

四、票据抗辩

票据抗辩，是指票据债务人根据《票据法》的规定对票据债权人拒绝履行义务的行为。根据抗辩事由和抗辩效力的不同，通常将票据抗辩分为对物的抗辩和对人的抗辩两种。

（1）对物的抗辩。对物的抗辩是指基于票据本身所存在的事由进行的抗辩，具体来说有：①票据欠缺《票据法》规定的绝对记载事项，或者有法定禁止记载事项，导致票据无效；②票据尚未到期；③票据因法院作出除权判决而被宣告无效；④票据权利行使或保全手续欠缺；⑤票据上有伪造、变造情形等。

（2）对人的抗辩。对人的抗辩是指票据债务人对特定债权人所进行的抗辩。《票据法》第13条第2款规定，票据债务人可以对不履行约定义务的与自己有直接债权债务关系的持票人进行抗辩。

票据抗辩是有限制的。《票据法》第13条第1款规定，票据债务人不得以自己与出票人或者与持票人的前手之间的抗辩事由，对抗持票人。但是，持票人明知存在抗辩事由而取得票据的除外。这里的前手不限于持票人的直接前手，包括持票人的任何前手。

五、票据的伪造、变造

《票据法》第14条规定，票据上的记载事项应当真实，不得伪造、变造。伪造、变造票据上的签章和其他记载事项的，应当承担法律责任。

票据的伪造，是指假冒他人名义，在票据上为一定的票据行为。一般来说，票据法意义上的票据的伪造指票据签章的伪造，而不包括其他事项的伪造。票据的变造，是指对票据上的记载事项无更改权的人，对票据上记载事项加以更改，从而使票据法律关系的内容发生改变。

根据《票据法》的规定，票据上有伪造、变造的签章的，不影响票据上其他真实签章的效力。票据上其他记载事项被变造的，在变造之前签章的人，对原记载事项负责；在变造之后签章的人，对变造之后的记载事项负责；不能辨别是在票据被变造之前或者之后签章的，视同在变造之前签章。伪造、变造者的法律责任包括民事责任、行政责任和刑事责任。

六、汇票

（一）汇票概述

汇票是出票人签发的、委托付款人在见票时或者在指定的日期无条件支付确定的金额给收款人或者持票人的票据。汇票是票据中最重要的票据类型。

根据不同标准，可以将汇票区分为不同的种类。在我国实际业务中最重要的一种分类是根据出票人的不同，将汇票分为银行汇票和商业汇票。

1.银行汇票

银行汇票是出票银行签发的，由其在见票时按照实际结算金额无条件支付给收款人或者持票人的票据。银行汇票的出票银行为银行汇票的付款人。

银行汇票有以下几个主要特点：（1）申请人为办理资金结算，可以将一定款项交给银行，申请其签发银行汇票。（2）银行收妥款项后，基于所收妥的金额填写出票金额，签发银行汇票，交付申请人。（3）收款人受理申请人交付的银行汇票时，应在出票金额以内，根据实际需要的款项办理结算，并将实际结算金额和多余金额准确、清晰地填入银行汇票和解讫通知的有关栏内。未填明实际结算金额和多余金额或实际结算金额超出出票金额的，银行不予受理。银行汇票的实际结算金额不得更改，更改实际结算金额的银行汇票无效。银行汇票的实际结算金额低于出票金额的，其多余金额由出票银行退交申请人。（4）持票人向银行提示付款时，必须同时提交银行汇票和解讫通知，缺少任何一联，银行不予受理。

2.商业汇票

商业汇票是出票人签发的，委托付款人在指定日期无条件支付确定的金额给收款人或者持票人的票据。

商业汇票分为商业承兑汇票和银行承兑汇票。商业承兑汇票由银行以外的付款人承兑，银行承兑汇票由银行承兑。商业汇票的付款人为承兑人。商业承兑汇票可以由付款人签发并承兑，也可以由收款人签发交由付款人承兑。银行承兑汇票应由在承兑银行开立存款帐户的存款人签发。

需要注意的是，虽然商业汇票区分为银行承兑汇票和商业承兑汇票，在实践中也可能出现付款人并未承兑的商业汇票。

（二）出票

出票，是指出票人签发票据并将其交付给收款人的票据行为。

（1）汇票必须记载下列事项：①表明"汇票"的字样；②无条件支付的委托；③确定的金额；④付款人名称；⑤收款人名称；⑥出票日期；⑦出票人签章。汇票上未记载前述规定事项之一的，汇票无效。

（2）汇票未记载事项的认定：①未记载付款日期的，为见票即付；②未记载付款地的，付款人的营业场所、住所、经常居住地为付款地；③未记载出票地的，出票人的营业场所、住所、经常居住地为出票地。

（3）出票的效力：①出票人成为票据债务人；②收款人取得票据权利；③对付款人并未当然发生效力；④出票不得附条件，否则票据无效；⑤票据一经签发，不得撤回；⑥出票人在汇票上记载"不得转让"字样的，汇票不得转让。

（三）背书

背书是票据的流转方式，指在票据背面或者粘单上记载有关事项并签章的票据行为。背书人以背书转让票据的，承担保证其后手可以得到承兑和付款的义务。

（1）背书的规则如下：①背书应当连续。在票据转让中，转让汇票的背书人与受让汇票的被背书人在汇票上的签章依次前后衔接。②无须经票据债务人同意。只要持票人完成背书行为，就构成有效的票据权利转让，而无须征得前手、出票人等票据债务人的同意。③背书人不得退出票据关系。背书转让后，背书人作为转让方并不退出票据关系，而是由先前的票据权利人转变为票据义务人，并承担担保承兑和担保付款的责任。

（2）背书人的限制背书。背书人记载"不得转让"字样，其后手再背书转让的，原背书人对后手的被背书人不承担保证责任。

（3）回头背书，是指以已在票据上签名的票据债务人为被背书人的背书。回头背书的持票人为出票人的，对其前手无追索权；持票人为背书人的，对其后手无追索权。

（4）期后背书，是指汇票被拒绝承兑、被拒绝付款或者超过付款提示期限的，背书人仍然将其背书转让。期后背书为无效背书；期后背书的，仅期后背书人承担责任。

（5）部分背书、分别背书。将汇票金额的一部分转让的背书或者将汇票金额分别转让给2人以上的背书无效，即应当将票据全部金额一次性转让给一个主体。

（6）附条件背书。背书不得附有条件；背书附条件的，背书有效，但所附条件不具有汇票上的效力。

（7）背书记载"委托收款"字样的，被背书人有权代背书人行使被委托的汇票权利。

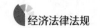

但是，被背书人不得再以背书转让汇票权利。

（8）质押背书。质押背书是指以设定质权、提供债务担保为目的而进行的背书。它是由背书人通过背书方式，将票据转移给质权人、以票据金额的给付作为对被背书人债务清偿保证的一种方式。质押背书时必须记载"质押"（或者"设质""担保"）字样作为绝对必要记载事项。质押票据不得再背书转让，质押背书的被背书人再进行背书转让的，背书无效。出票人在票据上记载"不得转让"字样的，其后手将该票据质押的，通过质押取得票据的持票人不享有票据权利。

（9）票据贴现，是指商业汇票的持票人在汇票到期日前，将票据权利背书转让给金融机构，由其扣除一定利息后，将约定金额支付给持票人的一种票据行为。票据贴现是金融机构向持票人融通资金的一种方式。出票人在票据上记载"不得转让"字样，其后手以此票据进行贴现的，通过贴现取得票据的持有人不享有票据权利。背书人在票据上记载"不得转让"字样，其后手以此票据进行贴现的，原背书人对后手的被背书人不承担票据责任。

（四）承兑

承兑，是指远期汇票的付款人承诺到期支付票据金额的票据行为。汇票的付款人承兑汇票的，应当在汇票正面记载"承兑"字样和承兑日期并签章。付款人承兑汇票，不得附有条件；承兑附有条件的，视为拒绝承兑。付款人承兑汇票后，应当承担到期付款的责任。

（五）保证

票据保证，是指票据债务人以外的第三人，担保特定的票据债务人能够履行票据债务的票据行为。

1.保证的记载事项

保证人必须在汇票或者粘单上记载下列事项：（1）表明"保证"的字样；（2）保证人名称和住所；（3）被保证人的名称；（4）保证日期；（5）保证人签章。

保证人在汇票或者粘单上未记载"被保证人的名称"的：（1）已承兑的汇票，承兑人为被保证人；（2）未承兑的汇票，出票人为被保证人。保证人在汇票或者粘单上未记载"保证日期"的，出票日期为保证日期。

2.保证的规则

（1）保证人对合法取得汇票的持票人所享有的汇票权利，承担保证责任。但是，被保证人的债务因汇票记载事项欠缺而无效的除外。（2）被保证的汇票，保证人应当与被保证人对持票人承担连带责任。汇票到期后得不到付款的，持有人有权向保证人请求付款，保证人应当足额付款。（3）保证人清偿票据债务后，可行使持票人对被保证人及其前手的追索权。（4）保证不得附条件。附条件者，保证依然有效，所附条件视为无记载。部分保证也是附条件。

（六）付款

汇票付款，是指付款人或者代理付款人依照汇票文义支付票据金额的行为。付款的法律效果是导致票据权利、义务消灭，因而付款并非票据行为。付款主要包括两个步骤：持票人的提示付款行为，以及付款人或者代理付款人支付票据金额的行为。

票据付款人及其代理人付款时，应当审查汇票背书的连续，并审查提示付款人的合法身份证明或者有效证件。付款人及其代理付款人以恶意或者有重大过失付款的，应当自行承担责任。付款人在到期日前付款的，由付款人自行承担所产生的责任。

（七）追索权

汇票的追索权，是指汇票到期不获付款、到期前不获承兑或者有其他法定原因时，持票人依法向汇票上的债务人请求偿还票据金额、利息和其他法定款项的票据权利。

1.追索权的种类

票据追索适用于两种情形：（1）到期后追索，是指票据到期被拒绝付款的，持票人对背书人、出票人以及票据的其他债务人行使的追索。（2）到期前追索，是指票据到期日前，持票人对下列情形之一行使的追索：①汇票被拒绝承兑的；②承兑人或者付款人死亡、逃匿的；③承兑人或者付款人被依法宣告破产的，或者因违法被责令终止业务活动的。

2.追索的内容

（1）持票人行使追索权，可以请求被追索人支付下列金额和费用：①被拒绝付款的票据金额；②票据金额自到期日或者提示付款日起至清偿日止，按照中国人民银行规定的利率计算的利息；③取得有关拒绝证明和发出通知书的费用。

（2）被追索人依照前述规定清偿后，可以向其他票据债务人行使再追索权，请求其他票据债务人支付下列金额和费用：①已清偿的全部金额；②前项金额自清偿日起至再追索清偿日止，按照中国人民银行规定的利率计算的利息；③发出通知书的费用。

七、本票

本票，是出票人签发的，承诺自己在见票时无条件支付确定的金额给收款人或者持票人的票据。我国票据法所称本票，是指银行本票，分为不定额和定额两种，只限见票即付。本票的出票、背书、保证、付款行为和追索权的行使，除《票据法》有规定外，适用该法有关汇票的规定。

（一）出票

本票出票，是指出票人签发票据并将其交付给收款人的票据行为。本票的出票人必须具有支付本票金额的可靠资金来源，并保证支付。

（1）本票出票绝对应记载事项。《票据法》第75条规定，本票必须记载下列事项：①表明"本票"的字样；②无条件支付的承诺；③确定的金额；④收款人名称；⑤出票日期；⑥出票人签章。

（2）本票出票相对应记载事项：①付款地，本票上未记载付款地的，出票人的营业场所为付款地。②出票地，本票上未记载出票地的，出票人的营业场所为出票地。

（二）付款

《票据法》第78条规定，本票自出票之日起，付款期限最长不得超过2个月。本票的出票人在持票人提示见票时，必须承担付款的责任。本票的持票人未按规定期限提示见票的，丧失对出票人以外的前手的追索权。

八、支票

支票是出票人签发的，委托办理支票存款业务的银行或者其他金融机构在见票时无条件支付确定的金额给收款人或者持票人的票据。

（一）出票

（1）支票的法定记载事项：①表明"支票"的字样；②无条件支付的委托；③确定的金额；④付款人名称；⑤出票日期；⑥出票人签章。支票上未记载前款规定事项之一的，支票无效。

（2）支票的相对记载事项：①支票上的金额可以由出票人授权补记，未补记前的支票，不得使用；②支票上未记载收款人名称的，经出票人授权，可以补记；③支票上未记载付款地的，付款人的营业场所为付款地；④支票上未记载出票地的，出票人的营业场所、住所或者经常居住地为出票地。

（二）付款

出票人必须按照签发的支票金额承担保证向该持票人付款的责任。出票人在付款人处的存款足以支付支票金额时，付款人应当在当日足额付款。支票限于见票即付，不得另行记载付款日期。另行记载付款日期的，该记载无效。

支票的持票人应当自出票日起 10 日内提示付款；异地使用的支票，其提示付款的期限由中国人民银行另行规定。超过提示付款期限的，付款人可以不予付款；付款人不予付款的，出票人仍应当对持票人承担票据责任。

付款人依法支付支票金额的，对出票人不再承担受委托付款的责任，对持票人不再承担付款的责任。但是，付款人以恶意或者有重大过失付款的除外。

? 【**例题 6-7**】甲公司签发一张支票给乙，乙背书给丙，并且记载：不得转让，丙于7 月 15 日将票据背书给丁。7 月 28 日丁为了偿还对江河公司的债务，直接将票据交给江河公司财务负责人谢某。对此，下列说法正确的是（　　）。

A.因谢某是公司财务负责人，江河公司享有票据权利

B.谢某是票据权利人，享有票据权利

C.因乙背书时附有条件，该票据无效

D.票据权利人不能向乙行使追索权　　　　　　　　　　　　（答案：D）

案例直击：票据纠纷案

 **思政园地**

关键词：支付清算　以人民为中心

支付产业服务实体经济发展

中国支付清算协会于 2023 年 8 月发布《中国支付产业年报 2023》（以下简称《年报》）。截至 2022 年底，我国从事支付清算结算服务的各类持牌机构 4775 家，主要包括银行业金融机构、支付机构、基础设施运营机构等。此外，还有数量众多的外包服务机构、金融科技公司、硬件设备提供商和检测认证机构等上下游非持牌机构。

《年报》指出，2022 年，支付产业坚持以人民为中心的发展思想，切实服务实体经济发展。人民银行支付清算系统和其他支付系统运行稳健，全年共处理支付业务 1.06 万亿笔、金额 10877.24 万亿元，同比分别增长 13.85% 和 15.09%。全国银行共办理非现金支付业务 4626.49 亿笔，金额 4805.77 万亿元，同比分别增长 5.27% 和 8.84%，业务金额增速较上年放缓 1.19 个百分点；非银行支付机构共完成网络支付业务 11278.19 亿笔，同比增长 2.42%，金额 364.21 万亿元，同比下降 1.79%。在非现金支付方式快速发展的同时，"普遍适用"的现金使用长效机制持续完善，现金全年净投放量高达 1.39 万亿元。

我国支付清算产业的持续蓬勃发展，极大便利了人民群众的工作和生活，有效推动了实体经济的健康发展。

思考与探究

1.如何理解会计核算的内容和要求？

2.如何理解个人银行结算账户的分类管理？

3.如何理解票据权利？

4.票据背书有哪些情形？分别有什么法律效果？

5.如何理解票据抗辩？

本章主要涉及的法律规定

1.《中华人民共和国会计法》（2017 年修正）

2.《人民币银行结算账户管理办法》（2003 年）

3.《中国人民银行关于加强银行卡业务管理的通知》（2014 年）

4.《支付结算办法》（2024 年修改）

5.《非银行支付机构监督管理办法》（2023 年）

6.《中华人民共和国票据法》（2004 年）

7.《票据管理实施办法》（2011 年修订）

本章速览

第七章

银行业法

学习要点

了解中国人民银行的职责和业务，熟悉人民币的管理规定；了解银行业监督管理的对象，熟悉监管职责和措施；熟悉商业银行的经营原则，掌握其业务范围及业务规则。

思政目标

引导学生将自身价值与专业实践相结合，脚踏实地学习，为实现金融强国贡献力量；引导学生树立正向、创新的金融思想理念，采用科学的方法观察和探讨银行问题，理解保障银行安全和业务发展的中国智慧，树立"四个自信"，增强爱国情怀。

第一节 中国人民银行法

一、中国人民银行的法定职责和业务

（一）中国人民银行的职能

中国人民银行是我国的中央银行，根据《中华人民共和国中国人民银行法》（以下简称《中国人民银行法》）的规定，其职能是：在国务院领导下，制定和执行货币政策，防范和化解金融风险，维护金融稳定。其中，制定和执行货币政策的目标是保持货币币值稳定，并以此促进经济增长。

（二）中国人民银行的职责

《中国人民银行法》第4条规定，中国人民银行履行下列职责：（1）发布与履行其职责有关的命令和规章；（2）依法制定和执行货币政策；（3）发行人民币，管理人民币流通；（4）监督管理银行间同业拆借市场和银行间债券市场；（5）实施外汇管理，监督管理银行间外汇市场；（6）监督管理黄金市场；（7）持有、管理、经营国家外汇储备、黄金储备；（8）经理国库；（9）维护支付、清算系统的正常运行；（10）指导、部署金融业反洗钱工作，负责反洗钱的资金监测；（11）负责金融业的统计、调查、分析和预测；（12）作为国家的中央银行，从事有关的国际金融活动；（13）国务院规定的其他职责。

（三）中国人民银行的业务

中国人民银行为执行货币政策，可以运用下列货币政策工具：（1）要求银行业金融机

构按照规定的比例交存存款准备金；（2）确定中央银行基准利率；（3）为在中国人民银行开立账户的银行业金融机构办理再贴现；（4）向商业银行提供贷款；（5）在公开市场上买卖国债、其他政府债券和金融债券及外汇；（6）国务院确定的其他货币政策工具。

中国人民银行为执行货币政策，运用上述货币政策工具时，可以规定具体的条件和程序，可以决定对商业银行贷款的数额、期限、利率和方式，但贷款的期限不得超过1年。

此外，中国人民银行还从事以下业务和工作：（1）可以代理国务院财政部门向各金融机构组织发行、兑付国债和其他政府债券；（2）可以根据需要为银行业金融机构开立账户；（3）中国人民银行应当组织或者协助组织银行业金融机构相互之间的清算系统，协调银行业金融机构相互之间的清算事项，提供清算服务，并制定具体办法；（4）中国人民银行会同国务院银行业监督管理机构制定支付结算规则。

中国人民银行不得从事以下业务和工作：（1）不得对银行业金融机构的账户透支；（2）不得对政府财政透支，不得直接认购、包销国债和其他政府债券；（3）不得向地方政府、各级政府部门提供贷款，不得向非银行金融机构以及其他单位和个人提供贷款，但国务院决定中国人民银行可以向特定的非银行金融机构提供贷款的除外；（4）不得向任何单位和个人提供担保。

⑦【例题7-1】根据《中国人民银行法》的规定，下列不属于中国人民银行职能的是（　　　）。

A.维护金融稳定　　　　　B.保证财政收入稳定

C.防范和化解金融风险　　D.制定和执行货币政策　　　　　（答案：B）

二、人民币

（一）人民币的界定

我国的法定货币是人民币。以人民币支付我国境内的一切公共的和私人的债务，任何单位和个人不得拒收。人民币的单位为元，人民币辅币单位为角、分。

（二）人民币法定管理部门

人民币的法定管理部门是中国人民银行，负责人民币的统一印制、发行、兑换、收回、销毁等工作。

（1）人民币由中国人民银行统一印制、发行。中国人民银行发行新版人民币时，应当将发行时间、面额、图案、式样、规格予以公告。

（2）残缺、污损的人民币，按照中国人民银行的规定兑换，并由中国人民银行负责收回、销毁。

（3）中国人民银行设立人民币发行库，在其分支机构设立分支库。分支库调拨人民币发行基金，应当按照上级库的调拨命令办理。任何单位和个人不得违反规定，动用发行基金。

（三）关于人民币的禁止性规定

首先，任何人不得以拒收、印售代币券等方式否认人民币在中国境内的法币地位，否则会依法受到行政处罚。印制、发售代币票券，以代替人民币在市场上流通的，中国人民银行应当责令停止违法行为，并处 20 万元以下罚款。

其次，伪造、变造人民币，或是出售、购买、运输、持有、使用伪造、变造的人民币，或故意毁损人民币、非法使用人民币图样等，均为违法行为。

（1）禁止伪造、变造人民币。禁止出售、购买伪造、变造的人民币。禁止运输、持有、使用伪造、变造的人民币。禁止故意毁损人民币。禁止在宣传品、出版物或者其他商品上非法使用人民币图样。

（2）出售伪造、变造的人民币，或者明知是伪造、变造的人民币而运输，构成犯罪的，依法追究刑事责任；尚不构成犯罪的，由公安机关处 15 日以下拘留、1 万元以下罚款。

（3）购买伪造、变造的人民币或者明知是伪造、变造的人民币而持有、使用，构成犯罪的，依法追究刑事责任；尚不构成犯罪的，由公安机关处 15 日以下拘留、1 万元以下罚款。

（4）在宣传品、出版物或者其他商品上非法使用人民币图样的，中国人民银行应当责令改正，并销毁非法使用的人民币图样，没收违法所得，并处 5 万元以下罚款。

三、中国人民银行的监督管理

（一）中国人民银行的直接检查监督权

中国人民银行的直接检查监督权包括：（1）执行有关存款准备金管理规定的行为；（2）与中国人民银行特种贷款有关的行为，其中中国人民银行特种贷款是指国务院决定的由中国人民银行向金融机构发放的用于特定目的的贷款；（3）执行有关人民币管理规定的行为；（4）执行有关银行间同业拆借市场、银行间债券市场管理规定的行为；（5）执行有关外汇管理规定的行为；（6）执行有关黄金管理规定的行为；（7）代理中国人民银行经理国库的行为；（8）执行有关清算管理规定的行为；（9）执行有关反洗钱规定的行为。

（二）中国人民银行的建议检查监督权

中国人民银行根据执行货币政策和维护金融稳定的需要，可以建议国务院银行业监督管理机构对银行业金融机构进行检查监督。国务院银行业监督管理机构应当自收到建议之日起 30 日内予以回复。此外，《中国人民银行法》规定，国务院建立金融监督管理协调机制，具体的办法由国务院规定。

（三）中国人民银行在特定情况下的检查监督权

《中国人民银行法》规定，当银行业金融机构出现支付困难，可能引发金融风险时，为了维护金融稳定，中国人民银行经国务院批准，有权对银行业金融机构进行检查监督。中国人民银行根据履行职责的需要，有权要求银行业金融机构报送必要的资产负债表、利润表以及其他财务会计、统计报表和资料。

应当注意的是，中国人民银行和国务院银行业监督管理机构同时拥有对银行业金融机构的检查监督权，并不会导致对银行业金融机构的双重检查和双重处罚。这是由于两者的监管侧重点各有不同，并且两者的划分在现实操作中非常清晰。

第二节 \ 银行业监督管理法

一、银行业监督管理的对象

国务院银行业监督管理机构负责对全国银行业金融机构及其业务活动监督管理的工作。监管对象具体如下。

（1）银行业金融机构，即在中华人民共和国境内设立的商业银行、城市信用合作社、农村信用合作社等吸收公众存款的金融机构以及政策性银行。

（2）其他金融机构，即在中华人民共和国境内设立的金融资产管理公司、信托投资公司、财务公司、金融租赁公司以及经国务院银行业监督管理机构批准设立的其他金融机构。

（3）在境外设立的金融机构，包括经国务院银行业监督管理机构批准在境外设立的金融机构以及前述两种金融机构在境外的业务活动。

但是，对在中华人民共和国境内设立的政策性银行、金融资产管理公司、外资银行业金融机构、中外合资银行业金融机构、外国银行业金融机构的分支机构的监督管理，法律、行政法规另有规定的，依照其规定。

⑦【例题7-2】对银行业金融机构的所有境内外分支机构，怎样监督管理？（　　　）

　A.分级监管　B.属地监管　C.实行并表监督管理　D.授权监管　　　（答案：C）

二、银行业监督管理的职责

（1）制定规章。国务院银行业监督管理机构依照法律、行政法规制定并发布对银行业金融机构及其业务活动进行监督管理的规章、规则。

（2）审批金融机构组织。国务院银行业监督管理机构依照法律、行政法规规定的条件和程序，审查批准银行业金融机构的设立、变更、终止以及业务范围。

（3）审查金融机构的股东。国务院银行业监督管理机构在受理申请设立银行业金融机构时，或者银行业金融机构变更持有资本总额或者股份总额达到规定比例以上的股东的，应当对股东的资金来源、财务状况、资本补充能力和诚信状况进行审查。

（4）审查金融机构的金融产品。国务院银行业监督管理机构对银行业金融机构业务范围内的业务品种，按照规定经审查批准或者备案。需要审查批准或者备案的业务品种，由国务院银行业监督管理机构依照法律、行政法规作出规定并公布。

（5）对银行业市场准入实施管制。未经国务院银行业监督管理机构批准，任何单位或者个人不得设立银行业金融机构或者从事银行业金融机构的业务活动。

（6）规定金融机构高管的任职资格。国务院银行业监督管理机构对银行业金融机构的董事和高级管理人员实行任职资格管理。

（7）制定业务审慎经营规则。国务院银行业监督管理机构依照法律、行政法规制定银行业金融机构的审慎经营规则，包括风险管理、内部控制、资本充足率、资产质量、损失准备金、风险集中、关联交易、资产流动性等内容。

（8）对银行业自律组织的活动进行指导和监督。银行业自律组织的章程应当报国务院银行业监督管理机构备案。国务院银行业监督管理机构对银行业自律组织的活动进行指导和监督。

（9）国际合作。国务院银行业监督管理机构可以开展与银行业监督管理有关的国际交流、合作活动。

三、监督管理措施

（一）现场检查

根据审慎监管的要求，银行业监督管理机构进行现场检查可以采取的措施有：（1）进入银行业金融机构进行检查。（2）询问银行业金融机构的工作人员，要求其对有关检查事项作出说明。（3）查阅、复制银行业金融机构与检查事项有关的文件、资料，对可能被转移、隐匿或者毁损的文件、资料予以封存。（4）检查银行业金融机构运用电子计算机管理业务数据的系统。

（二）强制信息披露

银行业监督管理机构应当责令银行业金融机构按照规定，如实向社会公众披露财务会计报告、风险管理状况、董事和高级管理人员变更以及其他重大事项等信息。

（三）强制整改措施

（1）银行业金融机构违反审慎经营规则的，国务院银行业监督管理机构或其省一级派出机构应当责令限期改正。

（2）逾期未改正的，或者其行为严重危及该银行业金融机构的稳健运行、损害存款人和其他客户合法权益的，经国务院银行业监督管理机构或其省一级派出机构负责人批准，可以采取下列措施：①责令暂停部分业务、停止批准开办新业务；②停止批准增设分支机构；③限制分配红利和其他收入；④限制资产转让；⑤责令控股股东转让股权或者限制有关股东的权利；⑥责令调整董事、高级管理人员或者限制其权利。

（四）接管、重组与撤销

（1）接管、重组与撤销的事由。银行业金融机构已经或者可能发生信用危机，严重影响存款人和其他客户合法权益的，国务院银行业监督管理机构可以依法对该银行业金融机构实行接管或者促成机构重组，接管和机构重组依照有关法律和国务院的规定执行。银行业金融机构有违法经营、经营管理不善等情形，不予撤销将严重危害金融秩序、损害公众利益的，国务院银行业监督管理机构有权予以撤销。

（2）接管、重组与撤销的措施。银行业金融机构被接管、重组或者被撤销的，国务院银行业监督管理机构有权要求该银行业金融机构的董事、高级管理人员和其他工作人员，按照国务院银行业监督管理机构的要求履行职责。

在接管、机构重组或者撤销清算期间，经国务院银行业监督管理机构负责人批准，对直接负责的董事、高级管理人员和其他直接责任人员，可以采取下列措施：①直接负责的董事、高级管理人员和其他直接责任人员出境将对国家利益造成重大损失的，通知出境管理机关依法阻止其出境；②申请司法机关禁止其转移、转让财产或者对其财产设定其他权利。

（五）查询账户与冻结

经国务院银行业监督管理机构或者其省一级派出机构负责人批准，银行业监督管理机构有权查询涉嫌金融违法的银行业金融机构及其工作人员以及关联行为人的账户；对涉嫌转移或者隐匿违法资金的，经银行业监督管理机构负责人批准，可以申请司法机关予以冻结。

第三节　商业银行法

一、商业银行概述

（一）商业银行的法律地位和组织形式

商业银行是指依照《中华人民共和国商业银行法》（以下简称《商业银行法》）和《公司法》规定的条件和程序设立的吸收公众存款、发放贷款、办理结算等业务，具有独立民事权利能力和民事行为能力的企业法人。商业银行包括有限责任公司和股份有限公司两种组织形式。

商业银行的设立、变更（包括分立、合并）和终止都需要经过国务院银行业监督管理机构的批准。商业银行的组织形式、组织机构、分立、合并适用《公司法》的规定。

（二）商业银行的经营原则

（1）商业银行以安全性、流动性、效益性为最重要的经营原则，并实行自主经营、自担风险、自负盈亏和自我约束。

（2）商业银行与客户的业务往来，应当遵循平等、自愿、公平和诚实信用的原则。

（3）商业银行应当保障存款人的合法权益不受任何单位和个人的侵犯。

（4）商业银行依法开展业务，不受任何单位和个人的干涉。商业银行以其全部法人财产独立承担民事责任。

（5）商业银行开展业务，应当遵守公平竞争的原则，不得从事不正当竞争。

二、商业银行的设立

（1）设立审批。设立商业银行，应当经国务院银行业监督管理机构审查批准。未经国务院银行业监督管理机构批准，任何单位和个人不得从事吸收公众存款等商业银行业务，任何单位不得在名称中使用"银行"字样。

（2）设立条件。设立商业银行，应当具备下列条件：①有符合《商业银行法》和《公司法》规定的章程；②有符合《商业银行法》规定的注册资本最低限额；③有具备任职专业知识和业务工作经验的董事、高级管理人员；④有健全的组织机构和管理制度；⑤有符合要求的营业场所、安全防范措施和与业务有关的其他设施。设立商业银行，还应当符合其他审慎性条件。

（3）注册资本要求。设立全国性商业银行的注册资本最低限额为10亿元人民币；设立城市商业银行的注册资本最低限额为1亿元人民币；设立农村商业银行的注册资本最低限额为5000万元人民币。注册资本应当是实缴资本。国务院银行业监督管理机构根据审慎监管的要求可以调整注册资本最低限额，但不得少于上述规定的限额。

（4）经营许可证、营业执照的领取。经批准设立的商业银行及其分支机构，由国务院银行业监督管理机构颁发经营许可证，并凭该许可证向市场监督管理部门办理登记，领取营业执照。

（5）分支机构的设立。商业银行根据业务需要可以在中华人民共和国境内外设立分支机构。设立分支机构必须经国务院银行业监督管理机构审查批准。分支机构不按照行政区域设立。商业银行在中华人民共和国境内设立分支机构，应当按照规定拨付与其经营规模相适应的营运资金额。拨付各分支机构营运资金额的总和，不得超过总行资本金总额的60%。商业银行对其分支机构实行全行统一核算、统一调度资金、分级管理的财务制度。商业银行分支机构不具有法人资格，在总行授权范围内依法开展业务，其民事责任由总行承担。

（6）商业银行的变更。商业银行有下列变更事项之一的，应当经国务院银行业监督管理机构批准：①变更名称；②变更注册资本；③变更总行或者分支行所在地；④调整业务范围；⑤变更持有资本总额或者股份总额5%以上的股东；⑥修改章程；⑦国务院银行业监督管理机构规定的其他变更事项。

更换董事、高级管理人员时，应当报经国务院银行业监督管理机构审查其任职资格。

三、商业银行的业务

（一）商业银行的业务范围

《商业银行法》第3条规定，商业银行可以经营如下全部或部分业务：（1）吸收公众存款；（2）发放短期、中期和长期贷款；（3）办理国内外结算；（4）办理票据承兑与贴现；（5）发行金融债券；（6）代理发行、代理兑付、承销政府债券；（7）买卖政府债券、金融债券；（8）从事同业拆借；（9）买卖、代理买卖外汇；（10）从事银行卡业务；（11）提供信用证服务及担保；（12）代理收付款项及代理保险业务；（13）提供保管箱服务；（14）经国务院银行业监督管理机构批准的其他业务。

经营范围由商业银行章程规定，报国务院银行业监督管理机构批准。商业银行经中国人民银行批准，可以经营结汇、售汇业务。

（二）商业银行的业务分类

（1）负债业务，是指商业银行通过一定的形式组织资金来源的业务。其中，最主要的负债业务是吸收存款。

（2）资产业务，是指商业银行利用其集聚的货币资金从事各种信用活动的业务，是商业银行取得收益的主要途径。其中，最主要的资产业务是贷款业务和投资业务。

（3）中间业务，是指商业银行利用技术、信息、机构网络、资金和信誉等方面的优势，不运用或较少运用银行的资财，以中间人的身份替客户办理收付、咨询、代理、担保、托管及其他委托事项，提供各类金融服务并收取一定费用的经营活动。

四、商业银行的业务规则

（一）存款业务规则

（1）存款及其办理原则。《商业银行法》规定，商业银行办理个人储蓄存款业务，应当遵循存款自愿、取款自由、存款有息、为存款人保密的原则；对单位储户应当坚持为客户保密和保护客户权益的原则，有权拒绝任何单位或者个人查询（法律、行政法规另有规定的除外）或者冻结、扣划（法律另有规定的除外）。

（2）存款业务基本法律规则：①经营存款业务特许制。未经批准，任何单位和个人不得从事吸收公众存款等商业银行业务，任何单位不得在名称中使用"银行"字样。②以合法正当方式吸收存款。商业银行应当按照中国人民银行规定的存款利率的上下限，确定存款利率，并予以公告。③依法保护存款人合法权益。商业银行应当保证存款本金和利息支付，不得拖延、拒绝支付存款本金和利息。

（二）贷款业务规则

（1）商业银行根据国民经济和社会发展的需要，在国家产业政策指导下开展贷款业务。

（2）商业银行开展贷款业务应当遵守下列资产负债比例管理的规定：①资本充足率不低于8%；②流动性资产余额与流动性负债余额的比例不得低于25%；③对同一借款人的贷款余额与商业银行资本余额的比例不得超过10%；④国务院银行业监督管理机构对资产负债比例管理的其他规定。

（3）商业银行贷款，应当对借款人的借款用途、偿还能力、还款方式等情况进行严格审查，应当实行审贷分离、分级审批的制度。

（4）商业银行贷款，应与借款人订立书面合同。合同应当约定贷款种类、借款用途、金额、利率、还款期限、还款方式、违约责任和双方认为需要约定的其他事项。

（5）商业银行贷款，借款人应当提供担保。商业银行应当对保证人的偿还能力，抵押物、质押物的权属和价值以及实现抵押权、质权的可行性进行严格审查。

（6）商业银行应当按照中国人民银行规定的贷款利率的上下限，确定贷款利率。

（7）任何单位和个人不得强令商业银行发放贷款或者提供担保。

（8）商业银行不得向关系人发放信用贷款，向关系人发放担保贷款的条件不得优于其他借款人同类贷款的条件。

（9）借款人应当按期归还贷款的本金和利息。借款人到期不归还担保贷款的，商业银行依法享有要求保证人归还贷款本金和利息或者就该担保物优先受偿的权利。商业银行因行使抵押权、质权而取得的不动产或者股权，应当自取得之日起2年内予以处分。借款人到期不归还信用贷款的，应当按照合同约定承担责任。

（三）其他业务规则

（1）投资业务规则。商业银行在中华人民共和国境内不得从事信托投资和证券经营业务。不得向非自用不动产投资或者向非银行金融机构和企业投资，但国家另有规定的除外。

（2）同业拆借业务规则。同业拆借应当遵守中国人民银行的规定。拆入资金用于弥补票据结算、联行汇差头寸的不足和解决临时性周转资金需要。禁止利用拆入资金发放固定资产贷款或者用于投资。拆出资金限于交足存款准备金、留足备付金和归还中国人民银行到期贷款之后的闲置资金。

【例题7-3】天功银行向成材银行拆借资金，下列选项说法正确的是（　　　）。

A.天功银行可用拆借资金发放个人消费贷款

B.天功银行可用拆借资金购买国债

C.成材银行拆出资金为闲置资金

D.成材银行用本行备付金拆借资金　　　　　　　　　　　（答案：C）

（3）结算业务规则。商业银行办理票据承兑、汇兑、委托收款等结算业务，应当按照规定的期限兑现，收付入账，不得压单、压票或者违反规定退票。有关兑现、收付入账期限的规定应当公布。

五、商业银行的接管和终止

（一）商业银行的接管

（1）接管的条件。以下两种情况，国务院银行业监督管理机构可以对商业银行实行接管：①商业银行已经发生信用危机，严重影响存款人的利益。②商业银行可能发生信用危机，严重影响存款人的利益。

（2）接管的目的和决定机关。接管的目的是对被接管的商业银行采取必要措施，以保护存款人的利益，恢复商业银行的正常经营能力。接管由国务院银行业监督管理机构决定，并组织实施。

（3）接管的开始时间及法律后果。接管自接管决定实施之日起开始，并由接管组织行使商业银行的经营管理权力。

（4）接管的期限。接管期限届满，国务院银行业监督管理机构可决定延期，但接管期限最长不得超过2年。

（5）接管的终止。有下列情形之一的，接管终止：①接管决定规定的期限届满或者国务院银行业监督管理机构决定的接管延期届满。②接管期限届满前，该商业银行已恢复正常经营能力。③接管期限届满前，该商业银行被合并或者被依法宣告破产。

【例题7-4】 某银行存款被其股东擅自挪用，发生严重信任危机，影响储户利益。为保障存款人权益，该银行被接管，期限1年。下列说法正确的是（　　）。

A.接管由中国人民银行决定

B.由接管组织承担该银行的债务

C.接管期间银行被全资收购的，接管终止

D.接管1年后可以申请延期，但接管期限最长不得超过2年　　（答案：CD）

（二）商业银行的终止

《商业银行法》第72条规定，商业银行因解散、被撤销和被宣告破产而终止。

（1）商业银行因分立、合并或者出现公司章程规定的解散事由需要解散的，应当向国务院银行业监督管理机构提出申请，并附解散理由和支付存款本金和利息等债务清偿计划，经国务院银行业监督管理机构批准后解散。商业银行解散的，应当依法成立清算组进行清算，国务院银行业监督管理机构监督清算过程。

（2）商业银行因吊销经营许可证被撤销的，国务院银行业监督管理机构应当及时成立清算组进行清算，按照清偿计划及时偿还存款本金和利息等债务。

（3）商业银行不能支付到期债务的，经国务院银行业监督管理机构同意，由人民法院依法宣告其破产。商业银行被宣告破产的，由人民法院组织国务院银行业监督管理机构等有关部门和有关人员成立清算组，进行清算。商业银行破产清算时，在支付清算费用、所欠职工工资和劳动保险费用后，应当优先支付个人储蓄存款的本金和利息。

案例直击：银行业务纠纷案

关键词：金融改革发展稳定　服务实体经济　绿色金融　数字金融

金融服务实体经济

党的十八大以来，在以习近平同志为核心的党中央坚强领导下，金融改革、发展、稳定各项工作稳步推进，助力经济社会发展取得历史性成就。实施稳健的货币政策，管住货币总闸门，守护好老百姓的钱袋子，社会融资规模增长与经济增长总体匹配，利率和汇率市场化改革稳步推进，人民币汇率形成机制进一步完善，有力促进稳增长、稳物价、稳就业和国际收支平衡。金融业综合实力大幅提升，金融业总资产超过400万亿元，5家银行、保险机构成为全球系统重要性金融机构，股票市场、债券市场和保险市场规模均居全球第二，外汇储备规模连续17年稳居全球第一。

127

金融服务实体经济质效明显提升，制造业、科技创新等重点领域融资持续快速增长，绿色金融全球领先，普惠小微贷款实现"量增、面扩、价降"，数字金融服务走在世界前列。金融改革开放呈现新局面，金融基础性制度建设持续加强，推动制定和修改法律法规规章百余部。人民币加入国际货币基金组织特别提款权（SDR），成为全球第三大篮子货币、第五大储备货币。

思考与探究

1. 如何理解中国人民银行的货币政策工具？

2. 试述国家金融监督管理总局的银行业监管职责。

3. 如何理解商业银行的贷款业务规则？

4. 试述商业银行接管法律制度。

本章主要涉及的法律规定

1.《中华人民共和国中国人民银行法》（2003 年修正）

2.《中华人民共和国银行业监督管理法》（2006 年）

3.《中华人民共和国商业银行法》（2015 年修正）

本章速览

第八章

证券法

学习要点

　　理解证券的概念、种类，熟悉证券法基本原则，掌握证券发行和上市交易制度，掌握禁止的交易行为、信息披露和投资者保护制度；熟悉证券监督管理机构的职责。

思政目标

　　帮助学生防风险、防诈骗，培养合法合规的职业操守；树立社会主义法治意识，关心国事，共同守护法治营商环境；认识中国经济改革发展措施和社会主义制度的优越性。

第一节　证券和证券法概述

一、证券的概念、种类和特征

（一）证券的概念和种类

　　证券是指载有一定金额的、代表财产所有权或债权的书面凭证。广义的证券包括资本证券、货币证券和货物证券。我国证券法所规范的证券仅为资本证券，包括股票、债券、存托凭证、证券投资基金、资产支持证券、资产管理产品以及经国务院依法认定的其他证券。

　　（1）股票。股票是股份有限公司签发的证明股东权利义务的要式有价证券。股票具有收益性、流通性、非返还性和风险性等特点，按不同标准可分为：普通股、优先股及普通和优先混合股；国有股、法人股、内部职工股和社会公众个人股；境内上市内资股（A股）、境内上市外资股（B股）和境外上市外资股（H股、N股、S股）等。

　　（2）债券。债券是企业、金融机构或政府为募集资金向社会公众发行的、保证在规定的时间内向债券持有人还本付息的有价证券。债券包括公司企业债券、政府债券和金融债券。

　　（3）证券投资基金券。证券投资基金券是指证券投资基金发起人向社会公众发行的，表明持有人对基金享有收益分配权和其他相关权利的有价证券。

　　（4）存托凭证。存托凭证是指由存托人签发，以境外证券为基础在中国境内发行，代表境外基础证券权益的证券。其发行法律关系的主体包括：基础证券发行人、存托人和存托凭证持有人。

（5）资产支持证券。资产支持证券是资产证券化的产物，发起人（主要指原始权益人）将缺乏流动性但能在未来产生可预见的稳定现金流的基础资产，出售给特殊目的载体，由其通过一定的结构安排，分离和重组资产的收益和风险并增强资产的信用，转化成主要由基础资产产生的现金流担保本息偿付的资产支持证券，销售给资本市场上的投资者。

（6）资产管理产品。资产管理产品包括但不限于人民币或外币形式的银行非保本理财产品，资金信托，证券公司、证券公司子公司、基金管理公司、基金管理子公司、期货公司、期货公司子公司、保险资产管理机构、金融资产投资公司发行的资产管理产品等。其按投资性质不同，分为固定收益类产品、权益类产品、商品及金融衍生品类产品和混合类产品。

（7）经国务院依法认定的其他证券。

（二）证券的特征

《中华人民共和国证券法》（以下简称《证券法》）规范的证券具有以下法律特征：（1）证券是一种投资凭证。它是证明投资者投资和投资权利的载体，投资者依据它可以享有其代表的一切权利。（2）证券是一种权益凭证。它是投资者获得相应收益的凭据。（3）证券是一种可转让的权利凭证。证券持有人可以随时依法转让所持有的证券，实现其自身利益。（4）证券是一种要式凭证。它必须依法设置，依照法律或行政法规规定的形式、内容、格式与程序制作、签发。

二、证券法概述

《证券法》首次颁布于1998年，于2004年、2005年、2013年、2014年和2019年进行了三次修正和二次修订。

（一）证券法的调整对象

证券法所调整的社会关系，既有证券发行人、证券投资人和证券商之间的平等的证券发行关系、交易关系、服务关系，又有证券监督管理机构对证券市场参与者进行管理、组织、协调、监督等活动过程中所发生的纵向监管关系，是两者的统一。

（二）证券法的基本原则

根据《证券法》的规定，我国证券法的基本原则如下。

（1）证券的发行、交易活动，必须遵循公开、公平、公正的原则。

（2）证券发行、交易活动的当事人具有平等的法律地位，应当遵守自愿、有偿、诚实信用的原则。

（3）证券的发行、交易活动，必须遵守法律、行政法规；禁止欺诈、内幕交易和操纵证券市场的行为。

（4）证券业和银行业、信托业、保险业实行分业经营、分业管理，证券公司与银行、信托、保险业务机构分别设立。国家另有规定的除外。

（5）国家集中统一管理与行业自律相结合。国务院证券监督管理机构依法对全国证券市场实行集中统一监督管理，证券业协会对证券业实行自律性管理。

第二节　证券发行与上市交易

一、证券发行概述

证券发行，就是筹资者按照法定程序向投资者发行证券，筹资者取得要筹集的资金，而认购到证券的投资者取得证券及证券所代表权益的过程。

按不同的标准，证券发行可以分为以下几类：依证券发行对象是否特定可分为公募发行和私募发行；依证券种类可分为股票发行和债券发行；依证券发行是否通过证券承销机构可分为直接发行和间接发行；依证券发行目的可分为设立发行和增资发行；依证券发行价格与证券票面金额或贴现金额的关系可分为平价发行、溢价发行和折价发行。

二、证券承销制度

证券承销，是指证券公司等证券经营机构依照承销协议包销或者代销发行人所发行的股票和债券或其他投资证券的行为。证券承销方式有两种：证券代销和证券包销。

证券代销，是指证券公司代发行人发售证券，在承销期结束时，将未售出的证券全部退还给发行人的承销方式。对发行人而言，这种承销方式风险较大，但承销费用相对较低。

证券包销，是指证券公司将发行人的证券按照协议全部购入或者在承销期结束后将售后剩余证券全部自行购入的承销方式。证券包销分为全额包销和余额包销两种。证券包销的发行风险归属于证券承销人，它是我国目前证券承销所采用的主要方式，不仅适用于股票发行，也适用于公司债券的发行。

三、证券上市与交易制度

（一）证券上市

证券上市，是指已发行的股票、债券等有价证券，符合法定条件，经证券交易所依法审核同意，并由双方签订上市协议后，在证券交易所集中竞价交易的行为。证券交易所根据国务院授权的部门的决定安排政府债券上市交易。

申请证券上市交易，应当符合证券交易所上市规则规定的上市条件。证券交易所上市规则规定的上市条件，应当对发行人的经营年限、财务状况、最低公开发行比例和公司治理、诚信记录等提出要求。

（二）证券交易

证券交易条件，是指在证券市场上公开进行交易的证券必须符合法律规定的相关条件才能买卖。证券交易条件主要包括：（1）证券交易当事人依法买卖的证券，必须是依法发行并交付的证券。非依法发行的证券不得买卖。（2）依法发行的证券，《公司法》和其他法律对其转让期限有限制性规定的，在限定的期限内不得转让。（3）公开发行的证券，应当在依法设立的证券交易所上市交易或者在国务院批准的其他全国性证券交易场所交易。

经济法律法规

（4）证券在证券交易所上市交易，应当采用公开的集中交易方式或者国务院证券监督管理机构批准的其他方式。

（三）退市制度

退市，是指上市公司股票出于各种原因不再在特定的证券交易所挂牌，从而退出特定证券交易所的一种法律行为。目前我国的退市制度主要包括主动退市和强制退市。

如果上市公司通过对上市地位维持成本收益的理性分析，或者为充分利用不同证券交易场所的比较优势，或者为便捷、高效地对公司治理结构、股权结构、资产结构、人员结构等实施调整，或者为进一步实现公司股票的长期价值，可以依据《证券法》和证券交易所规则实现主动退市。

上市交易的证券，有证券交易所规定的终止上市情形的，由证券交易所按照业务规则终止其上市交易，这是属于强制退市。根据上海、深圳交易所的股票上市规则，强制退市分为重大违法类强制退市、交易类强制退市、财务类强制退市、规范类强制退市等情形。

【例题8-1】根据《证券法》的规定，以下对证券公开发行的叙述中错误的是（　　）。

A.向不特定对象发行证券，属于公开发行

B.未经依法核准，任何单位和个人不得公开发行证券

C.向特定对象发行证券累计超过二百人，属于公开发行，但依法实施员工持股计划的员工人数不计算在内

D.发行人申请公开发行，应当聘请证券公司担任保荐人

（答案：B）

（四）禁止的交易行为

（1）禁止内幕交易行为。禁止证券交易内幕信息的知情人和非法获取内幕信息的人利用内幕信息从事证券交易活动。证券交易活动中，涉及发行人的经营、财务或者对该发行人证券的市场价格有重大影响的尚未公开的信息，为内幕信息。证券交易内幕信息的知情人和非法获取内幕信息的人，在内幕信息公开前，不得买卖该公司的证券，或者泄露该信息，或者建议他人买卖该证券。内幕交易行为或利用未公开信息进行交易给投资者造成损失的，应当依法承担赔偿责任。

（2）禁止操纵证券市场行为。《证券法》第55条规定，禁止任何人以下列手段操纵证券市场，影响或者意图影响证券交易价格或者证券交易量：①单独或者通过合谋，集中资金优势、持股优势或者利用信息优势联合或者连续买卖；②与他人串通，以事先约定的时间、价格和方式相互进行证券交易；③在自己实际控制的账户之间进行证券交易；④不以成交为目的，频繁或者大量申报并撤销申报；⑤利用虚假或者不确定的重大信息，诱导投资者进行证券交易；⑥对证券、发行人公开作出评价、预测或者投资建议，并进行反向证券交易；⑦利用在其他相关市场的活动操纵证券市场；⑧操纵证券市场的其他手段。操纵证券市场行为给投资者造成损失的，应当依法承担赔偿责任。

②【例题8-2】刘某是知名财经记者。在买入某上市公司股票后，刘某将该公司已经公布的年报内容在其任职的财经媒体上集中报道、积极评价，以吸引投资者买入。因刘某的报道和评价，该股票价格明显上涨，刘某趁机将之前所购股票全部卖出。根据证券法律制度的规定，下列关于刘某的行为性质的表述中，正确的是（　　）。

    A.刘某的行为构成"老鼠仓"交易

    B.刘某的行为构成内幕交易

    C.刘某的行为构成消极信息披露人的虚假陈述

    D.刘某的行为构成操纵证券市场

（答案：D）

（3）禁止虚假陈述和信息误导行为。禁止任何单位和个人编造、传播虚假信息或者误导性信息，扰乱证券市场。禁止证券交易场所、证券公司、证券登记结算机构、证券服务机构及其从业人员，证券业协会、证券监督管理机构及其工作人员，在证券交易活动中作出虚假陈述或者信息误导。各种传播媒介传播证券市场信息必须真实、客观，禁止误导。传播媒介及其从事证券市场信息报道的工作人员不得从事与其工作职责发生利益冲突的证券买卖。编造、传播虚假信息或者误导性信息，扰乱证券市场，给投资者造成损失的，应当依法承担赔偿责任。

（4）禁止损害客户利益的行为。《证券法》第57条规定，禁止证券公司及其从业人员从事下列损害客户利益的行为：①违背客户的委托为其买卖证券；②不在规定时间内向客户提供交易的确认文件；③未经客户的委托，擅自为客户买卖证券，或者假借客户的名义买卖证券；④为牟取佣金收入，诱使客户进行不必要的证券买卖；⑤其他违背客户真实意思表示，损害客户利益的行为。违反前述规定给客户造成损失的，应当依法承担赔偿责任。

（5）其他禁止行为。如任何单位和个人不得违反规定，出借自己的证券账户或者借用他人的证券账户从事证券交易；禁止投资者违规利用财政资金、银行信贷资金买卖证券等。

②【例题8-3】根据《证券法》的规定，操纵证券市场的手段包括（　　）。

    A.不以成交为目的，频繁或者大量申报并撤销申报

    B.利用虚假或者不确定的重大信息，诱导投资者进行证券交易

    C.对证券、发行人公开作出评价、预测或者投资建议，并进行反向证券交易

    D.利用在其他相关市场的举动操纵证券市场　　　（答案：ABCD）

四、信息披露

（一）信息披露的概念

信息披露也称信息公开，是指证券发行人及法律、行政法规和国务院证券监督管理机构规定的其他信息披露义务人（以下简称信息披露义务人），在证券发行、上市、交易过

程中，按照法定或约定要求将应当向社会公开的财务、经营及其他有关影响证券投资者投资判断的信息向证券监督管理机构和证券交易所报告，并向社会公众公告的活动。

信息披露义务人应当及时依法履行信息披露义务。信息披露义务人披露的信息应当真实、准确、完整，简明清晰，通俗易懂，不得有虚假记载、误导性陈述或者重大遗漏。证券同时在境内、境外公开发行、交易的，其信息披露义务人在境外披露的信息，应当在境内同时披露。

（二）定期报告的披露

上市公司、公司债券上市交易的公司、股票在国务院批准的其他全国性证券交易场所交易的公司，应当按照国务院证券监督管理机构和证券交易场所规定的内容和格式编制定期报告，并按照以下规定报送和公告。

（1）在每一会计年度结束之日起4个月内，报送并公告年度报告，其中的年度财务会计报告应当经符合规定的会计师事务所审计。

（2）在每一会计年度的上半年结束之日起2个月内，报送并公告中期报告。

（三）临时报告的披露

发生可能对上市公司、股票在国务院批准的其他全国性证券交易场所交易的公司的股票交易价格产生较大影响的重大事件，投资者尚未得知时，公司应当立即将有关该重大事件的情况向国务院证券监督管理机构和证券交易场所报送临时报告，并予以公告，说明事件的起因、目前的状态和可能产生的法律后果。

发生可能对上市交易公司债券的交易价格产生较大影响的重大事件，投资者尚未得知时，公司应当立即将有关该重大事件的情况向国务院证券监督管理机构和证券交易场所报送临时报告，并予以公告，说明事件的起因、目前的状态和可能产生的法律后果。

五、投资者保护

根据财产状况、金融资产状况、投资知识和经验、专业能力等因素，投资者可以分为普通投资者和专业投资者。专业投资者的标准由国务院证券监督管理机构规定。

（一）证券公司的义务

证券公司向投资者销售证券、提供服务时，应当按照规定充分了解投资者的基本情况、财产状况、金融资产状况、投资知识和经验、专业能力等相关信息；如实说明证券、服务的重要内容，充分揭示投资风险；销售、提供与投资者上述状况相匹配的证券、服务。证券公司违反法律规定导致投资者损失的，应当承担相应的赔偿责任。

投资者在购买证券或者接受服务时，应当按照证券公司明示的要求提供前款所列真实信息。拒绝提供或者未按照要求提供信息的，证券公司应当告知其后果，并按照规定拒绝向其销售证券、提供服务。

普通投资者与证券公司发生纠纷的，证券公司应当证明其行为符合法律、行政法规以及国务院证券监督管理机构的规定，不存在误导、欺诈等情形。证券公司不能证明的，应当承担相应的赔偿责任。

（二）征集股东权利

上市公司董事会、独立董事、持有 1% 以上有表决权股份的股东或者依照法律、行政法规或者国务院证券监督管理机构的规定设立的投资者保护机构（以下简称投资者保护机构），可以作为征集人，自行或者委托证券公司、证券服务机构，公开请求上市公司股东委托其代为出席股东会，并代为行使提案权、表决权等股东权利。

（三）分配现金股利

上市公司应当在章程中明确分配现金股利的具体安排和决策程序，依法保障股东的资产收益权。上市公司当年税后利润，在弥补亏损及提取法定公积金后有盈余的，应当按照公司章程的规定分配现金股利。

（四）设立债券持有人会议

公开发行公司债券的，应当设立债券持有人会议，并应当在募集说明书中说明债券持有人会议的召集程序、会议规则和其他重要事项。

（五）获得先行赔付权

发行人因欺诈发行、虚假陈述或者其他重大违法行为给投资者造成损失的，发行人的控股股东、实际控制人、相关的证券公司可以委托投资者保护机构，就赔偿事宜与受到损失的投资者达成协议，予以先行赔付。先行赔付后，可以依法向发行人以及其他连带责任人追偿。

第三节　证券监管管理

一、证券监督管理机构的性质

《证券法》规定，国务院证券监督管理机构依法对证券市场实行监督管理，维护证券市场公开、公平、公正，防范系统性风险，维护投资者合法权益，促进证券市场健康发展。目前国务院授权中国证券监督管理委员会负责证券监督管理工作。

二、证券监督管理机构的职责

《证券法》第 169 条规定，国务院证券监督管理机构在对证券市场实施监督管理中履行下列职责：（1）依法制定有关证券市场监督管理的规章、规则，并依法进行审批、核准、注册、办理备案；（2）依法对证券的发行、上市、交易、登记、存管、结算等行为，进行监督管理；（3）依法对证券发行人、证券公司、证券服务机构、证券交易场所、证券登记结算机构的证券业务活动，进行监督管理；（4）依法制定从事证券业务人员的行为准则，并监督实施；（5）依法监督检查证券发行、上市、交易的信息披露；（6）依法对证券业协会的自律管理活动进行指导和监督；（7）依法监测并防范、处置证券市场风险；（8）依法开展投资者教育；（9）依法对证券违法行为进行查处；（10）法律、行政法规规定的其他职责。

国务院证券监督管理机构可以和其他国家或者地区的证券监督管理机构建立监督管理

合作机制，实施跨境监督管理。境外证券监督管理机构不得在中华人民共和国境内直接进行调查取证等活动。未经国务院证券监督管理机构和国务院有关主管部门同意，任何单位和个人不得擅自向境外提供与证券业务活动有关的文件和资料。

 思政园地

关键词：资本市场　全面注册制改革　信息披露

全面注册制改革

党的二十大报告提出要"健全资本市场功能，提高直接融资比重"[①]。2023年是贯彻党的二十大精神的开局之年，资本市场的首要任务是以重点突破带动整体推进，全力以赴抓好全面注册制改革。与核准制相比，实行注册制不仅涉及审核主体的变化，更重要的变化体现在四个方面。一是理念的变化，坚持以信息披露为核心，监管部门不对企业的投资价值作判断。二是把关方式的变化，主要通过把好信息披露质量关，压实发行人信息披露第一责任和中介机构"看门人"责任。三是透明度的变化，审核注册制的标准、程序、问询内容、过程、结果全部公开，监督制衡更加严格，让公权力在阳光下运行。四是监管执法的变化，对欺诈发行、财务造假等各类违法违规行为零容忍，露头就打，实行行政、民事、刑事立体处罚，形成强有力的震慑。

实践表明，全面注册制改革是一场触及监管底层逻辑的变动和刀刃向内的变革，牵动资本市场全局的变革，影响深远。

思考与探究

1. 论述我国证券法的基本原则。
2. 如何理解我国上市公司的退市制度？
3. 如何理解证券市场禁止的交易行为？
4. 如何理解投资者保护制度？

本章主要涉及的法律规定

1.《中华人民共和国证券法》（2019年修订）

本章速览

---

① 习近平. 高举中国特色社会主义伟大旗帜 为全面建设社会主义现代化国家而团结奋斗——在中国共产党第二十次全国代表大会上的报告[M]. 北京：人民出版社，2022：30.

第九章

保险法

学习要点

　　了解保险的概念和分类，掌握保险法的基本原则，熟悉保险业务关系人的概念，掌握保险合同的订立、内容及形式，掌握保险合同的履行、变更及解除，掌握人身保险合同和财产保险合同的特别规定。

思政目标

　　培养学生的风险意识和保险理念，深刻理解保险在中国特色社会主义建设中的重要保障作用。同时，保险无处不体现着现代社会发展的重要基石——互助与诚信，完美契合了社会主义核心价值观。通过学习其中的人文精神和价值范式，培养学生优良的思想道德品质，帮助其树立正确的价值观和人生观。

第一节 保险法概述

一、保险的概念和分类

（一）保险的概念

《中华人民共和国保险法》（以下简称《保险法》）第 2 条规定，保险是指投保人根据合同约定，向保险人支付保险费，保险人对于合同约定的可能发生的事故因其发生所造成的财产损失承担赔偿保险金责任，或者当被保险人死亡、伤残、疾病或者达到合同约定的年龄、期限等条件时承担给付保险金责任的商业保险行为。

（二）保险的本质

保险的本质并不是保证危险不发生，或不遭受损失，而是对危险发生后遭受的损失予以经济补偿。为了维护社会安定，保险集合运用了多数社会成员的力量。只有众多的社会成员参加保险，其所缴纳的保险费才能积聚成为巨额的保险基金，用于补偿少数社会成员的特定危险事故或因特定人身事件发生而造成的经济损失。应当注意的是，保险的经济补偿功能，在财产保险和人身保险中的体现不尽相同。财产保险的标的是能够用货币准确衡量的财产或与财产有关的利益，保险人给予被保险人的保险金可以用来补偿被保险人所遭受的经济损失；而人身保险的标的是无法用货币来衡量的人的寿命和身体，所以，一旦发生保险事故，只能按照合同约定的数额给付保险金。

（三）保险的构成要件

保险构成的基本要件包括以下三个方面。

（1）可保危险的存在。无危险则无保险。人类社会可能遭遇到的危险大体包括人身危险、财产危险和法律责任危险。但是，保险所承保的是可保危险，即上述三类危险中可能引起损失的偶然事件，其特征包括：①危险发生与否很难确定，不可能或不会发生的危险，投保人不会投保，可能或肯定会发生的危险，保险人也不会承保；②危险何时发生很难确定；③危险发生的原因与后果很难确定；④危险的发生对于投保人或被保险人来说，必须是非故意的。

（2）以多数人参加保险并建立基金为基础。保险是一种集合危险、分散损失的经济制度，参加保险的人越多，积聚的保险基金就越多，补偿损失的能力就越强。

（3）以损失赔付为目的。

（四）保险的分类

（1）根据保险责任发生的效力依据划分，保险可分为强制保险和自愿保险。强制保险又称法定保险，是指国家法律、法规直接规定必须进行的保险，如机动车第三者责任险就属于强制保险。自愿保险是投保人与保险人双方平等协商，自愿签订保险合同而产生的一种保险，这种保险责任发生的效力依据是保险合同，投保人享有是否投保的自由，保险人享有是否承保或承保多少的自由。

（2）根据保险设立是否以营利为目的划分，保险可分为政策性保险和商业保险。政策性保险是指国家基于社会、经济政策的需要，不以营利为目的而进行的保险，如存款保险、社会保险，前者属于经济政策性保险，后者属于社会政策性保险。商业保险是指政策性保险以外的普通保险，是以营利为目的的，其费用主要来源于投保人缴纳的保险费。我国《保险法》仅规范商业保险行为。

（3）根据保险标的的不同，保险可分为财产保险与人身保险。财产保险是以财产及其有关利益为保险标的的保险，包括财产损失保险、保证保险、责任保险和信用保险等。人身保险是以人的寿命和身体为保险标的的保险，包括意外伤害保险、健康保险和人寿保险等。

（4）根据保险人是否转移保险责任划分，保险可分为原保险和再保险。原保险也称第一次保险，是指保险人对被保险人因保险事故所致损害直接由自己承担赔偿责任的保险。再保险又称第二次保险，或称分保，是指原保险人为减轻或避免所负风险，把原保险责任的一部分转移给其他保险人的保险。我国《保险法》第28条第1款规定，保险人将其承担的保险业务，以分保形式部分转移给其他保险人的，为再保险。

（5）根据保险人的人数划分，保险可分为单保险和复保险。单保险是指投保人对同一保险标的、同一保险利益、同一保险事故与一个保险人订立保险合同的保险。复保险又称重复保险，是指投保人对同一保险标的、同一保险利益、同一保险事故分别与两个以上保险人订立保险合同，且保险金额总和超过保险价值的保险。

二、保险法的基本原则

保险法是调整保险关系的法律规范的总称。保险法的基本原则，是指在保险立法、经营、监督管理和保险合同的订立与履行等过程中应当遵循的基本准则。

（一）公序良俗原则

《保险法》第4条规定，从事保险活动必须遵守法律、行政法规，尊重社会公德，不得损害社会公共利益。保险业具有较大的商业风险和社会风险，国家对保险业实行较深程度的监管，以维护社会公共秩序和公共利益；同时，保险业也要求各方当事人遵守社会公德，服从善良风俗，不得损人利己。

（二）自愿原则

自愿原则，是指保险法律关系的当事人即投保人、保险人以及被保险人、受益人有权根据自己的意愿设立、变更或终止保险法律关系，不受他人干预；投保人有权选择保险人和保险的种类、保险的范围、责任等。《保险法》第11条规定，订立保险合同，应当协商一致，遵循公平原则确定各方的权利和义务。除法律、行政法规规定必须保险的外，保险合同自愿订立。

（三）最大诚信原则

《保险法》第5条规定，保险活动当事人行使权利、履行义务应当遵循诚实信用原则。对投保人而言，诚信原则主要表现为应当承担的两项义务：（1）如实告知义务。订立保险合同，保险人（保险公司）就保险标的或者被保险人有关情况提出询问的，投保人应当如实告知。（2）履行保险合同时的信守保险义务，即严守允诺，完成保险合同中约定的作为或不作为义务。对保险人而言，诚信原则也表现为其应当承担的两项义务：（1）在订立保险合同时将保险条款告知投保人的义务，特别是保险人的免责条款；（2）及时与全面支付保险金的义务。

⑦【例题9-1】2020年1月，汪某陪丈夫刘某去体检，体检报告单上关于甲状腺的描述为"表面未见明显异常，边缘呈锯齿状，疑似有结节状，建议定期复诊"。2020年3月，汪某为刘某在某保险公司投保医疗健康险。在健康告知部分，询问表中写明"被保险人是否有息肉、肿瘤、结节等疾病？"，汪某填了"否"。2021年刘某患甲状腺癌，申请理赔。对此，下列说法正确的是哪一个？（　　　）

A.因为保险公司没有明确询问被保险人是否有甲状腺疾病，保险公司承担保险责任

B.保险公司有权以重大误解为由撤销合同，并退还保险金

C.汪某故意未如实告知，保险公司有权拒绝赔偿

D.汪某因重大过失未如实告知，保险公司可以解除合同并退还保费

（答案：D）

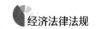

（四）保险利益原则

保险利益，是指投保人或者被保险人对保险标的具有的法律上承认的利益。人身保险的投保人在保险合同订立时，对被保险人应当具有保险利益。财产保险的被保险人在保险事故发生时，对保险标的应当具有保险利益。

（1）《保险法》第31条规定，在人身保险中，投保人对下列人员具有保险利益：①本人；②配偶、子女、父母；③上述人员以外的与投保人有抚养、赡养或者扶养关系的家庭其他成员、近亲属；④与投保人有劳动关系的劳动者；⑤与投保人之间不具有上述关系，但被保险人同意投保人为其订立合同的。

（2）在财产保险中享有保险利益的人员范围主要有：①对财产享有法律上权利的人，如所有权人、抵押权人、留置权人等；②财产保管人；③合法占有财产的人，如承租人、承包人等。

（3）保险利益原则与保险合同效力。人身保险的投保人在保险合同订立时，对被保险人具有保险利益。人身保险合同订立后，如投保人丧失对被保险人的保险利益，保险合同仍然有效。投保人在保险合同订立时对被保险人不具有保险利益的，保险合同无效，但投保人可以主张保险人退还扣减相应手续费后的保险费。

财产保险的被保险人在保险事故发生时，对保险标的应当具有保险利益。如果保险事故发生时，被保险人对保险标的不具有保险利益，不得对保险人行使请求赔偿或给付保险金的权利。

⑦【例题9-2】甲组建了一支施工队，承包开发商的地产工程。2020年，甲聘请表弟乙加入其施工队，并为乙投保了人身意外险。受益人是乙的妻子丙，乙对于购买意外险及受益人知情，未表示反对。2020年末，乙离职后在返乡途中遭遇交通事故意外身亡。丙要求保险人履行赔付义务，对此，下列说法正确的是哪些？

A.因甲组建的施工队与乙存在劳动合同关系，故保险合同订立时，甲对乙有保险利益，保险合同有效

B.因甲是乙的表哥，两人之间存在亲属关系，故保险合同订立时，甲对乙有保险利益，保险合同有效

C.丙作为受益人，有权要求保险人进行赔付

D.保险合同订立时，甲可以指定自己为受益人 　　　　　　　（答案：AC）

第二节　保险法律关系的主体

一、保险公司

保险公司，是指经过保险监督管理机构批准设立的专营保险业务的公司。根据《保险法》的规定，设立保险公司的要求为：主要股东具有持续盈利能力，信誉良好，最近3年

内无重大违法违规记录，净资产不低于人民币 2 亿元；保险公司的注册资本最低限额为人民币 2 亿元，且必须为实缴货币资本；以及其他条件。

经营有人寿保险业务的保险公司，除因合并、分立或者被依法撤销外，不得解散。经营有人寿保险业务的保险公司被依法撤销或者被依法宣告破产的，其持有的人寿保险合同及责任准备金，必须转让给其他经营有人寿保险业务的保险公司；不能同其他保险公司达成转让协议的，由国务院保险监督管理机构指定经营有人寿保险业务的保险公司接受转让。

保险人不得兼营人身保险业务和财产保险业务；但经营财产保险业务的保险公司经国务院保险监督管理机构批准，可以经营短期健康保险业务和意外伤害保险业务。

原保险人将其承担的保险业务，以分保形式部分转移给其他保险人的，为再保险。保险公司对每一危险单位，即对一次保险事故可能造成的最大损失范围所承担的责任，不得超过其实有资本金加公积金总和的 10%；超过部分应当办理再保险。

保险公司的资金运用必须稳健，遵循安全性原则，且限于下列形式：（1）银行存款；（2）买卖债券、股票、证券投资基金份额等有价证券；（3）投资不动产；（4）国务院规定的其他资金运用形式。

二、保险代理人与保险经纪人

保险代理人，是指根据保险人的委托，向保险人收取佣金，并在保险人授权的范围内代为办理保险业务的机构或者个人。保险代理机构包括专门从事保险代理业务的保险专业代理机构和兼营保险代理业务的保险兼业代理机构。

保险经纪人，是指基于投保人的利益，为投保人与保险人订立保险合同提供中介服务，并依法收取佣金的机构，包括保险经纪公司及其分支机构。

（一）保险代理机构、保险经纪人的设立

保险代理机构、保险经纪人应当具备国家金融监管机构规定的条件，取得保险监管机构颁发的经营保险代理业务许可证、保险经纪业务许可证。以公司形式设立保险专业代理机构、保险经纪人，其注册资本最低限额适用《公司法》的规定，注册资本或出资额必须为实缴货币。

（二）行为规制

《保险法》第 131 条规定，保险代理人、保险经纪人及其从业人员在办理保险业务活动中不得有下列行为：（1）欺骗保险人、投保人、被保险人或者受益人；（2）隐瞒与保险合同有关的重要情况；（3）阻碍投保人履行《保险法》规定的如实告知义务，或者诱导其不履行《保险法》规定的如实告知义务；（4）给予或者承诺给予投保人、被保险人或者受益人保险合同约定以外的利益；（5）利用行政权力、职务或者职业便利以及其他不正当手段强迫、引诱或者限制投保人订立保险合同；（6）伪造、擅自变更保险合同，或者为保险合同当事人提供虚假证明材料；（7）挪用、截留、侵占保险费或者保险金；（8）利用业务便利为其他机构或者个人牟取不正当利益；（9）串通投保人、被保险人或者受益人，骗取

保险金；（10）泄露在业务活动中知悉的保险人、投保人、被保险人的商业秘密。

三、保险合同的当事人和关系人

保险合同是投保人与保险人约定保险权利义务关系的协议。投保人和保险人是保险合同的当事人，被保险人和受益人是保险合同的关系人。

（一）投保人

投保人，是指与保险人订立保险合同，并按照合同约定负有支付保险费义务的人。投保人可以同时为被保险人、受益人。

（二）保险人

保险人，是指与投保人订立保险合同，并按照合同约定承担赔偿或者给付保险金责任的保险公司。

（三）被保险人

被保险人，是指其财产或者人身受保险合同保障，享有保险金请求权的人。投保人可以为被保险人。财产保险中自然人和法人均可作为被保险人，但人身保险的被保险人只能是自然人。以死亡为给付保险金条件的人身保险，投保人不得为无民事行为能力人投保以死亡为给付保险金条件的人身保险，保险人也不得承保；未经被保险人同意并认可保险金额的，保险合同无效；但是，父母为其未成年子女投保的人身保险，不受此限。按照以死亡为给付保险金条件的合同所签发的保险单，未经被保险人书面同意，不得转让或质押。

（四）受益人

受益人，是指人身保险合同中由被保险人或者投保人指定的享有保险金请求权的人。投保人、被保险人可以为受益人。已经死亡的人不得作为受益人，胎儿作为受益人应以活着出生为限。人身保险合同的受益人由被保险人或者投保人指定；投保人指定受益人时必须经被保险人同意，投保人变更受益人时也必须经被保险人同意。受益人为数人的，被保险人或者投保人可以确定受益顺序和受益份额；未确定受益份额的，受益人按照相等份额享有受益权。

被保险人或者投保人可以变更受益人并书面通知保险人。投保人变更受益人未经被保险人同意，变更行为无效。投保人或者被保险人在保险事故发生后变更受益人，变更后的受益人无权请求保险人给付保险金。

第三节 保险合同

一、保险合同的订立

（一）保险合同的成立

保险合同是诺成合同，投保人提出保险要求（投保、要约），经保险人同意承保，保险合同成立。依法成立的保险合同，自成立时生效。

投保人或者投保人的代理人订立保险合同时没有亲自签字或者盖章，而由保险人或者保险人的代理人代为签字或者盖章的，对投保人不生效；但投保人已经交纳保险费的，视为其对代签字或者盖章行为的追认。

保险人接受了投保人提交的投保单并收取了保险费，尚未作出是否承保的意思表示，发生保险事故，被保险人或者受益人请求保险人按照保险合同承担赔偿或者给付保险金责任：（1）符合承保条件的，人民法院应予支持；（2）不符合承保条件的，保险人不承担保险责任，但应当退还已经收取的保险费；保险人主张不符合承保条件的，应承担举证责任。

【例题9-3】甲保险公司的销售人员白某与客户乙签订保险合同时，乙请白某代为填写合同中的客户信息。白某记得乙说自己是司机，便以为乙是出租车司机，因此，在填写职业一栏时，白某将乙的职业填写为"出租车司机"，乙签名时也没有注意到。保险合同订立一段时间后，才确定乙是货车司机，而货车司机不在该保险合同的保险范围之内。对此，下列表述正确的是（　　　）。

A.保险合同订立过程中白某系乙的代理人

B.甲保险公司有权以重大误解为由撤销保险合同

C.甲保险公司有权以遭受欺诈为由撤销保险合同

D.甲保险公司无权撤销保险合同 （答案：B）

（二）保险合同的免责条款

对保险合同中免除保险人责任的条款，保险人在订立合同时应当在投保单、保险单或者其他保险凭证上作出足以引起投保人注意的提示，并对该条款的内容以书面或者口头形式向投保人作出明确说明；未作提示或者明确说明的，该条款不产生效力。

通过网络、电话等方式订立的保险合同，保险人可以通过网页、音频、视频等形式对免除保险人责任条款予以提示和明确说明。

（三）保险合同的内容和形式

1.保险合同的内容

《保险法》第18条规定，保险合同应当包括下列事项：（1）保险人的名称和住所；（2）投保人、被保险人的姓名或者名称、住所，以及人身保险的受益人的姓名或者名称、住所；（3）保险标的；（4）保险责任和责任免除；（5）保险期间和保险责任开始时间；（6）保险金额；（7）保险费以及支付办法；（8）保险金赔偿或者给付办法；（9）违约责任和争议处理；（10）订立合同的年、月、日。投保人和保险人可以约定与保险有关的其他事项。

保险合同是格式合同。采用保险人提供的格式条款订立的保险合同，保险人与投保人、被保险人或者受益人对合同条款有争议的，应当按照通常理解予以解释。对合同条款有两种以上解释的，人民法院或仲裁机构应当作出有利于被保险人和受益人的解释。

2.保险合同的形式及效力

保险合同包括保险单、保险凭证、暂保单、投保单、当事人约定的其他书面形式。保险合同中记载的内容不一致的，按照下列规则认定：（1）投保单与保险单或者其他保险凭证不一致的，以投保单为准，但不一致的情形系经保险人说明并经投保人同意的，以投保人签收的保险单或者其他保险凭证载明的内容为准；（2）非格式条款与格式条款不一致的，以非格式条款为准；（3）保险凭证记载的时间不同的，以形成时间在后的为准；（4）保险凭证存在手写和打印两种方式的，以双方签字、盖章的手写部分的内容为准。

二、保险合同的履行

（一）投保人的义务

1.支付保险费的义务

（1）当事人以被保险人、受益人或者他人已经代为支付保险费为由，主张投保人对应的交费义务已经履行的，人民法院应予支持。

（2）人身保险合同约定分期支付保险费，投保人支付首期保险费后，除合同另有约定外，投保人自保险人催告之日起超过 30 日未支付当期保险费，或者超过约定的期限 60 日未支付当期保险费的，合同效力中止，或者由保险人按照合同约定的条件减少保险金额。

（3）因投保人未按照规定支付保险费而导致合同效力中止的，经保险人与投保人协商并达成协议，在投保人补交保险费后，合同效力恢复。但自合同效力中止之日起满 2 年双方未达成协议的，保险人有权解除合同。

（4）对于人寿保险的保险费，保险人不得用诉讼方式要求投保人支付。

2.危险增加的通知义务

（1）在合同有效期内，保险标的的危险程度显著增加的，被保险人应当按照合同约定及时通知保险人，保险人可以按照合同约定增加保险费或者解除合同。

（2）保险人解除合同的，应当将已收取的保险费，按照合同约定扣除自保险责任开始之日起至合同解除之日止应收的部分后，退还投保人。

（3）被保险人未履行危险程度增加的通知义务的，因保险标的危险程度显著增加而发生的保险事故，保险人不承担赔偿保险金的责任。

3.保险事故发生后的通知义务

投保人、被保险人或者受益人知道保险事故发生后，应当及时通知保险人；故意或者因重大过失未及时通知，致使保险事故的性质、原因、损失程度等难以确定的部分，保险人不承担赔偿或者给付保险金的责任，但保险人通过其他途径已经及时知道或者应当及时知道保险事故发生的除外。

4.接受保险人检查，维护保险标的安全义务

投保人、被保险人未按照约定履行其对保险标的的安全应尽责任的，保险人有权要求增加保险费或者解除合同。

5.积极施救义务

保险事故发生时，被保险人应当尽力采取必要的措施，防止或者减少损失。

（二）保险人的义务

1.给付保险赔偿金或保险金的义务

保险人自收到赔偿或者给付保险金的请求和有关证明、资料之日起 60 日内，对其赔偿或者给付保险金的数额不能确定的，应当根据已有证明和资料可以确定的数额先予支付；保险人最终确定赔偿或者给付保险金的数额后，应当支付相应的差额。

2.支付其他合理、必要费用的义务

（1）保险事故发生后，被保险人为防止或者减少保险标的的损失所支付的必要的、合理的费用，由保险人承担；保险人所承担的费用数额在保险标的损失赔偿金额以外另行计算，最高不超过保险金额的数额。

（2）保险人、被保险人为查明和确定保险事故的性质、原因和保险标的的损失程度所支付的必要的、合理的费用，由保险人承担。

（3）责任保险中被保险人因给第三者造成损害的保险事故而被提起仲裁或者诉讼的，被保险人支付的仲裁或者诉讼费用以及其他必要的、合理的费用，除合同另有约定外，由保险人承担。

（4）保险事故发生后，被保险人依法请求保险人承担为防止或者减少保险标的的损失所支付的必要、合理费用，保险人以被保险人采取的措施未产生实际效果为由抗辩的，人民法院不予支持。

（三）索赔和理赔

（1）索赔，是指被保险人在保险标的出险后，按照保险合同的有关规定，向保险人要求支付赔偿金的行为。

索赔权利人包括：①财产保险合同的索赔权利人是被保险人，且其在保险事故发生时对保险标的的应具有保险利益；②人身保险合同的索赔权利人是被保险人或受益人。

索赔的诉讼时效分为两种：①人寿保险的被保险人或者受益人向保险人请求给付保险金的诉讼时效期间为 5 年，自其知道或者应当知道保险事故发生之日起计算。②人寿保险以外的其他保险的被保险人或者受益人，向保险人请求赔偿或者给付保险金的诉讼时效期间为 2 年，自其知道或者应当知道保险事故发生之日起计算。商业责任险的被保险人请求赔偿保险金的诉讼时效期间，自被保险人对第三者应负的赔偿责任确定之日起计算。

（2）理赔，是指保险人依据规定的工作程序处理被保险人所提出的索赔要求的行为。

《保险法》第 23 条规定，保险人收到被保险人或者受益人的赔偿或者给付保险金的请求后，应当及时作出核定；情形复杂的，应当在 30 日内作出核定，但合同另有约定的除外。保险人应当将核定结果通知被保险人或者受益人；对属于保险责任的，在与被保险人或者受益人达成赔偿或者给付保险金的协议后 10 日内，履行赔偿或者给付保险金义务。保险合同对赔偿或者给付保险金的期限有约定的，保险人应当按照约定履行赔偿或者给付保险金义务。保险人未及时履行前款规定义务的，除支付保险金外，应当赔偿被保险人或者受益人因此受到的损失。

三、保险合同的变更

《保险法》第 20 条规定,投保人和保险人可以协商变更合同内容;变更保险合同的,应当由保险人在保险单或者其他保险凭证上批注或者附贴批单,或者由投保人和保险人订立变更的书面协议。

(1)在财产保险合同中,保险标的的转让或被继承的,保险标的的受让人或继承人承继被保险人的权利和义务。保险标的已交付受让人,但尚未依法办理所有权变更登记,承担保险标的的毁损灭失风险的受让人主张行使被保险人权利的,人民法院应予支持。

保险标的转让,被保险人或者受让人应当及时通知保险人,但货物运输保险合同和另有约定的合同除外。被保险人、受让人依法及时向保险人发出保险标的的转让通知后,保险人作出答复前,发生保险事故,被保险人或者受让人主张保险人按照保险合同承担赔偿保险金的责任的,人民法院应予支持。

(2)在人身保险合同中,被保险人或者投保人可以变更受益人并书面通知保险人。保险人收到变更受益人的书面通知后,应当在保险单或者其他保险凭证上批注或者附贴批单。投保人变更受益人时须经被保险人同意。

四、保险合同的解除

(一)投保人单方解除合同

除《保险法》另有规定或者保险合同另有约定外,保险合同成立后,投保人可以解除合同,保险人不得解除合同。在人身保险合同中,投保人解除合同的,保险人应当自收到解除通知之日起 30 日内,按照合同约定退还保险单的现金价值。在财产保险合同中,保险责任开始前,投保人要求解除合同的,应当按照合同约定向保险人支付手续费,保险人应当退还保险费;保险责任开始后,投保人要求解除合同的,保险人应当将已收取的保险费,按照合同约定扣除自保险责任开始之日起至合同解除之日止应收的部分后,退还投保人。

(二)保险人单方解除合同

(1)投保人故意或者因重大过失未履行如实告知义务,足以影响保险人决定是否同意承保或者提高保险费率的,保险人有权解除合同。但是,该解除权自保险人知道有解除事由之日起,超过 30 日不行使而消灭。自合同成立之日起超过 2 年的,保险人不得解除合同;发生保险事故的,保险人应当承担赔偿或者给付保险金的责任。

(2)投保人申报的被保险人年龄不真实,并且其真实年龄不符合合同约定的年龄限制的,保险人可以解除合同。

(3)骗保:①未发生保险事故,被保险人或者受益人谎称发生了保险事故,向保险人提出赔偿或者给付保险金请求的,保险人有权解除合同,并不退还保险费。②投保人、被保险人故意制造保险事故的,保险人有权解除合同,不承担赔偿或者给付保险金的责任。

(4)投保人、被保险人未按照合同约定履行其对保险标的的安全应尽责任的,保险人有权要求增加保险费或解除合同。

（5）在合同有效期内，保险标的的危险程度显著增加，被保险人未按合同约定及时通知保险人的，或者保险人要求增加保险费被拒绝的，保险人有权解除合同。

（6）人身保险合同效力中止后2年，保险合同双方当事人未达成协议恢复合同效力的，保险人有权解除合同。

（三）投保人、保险人均可解除财产保险合同的情形

保险标的发生部分损失的，自保险人赔偿之日起30日内，投保人可以解除合同；除合同另有约定外，保险人也可以解除合同，但应当提前15日通知投保人。合同解除的，保险人应将保险标的的未受损失部分的保险费，按照合同约定扣除自保险责任开始之日起至合同解除之日止应收的部分后，退还投保人。

要注意的是，货物运输保险合同和运输工具航程保险合同，其保险责任开始后，合同当事人均不得解除合同。

五、财产保险合同的特殊规定

（一）重复保险

重复保险，是指投保人对同一保险标的、同一保险利益、同一保险事故分别与两个以上保险人订立保险合同，且保险金额总和超过保险价值的保险。重复保险的投保人应当将重复保险的有关情况通知（书面、口头均可）各保险人。

除合同另有约定外，各保险人按照其保险金额与保险金额总和的比例承担赔偿保险金的责任。重复保险的投保人可以就保险金额总和超过保险价值的部分，请求各保险人按比例返还保险费。

不同投保人就同一保险标的的分别投保，保险事故发生后，被保险人在其保险利益范围内依据保险合同主张保险赔偿的，人民法院应予支持。

（二）物上代位权

物上代位权，是指保险标的因遭受保险事故而发生全损或推定全损，保险人在全额支付保险赔偿金之后，即拥有对该保险标的的物的所有权，即代位取得对受损保险标的的权利和义务。《保险法》第59条规定，保险事故发生后，保险人已支付了全部保险金额，并且保险金额等于保险价值的，受损保险标的的全部权利归于保险人；保险金额低于保险价值的，保险人按照保险金额与保险价值的比例取得受损保险标的的部分权利。

（三）代位求偿权

代位求偿权，是指因第三者对保险标的的损害而造成保险事故的，保险人自向被保险人赔偿保险金之日起，在赔偿金额范围内代位行使被保险人对第三者请求赔偿的权利。

因第三者对保险标的的损害而造成的保险事故发生后，保险人未赔偿保险金之前，被保险人放弃对第三者请求赔偿的权利的，保险人不承担赔偿保险金的责任。保险人向被保险人赔偿保险金后，被保险人未经保险人同意放弃对第三者请求赔偿权利的，放弃无效。被保险人因故意或者重大过失致使保险人不能行使代位求偿权利的，保险人可以扣减或者要求返还相应的保险金。

除被保险人的家庭成员或者其组成人员（例如保姆）故意对保险标的损害而造成保险事故外，保险人不得对被保险人的家庭成员或者其组成人员行使代位请求赔偿的权利。

六、人身保险合同的特殊条款

（一）不丧失价值条款

由于人身保险具有储蓄性质，投保人缴纳保险费达到一定年限后，保险单就具有相当的现金价值。如果投保人不愿意继续投保而要求退保时，保险单所具有的现金价值并不因此而丧失。

（1）投保人申报的被保险人年龄不真实，并且其真实年龄不符合合同约定的年龄限制的，保险人可以解除合同，并按照合同约定退还保险单的现金价值。

（2）即使投保人故意造成被保险人死亡、伤残或者疾病的，保险人虽不承担给付保险金的责任，但若投保人已交足 2 年以上保险费的，保险人就应当按照合同约定向其他权利人退还保险单的现金价值。

（3）因被保险人故意犯罪或者抗拒依法采取的刑事强制措施导致其伤残或者死亡的，保险人不承担给付保险金的责任；投保人已交足 2 年以上保险费的，保险人应当按照合同约定退还保险单的现金价值。

（二）自杀条款

以被保险人死亡为给付保险金条件的合同，自合同成立或者合同效力恢复之日起 2 年内，被保险人自杀的，保险人不承担给付保险金的责任，但被保险人自杀时为无民事行为能力人的除外。也就是说，如果保险合同届满 2 年后，被保险人自杀的，保险人应按合同约定给付保险金。

 思政园地

案例直击：保险纠纷案

关键词：保险　风险管理　数字化　价值投资

充分发掘保险的功能和价值

保险是用来规划人生财务的一种工具，是市场经济条件下风险管理的基本手段，是金融体系和社会保障体系的重要支柱。近年来，监管部门发布的多项监管政策及指导意见均强调保险行业及保险公司要充分利用现代科学技术改造、优化传统保险业务流程，鼓励并要求保险行业向数字化转型。

中国原银保监会发布的数据显示，2022 年，我国保险行业共取得原保险保费收入 46957 亿元，按可比口径同比增长 4.58%，原保险赔付支出为 15485 亿元，同比下降 0.79%。2019—2021 年，我国保险业的保单件数分别为 495.4 亿件、526.3 亿件和 489 亿件。

2022 年全年保险业保单件数达 554 亿件，同比增长 13.27%。

保险资金是资本市场最为重要的中长期资金来源之一，保险产品的长久期特性，使得保险更为倾向长期投资和价值投资。我国保险资金运用余额自 2012 年的 68543 亿元增长至 2022 年的 250509 亿元，其间年均复合增速为 13.76%。保险资金配置仍保持以固定收益类资产为主、多元化配置的结构。其中，债券 102530 亿元，占比 40.96%；股票和证券投资基金 31829 亿元，占比 12.71%；银行存款 28348 亿元，占比 11.32%。

思考与探究

1. 论述投保人的如实告知义务。
2. 论述保险人的说明义务。
3. 如何理解保险利益原则？
4. 如何理解财产保险制度中保险人的代位求偿权？
5. 论述人身保险中的特殊条款。

本章主要涉及的法律规定

1.《中华人民共和国保险法》（2015 年修正）

2.《最高人民法院关于适用〈中华人民共和国保险法〉若干问题的解释（一）》（2009 年）

3.《最高人民法院关于适用〈中华人民共和国保险法〉若干问题的解释（二）》（2020 年修正）

4.《最高人民法院关于适用〈中华人民共和国保险法〉若干问题的解释（三）》（2020 年修正）

5.《最高人民法院关于适用〈中华人民共和国保险法〉若干问题的解释（四）》（2020 年修正）

本章速览

第十章

税 法

第一节 税法概述

一、税收和税法的概念

（一）税收的概念与特征

　　税收是政府为了满足社会公共需要，凭借政治权力，按照法律的规定，强制、无偿地取得财政收入的一种形式。与其他财政收入形式相比，税收具有强制性、无偿性、固定性的特征。

（二）税法的概念与体系

　　税法即税收法律制度，是调整税收关系的法律规范的总称，是国家法律体系的重要组成部分。它是以宪法为依据，调整国家与社会成员在税收征纳上的权利与义务关系，维护社会经济秩序和税收秩序，保障国家利益和纳税人合法权益的法律规范，是国家税务机关及一切纳税单位和个人依法征税、依法纳税的行为规则。

　　税法由税收体制法、税收征纳实体法、税收征纳程序法等子部门法所组成。其中，税收征纳实体法主要包括商品税法、所得税法、财产税法和行为税法。商品税法主要包括增值税法、消费税法、关税法和烟叶税法等。所得税法主要包括企业所得税法和个人所得税法。财产税法主要包括资源税法、房产税法、土地增值税法、土地使用税法、耕地占用税法、契税法、车船税法等。行为税法主要包括印花税法、船舶吨税法、环境保护税法等。

（三）税法的调整对象

税法的调整对象是税收关系。税收关系是相关主体在税收活动中所发生的各种社会关系的总称。

二、税收法律关系

（一）税收法律关系的概念

税收法律关系是由税收法律规范确认和调整的，国家和纳税人之间发生的具有权利和义务内容的社会关系。

税收法律关系的一方主体始终是国家，税收法律关系主体双方具有单方面的权利与义务内容，税收法律关系的产生以纳税人发生了税法规定的行为或者事实为根据。

（二）税收法律关系的要素

（1）税收法律关系的主体，也称为税法主体，是指在税收法律关系中享有权利和承担义务的当事人，主要包括国家、征税机关、纳税人和扣缴义务人。

（2）税收法律关系的内容，是指税收法律关系主体所享有的权利和所承担的义务，主要包括纳税人的权利义务和征税机关的权利义务。

（3）税收法律关系的客体，是指税收法律关系主体的权利义务所指向的对象，主要包括货币、实物和行为。

三、税法的构成要素

税法的构成要素，是指构成税法所必需的基本要件，主要包括税法主体、征税对象、税基、税目、税率、税收减免、纳税地点、纳税时间和税法责任等。

第二节　商品税法

一、增值税

按照《中华人民共和国增值税暂行条例》（以下简称《增值税暂行条例》）的规定，增值税是在我国境内销售货物或者加工、修理修配劳务，销售服务、无形资产、不动产以及进口货物的单位和个人，就其销售货物、劳务、服务、无形资产、不动产的增值额和货物进口金额为计税依据而课征的一种流转税。

（一）增值税的税率

（1）一般税率。纳税人销售货物、劳务、有形动产租赁服务或者进口货物，除有特殊规定外，税率为13%。

（2）纳税人销售交通运输、邮政、基础电信、建筑、不动产租赁服务，销售不动产，转让土地使用权，销售或者进口下列货物，税率为9%：①粮食等农产品、食用植物油、食用盐；②自来水、暖气、冷气、热水、煤气、石油液化气、天然气、二甲醚、沼气、居民用煤炭制品；③图书、报纸、杂志、音像制品、电子出版物；④饲料、化肥、农药、农机、农膜；⑤国务院规定的其他货物。

（3）纳税人销售服务、无形资产，除另有规定外，税率为6%。

（4）纳税人出口货物，税率为零；但是，国务院另有规定的除外。

（5）境内单位和个人跨境销售国务院规定范围内的服务、无形资产，税率为零。

纳税人兼营不同税率的项目，应当分别核算不同税率项目的销售额；未分别核算销售额的，从高适用税率。

（二）应纳税额的计算

纳税人销售货物、劳务、服务、无形资产、不动产（以下统称应税销售行为），应纳税额为当期销项税额抵扣当期进项税额后的余额。应纳税额计算公式为：

应纳税额＝当期销项税额－当期进项税额

当期销项税额小于当期进项税额不足抵扣时，其不足部分可以结转下期继续抵扣。所谓销项税额，是指纳税人发生应税销售行为，按照销售额和增值税税率计算收取的增值税额，其计算公式为：销项税额＝销售额×税率。所谓进项税额，是指纳税人购进货物、劳务、服务、无形资产、不动产支付或者负担的增值税额。

销售额为纳税人发生应税销售行为收取的全部价款和价外费用，但是不包括收取的销项税额。销售额以人民币计算，纳税人以人民币以外的货币结算销售额的，应当折合成人民币计算。纳税人发生应税销售行为的价格明显偏低并无正当理由的，由主管税务机关核定其销售额。

【例题10-1】 甲公司为增值税一般纳税人，2022年10月销售货物取得含增值税销售额113万元，当月可抵扣的增值税进项税额为3.9万元，上期留抵税额2.7万元。已知增值税税率为13%。计算甲公司当月应缴纳增值税税额的下列算式中，正确的是（　　）。

A. 113×13% － 3.9 － 2.7 ＝ 8.09（万元）

B. 113÷（1＋13%）×13% － 2.7 ＝ 10.3（万元）

C. 113÷（1＋13%）×13% － 3.9 － 2.7 ＝ 6.4（万元）

D. 113÷（1＋13%）×13% － 3.9 ＝ 9.1（万元）　　　　　（答案：C）

（三）小规模纳税人

小规模纳税人发生应税销售行为，实行按照销售额和征收率计算应纳税额的简易办法，并不得抵扣进项税额。小规模纳税人增值税征收率为3%，国务院另有规定的除外。应纳税额计算公式为：

应纳税额＝销售额×征收率

小规模纳税人的标准由国务院财政、税务主管部门规定。根据《关于统一增值税小规模纳税人标准的通知》的规定，增值税小规模纳税人标准为年应征增值税销售额500万元。

（四）免征增值税

（1）下列项目免征增值税：①农业生产者销售的自产农产品；②避孕药品和用具；③古旧图书；④直接用于科学研究、科学试验和教学的进口仪器、设备；⑤外国政府、国际组织无偿援助的进口物资和设备；⑥由残疾人组织直接进口供残疾人专用的物品；⑦销售自己使用过的物品。自己使用过的物品，是指其他个人自己使用过的物品。另外，在"营改增"试点税收优惠中亦有免征增值税的项目。

（2）纳税人兼营免税、减税项目的，应当分别核算免税、减税项目的销售额；未分别核算销售额的，不得免税、减税。

（五）起征点

纳税人销售额未达到国务院财政、税务主管部门规定的增值税起征点的，免征增值税；达到起征点的，依照《增值税暂行条例》规定全额计算缴纳增值税。

二、消费税

（一）纳税人

在中华人民共和国境内生产、委托加工和进口《消费税暂行条例》规定的消费品的单位和个人，以及国务院确定的销售该条例规定的消费品的其他单位和个人，为消费税的纳税人。

（二）税目

消费税的税目总共 15 类，包括烟（含卷烟、雪茄烟、烟丝、电子烟）、酒、高档化妆品、贵重首饰及珠宝玉石、鞭炮、焰火、成品油、摩托车、小汽车、高尔夫球及球具、高档手表、游艇、木制一次性筷子、实木地板、电池、涂料。

三、关税

关税是对进出国境或关境的货物、物品征收的一种税。国境是一个主权国家的领土范围。关境又称税境，是指一国海关法规可以全面实施的境域。在通常情况下，一国的关境与其国境的范围是一致的，关境即国境。但由于自由港、自由区和关税同盟的存在，关境与国境有时不完全一致。

（一）纳税人

进口货物的收货人、出口货物的发货人、进境物品的携带人或者收件人，是关税的纳税义务人。

（二）关税课税对象和税目

关税的课税对象是进出境的货物、物品。凡准许进出口的货物，除国家另有规定的以外，均应由海关征收进口关税或出口关税。对从境外采购进口的原产于中国境内的货物，也应按规定征收进口关税。关税的税目、税率都由《中华人民共和国进出口税则》规定。

四、烟叶税

烟叶税是向收购烟叶的单位征收的一种税。

（一）纳税人

在中华人民共和国境内，依照《中华人民共和国烟草专卖法》的规定，收购烟叶的单位为烟叶税的纳税人。

（二）征税范围

烟叶税的征税范围包括晾晒烟叶、烤烟叶。

（三）税率

烟叶税实行比例税率，税率为20%。

（四）计税依据

烟叶税的计税依据是纳税人收购烟叶实际支付的价款总额，包括纳税人支付给烟叶生产销售单位和个人的烟叶收购价款和价外补贴。价外补贴统一按烟叶收购价款的10%计算。

五、城市维护建设税、教育费附加和地方教育附加

（一）城市维护建设税

城市维护建设税是以纳税人实际缴纳的增值税、消费税税额为计税依据所征收的一种税，主要目的是筹集城镇设施建设和维护资金。

1.纳税人和扣缴义务人

城市维护建设税的纳税人，是指在中华人民共和国境内缴纳增值税、消费税的单位和个人，包括各类企业（含外商投资企业、外国企业）、行政单位、事业单位、军事单位、社会团体及其他单位，以及个体工商户和其他个人（含外籍个人）。

城市维护建设税扣缴义务人为负有增值税、消费税扣缴义务的单位和个人，在扣缴增值税、消费税的同时扣缴城市维护建设税。

2.税率

城市维护建设税根据纳税人所在地的不同，设置以下三档地区差别比例税率：（1）纳税人所在地为市区的，税率为7%；（2）纳税人所在地为县城、镇的，税率为5%；（3）纳税人所在地不在市区、县城或者镇的，税率为1%。

3.计税依据

城市维护建设税的计税依据为纳税人实际缴纳的增值税、消费税税额。在计算计税依据时，应当按照规定扣除期末留抵退税退还的增值税税额。

4.应纳税额的计算

应纳税额 ＝ 实际缴纳的增值税、消费税税额 × 适用税率

（二）教育费附加和地方教育附加

教育费附加和地方教育附加对缴纳增值税、消费税的单位和个人征收，以其实际缴纳

的增值税、消费税税款为计征依据，分别与增值税、消费税同时缴纳。对海关进口的产品征收的增值税、消费税，不征收教育费附加。

教育费附加、地方教育附加计征依据与城市维护建设税计税依据一致。教育费附加征收比率为3%，地方教育附加征收比率为2%。

第三节　所得税法

一、企业所得税

（一）企业所得税纳税人

企业所得税纳税人，是指在中华人民共和国境内的企业和其他取得收入的组织。企业所得税采取收入来源地管辖权和居民管辖权相结合的双重管辖权，把企业分为居民企业和非居民企业，分别确定不同的纳税义务。

1.居民企业

居民企业，是指依法在中国境内成立，或者依照外国（地区）法律成立但实际管理机构在中国境内的企业。实际管理机构是指对企业的生产经营、人员、账务、财产等实施实质性全面管理和控制的机构。

2.非居民企业

非居民企业，是指依外国（地区）法律成立且实际管理机构不在中国境内，但在中国境内设立机构、场所的，或者在中国境内未设立机构、场所，但有来源于中国境内所得的企业。

非居民企业委托营业代理人在中国境内从事生产经营活动的，包括委托单位或者个人经常代其签订合同，或者储存、交付货物等，该营业代理人视为非居民企业在中国境内设立的机构、场所。

（二）征税对象

企业所得税的征税对象是指企业的生产经营所得、其他所得和清算所得。

1.居民企业的征税对象

居民企业应将来源于中国境内、境外的所得作为征税对象。所得包括销售货物所得，提供劳务所得，转让财产所得，股息、红利等权益性投资所得，利息所得，租金所得，特许权使用费所得，接受捐赠所得和其他所得。

2.非居民企业的征税对象

非居民企业在中国境内设立机构、场所的，应当就其所设机构、场所取得的来源于中国境内的所得，以及发生在中国境外但与其所设机构、场所有实际联系的所得，缴纳企业所得税。非居民企业在中国境内未设立机构、场所的，或者虽设立机构、场所但取得的所得与其所设机构、场所没有实际联系的，应当就其来源于中国境内的所得缴纳企业所得税。

上述所称实际联系，是指非居民企业在中国境内设立的机构、场所拥有的据以取得所得的股权、债权，以及拥有、管理、控制据以取得所得的财产。

（三）企业所得税税率

企业所得税实行比例税率。

居民企业以及在中国境内设立机构、场所且取得的所得与其所设机构、场所有实际联系的非居民企业，应当就其来源于中国境内、境外的所得缴纳企业所得税，适用税率为25%。

非居民企业在中国境内未设立机构、场所的，或者虽设立机构、场所但取得的所得与其所设机构、场所没有实际联系的，应当就其来源于中国境内的所得缴纳企业所得税，适用税率为20%，但实际征税时适用10%的税率。

⑦【例题10-2】近年来，我国新能源电动车产业高速发展，关于新能源电动车税收的说法，正确的是哪一个？（   ）

A.张某购买一辆特斯拉Model 3新能源电动车，须缴纳车船税

B.张某购买一辆特斯拉Model 3新能源电动车，须缴纳消费税

C.汉川交通运输有限公司获赠新能源电动客车一辆，须缴纳企业所得税

D.汉川交通运输有限公司进口100辆新能源电动车，无须缴纳增值税

（答案：C）

二、个人所得税

（一）纳税人

个人所得税是对个人（即自然人）取得的各项应税所得征收的一种所得税。个人所得税纳税人，包括中国公民（含香港、澳门、台湾同胞）、个体工商户、个人独资企业投资者和合伙企业自然人合伙人、在中国有所得的外籍公民等。个人独资企业和合伙企业不缴纳企业所得税，只对投资者个人或个人合伙人取得的生产经营所得征收个人所得税。纳税人依据住所和居住时间两个标准，分为居民个人和非居民个人。

1.居民个人

（1）在中国境内有住所（是指因户籍、家庭、经济利益关系而在中国境内习惯性居住），或者无住所而一个纳税年度内（公历1月1日至12月31日）在中国境内居住累计满183天的个人，为居民个人。

（2）无住所个人一个纳税年度内在中国境内累计居住天数，按照个人在中国境内累计停留的天数计算。在中国境内停留的当天满24小时的，计入中国境内居住天数；在中国境内停留的当天不足24小时的，不计入中国境内居住天数。

（3）居民个人负有无限纳税义务，其所取得的应纳税所得，无论是来源于中国境内还是中国境外任何地方，都要在中国缴纳个人所得税。

2.非居民个人

在中国境内无住所又不居住，或者无住所而一个纳税年度内在中国境内居住累计不

满 183 天的个人为非居民个人。非居民个人从中国境内取得的所得，依照规定缴纳个人所得税。

（二）个人所得税应税所得项目

按应纳税所得的来源划分，现行个人所得税共分为 9 个应税项目。

（1）工资、薪金所得。是指个人因任职或者受雇而取得的所得，包括工资、薪金、奖金、年终加薪、劳动分红、津贴、补贴以及与任职或受雇有关的其他所得。

（2）劳务报酬所得。是指个人独立从事各种非雇佣的劳务所取得的所得。包括设计、装潢、安装、制图、化验、测试、医疗、法律、会计、咨询、讲学、翻译、审稿、书画、雕刻、影视、录音、录像、演出、表演、广告、展览、技术服务、介绍服务、经纪服务、代办服务以及其他劳务取得的所得。

（3）稿酬所得。是指个人因其作品以图书、报刊形式出版、发表而取得的所得。

（4）特许权使用费所得。是指个人提供专利权、商标权、著作权、非专利技术以及其他特许权的使用权取得的所得。

（5）经营所得。

（6）利息、股息、红利所得。是指个人拥有债权、股权而取得的利息、股息、红利所得。

（7）财产租赁所得。是指个人出租不动产、机器设备、车船以及其他财产取得的所得。

（8）财产转让所得。是指个人转让有价证券、股权、合伙企业中的财产份额、不动产、机器设备、车船以及其他财产取得的所得。

（9）偶然所得。是指个人得奖、中奖、中彩以及其他偶然性质的所得。

居民个人取得第（1）项至第（4）项所得（综合所得），按纳税年度合并计算个人所得税；非居民个人取得第（1）项至第（4）项所得，按月或者按次分项计算个人所得税。纳税人取得上述第（5）项至第（9）项所得，按照法律规定分别计算个人所得税（分类所得）。

【例题 10-3】 甲因为发明了一个净水装置解决缺水地区饮水问题，广受好评，获得诸多奖励：（1）某国际组织奖励 5 万美元；（2）甲住所地县政府奖励一套商品房，价值 200 万元；（3）乙公司（利润总额为 50 万元）奖励 10 万元。对此，下列说法正确的是哪一个？（　　）

A. 国际组织奖励的 5 万美元，免征个税

B. 住所地县政府奖励的一套商品房，免征个税

C. 乙公司奖励的 10 万元，免征个税

D. 乙公司所奖励的 10 万元可全额抵扣缴纳企业所得税　　　　（答案：A）

（三）个人所得税税率

1.综合所得适用税率

综合所得适用七级超额累进税率，税率为 3% ～ 45%。（见表 10-1）

表 10-1　个人综合所得七级超额累进税率

级数	全年应纳税所得额	税率（%）	速算扣除数
1	不超过 36000 元的	3	0
2	超过 36000 元至 144000 元的部分	10	2520
3	超过 144000 元至 300000 元的部分	20	16920
4	超过 300000 元至 420000 元的部分	25	31920
5	超过 420000 元至 660000 元的部分	30	52920
6	超过 660000 元至 960000 元的部分	35	85920
7	超过 960000 元的部分	45	181920

注：①本表所称全年应纳税所得额是指依照《中华人民共和国个人所得税法》第 6 条的规定，居民个人取得综合所得以每一纳税年度收入额减除费用 6 万元以及专项扣除、专项附加扣除和依法确定的其他扣除后的余额。
②非居民个人取得工资、薪金所得，劳务报酬所得，稿酬所得和特许权使用费所得，依照本表按月换算后计算应纳税额。

2.经营所得适用税率

经营所得适用五级超额累进税率，税率为 5% ～ 35%（见表 10-2）。

表 10-2　个人经营所得五级超额累进税率

级数	全年应纳税所得额	税率（%）	速算扣除数
1	不超过 30000 元的	5	0
2	超过 30000 元至 90000 元的部分	10	1500
3	超过 90000 元至 300000 元的部分	20	10500
4	超过 300000 元至 500000 元的部分	30	40500
5	超过 500000 元的部分	35	65500

注：本表所称全年应纳税所得额是指依照《中华人民共和国个人所得税法》第 6 条的规定，以每一纳税年度的收入总额减除成本、费用以及损失后的余额。

3.其他所得适用税率

利息、股息、红利所得，财产租赁所得，财产转让所得和偶然所得适用比例税率，税率为 20%。

第四节　财产税法

一、城镇土地使用税

城镇土地使用税是国家在城市、县城、建制镇和工矿区范围内，对使用土地的单位和个人，以其实际占用的土地面积为计税依据，按照规定的税额计算征收的一种税。

（一）纳税人

纳税人的具体规定如下。

（1）拥有土地使用权的单位和个人。

（2）拥有土地使用权的单位和个人不在土地所在地的，其土地的实际使用人和代管人为纳税义务人。

（3）土地使用权未确定或权属纠纷未解决的，其实际使用人为纳税义务人。

（4）土地使用权共有的，共有各方都是纳税义务人，由共有各方分别纳税（按实际使用面积）。

（5）在城镇土地使用税征税范围内，承租集体所有建设用地的，由直接从集体经济组织承租土地的单位和个人，缴纳城镇土地使用税。

（二）征税范围

城镇土地使用税的征税范围，包括在城市、县城、建制镇和工矿区内的国家所有和集体所有的土地。建立在城市、县城、建制镇和工矿区以外的企业不需要缴纳城镇土地使用税。

二、土地增值税

土地增值税是对转让国有土地使用权、地上建筑物及其附着物并取得收入的单位和个人，就其转让房地产所取得的增值额征收的一种税。

（一）纳税人

土地增值税的纳税义务人为转让国有土地使用权、地上建筑及其附着物并取得收入的单位和个人。单位包括各类企业、事业单位、国家机关和社会团体及其他组织；个人包括个体经营者和其他个人。

（二）征税范围

1.征税范围的一般规定

（1）转让国有土地使用权课税，转让非国有土地和出让国有土地不征税。

（2）对转让土地使用权课税，也对转让地上建筑物和其他附着物的产权征税。

（3）房地产继承、赠与不征土地增值税。赠与是指将房屋产权、土地使用权赠与直系亲属或承担直接赡养义务人以及公益性赠与的行为。

2.征税范围的特殊规定

（1）房地产开发企业将开发的部分房地产转为企业自用或用于出租等商业用途时，如果产权未发生转移，不征收土地增值税。

（2）房地产交换征收土地增值税，但个人之间互换自住房可以免征。

（3）合作建房。对于一方出地，一方出资金，双方合作建房，建成后按比例分房自用的，暂免征收土地增值税；建成后转让的，应征收土地增值税。

（4）房地产的继承不征土地增值税。

（5）房地产的出租不征土地增值税。

（6）房地产的抵押。抵押期不征土地增值税；抵押期满，对于以房地产抵债而发生房地产权属转让的，应征收土地增值税。

（7）房地产的代建收入，不征土地增值税。

（8）房地产的重新评估增值，不征土地增值税。

三、房产税

房产税是以房屋为征税对象，按照房屋的计税价值或租金收入，向产权所有人征收的一种财产税。

（一）纳税人

房产税的纳税人，是指在我国城市、县城、建制镇和工矿区内拥有房屋产权的单位和个人。具体包括产权所有人、承典人、房产代管人或者使用人。

（1）产权属国家所有的，由经营管理单位纳税；产权属集体和个人所有的，由集体单位和个人纳税。

（2）产权出典的，由承典人纳税。

（3）产权所有人、承典人不在房屋所在地的，或者产权未确定及租典纠纷未解决的，由房产代管人或者使用人纳税。

（4）无租使用其他房产的，由房产使用人纳税。

（二）征税范围

房产税的征税对象是房屋。房屋是指有屋面和围护结构（有墙或两边有柱），能够遮风避雨，可提供人们在其中生产、学习、工作、娱乐、居住或储藏物资的场所。房地产开发企业建造的商品房，在出售前不征收房产税；但对出售前已使用或出租、出借的商品房应按规定征收房产税。

房产税的征税范围为城市、县城、建制镇和工矿区。具体规定如下：（1）城市是指国务院批准设立的市；（2）县城是指县人民政府所在地的地区；（3）建制镇是指经省、自治区、直辖市人民政府批准设立的建制镇；（4）工矿区是指工商业比较发达、人口比较集中、符合国务院规定的建制镇标准，但尚未设立建制镇的大中型工矿企业所在地。开征房产税的工矿区须经省、自治区、直辖市人民政府批准。

四、耕地占用税

耕地占用税是对占用耕地建房或从事其他非农业建设的单位和个人，就其实际占用的耕地面积征收的一种税，它属于对特定土地资源占用课税。

（一）纳税人

耕地占用税的纳税人，是指在中华人民共和国境内占用耕地建设建筑物、构筑物或者从事非农业建设的单位和个人。经批准占用耕地的，纳税人为农用地转用审批文件中标明的建设用地人；农用地转用审批文件中未标明建设用地人的，纳税人为用地申请人，其中用地申请人为各级人民政府的，由同级土地储备中心、自然资源主管部门或政府委托的其他部门、单位履行耕地占用税申报纳税义务。未经批准占用耕地的，纳税人为实际用地人。

（二）征税范围

耕地占用税的征税范围包括纳税人占用耕地建设建筑物、构筑物或者从事非农业建设的国家所有和集体所有的耕地。

耕地，是指用于种植农作物的土地。占用园地、林地、草地、农田水利用地、养殖水面、渔业水域滩涂以及其他农用地建设建筑物、构筑物或者从事非农业建设的，按规定缴纳耕地占用税。占用上述农用地建设直接为农业生产服务的生产设施的，不缴纳耕地占用税。

五、契税

契税是指国家在土地、房屋权属转移时，按照当事人双方签订的合同（契约）以及所确定价格的一定比例，向权属承受人征收的一种税。

（一）纳税人和征税对象

（1）纳税人是在我国境内承受土地、房屋权属转移的单位和个人。

（2）征税对象是我国境内转移土地、房屋权属的行为。土地、房屋权属未发生转移的，不征收契税。

（二）征税范围

契税的征税范围包括：（1）土地使用权出让；（2）土地使用权转让；（3）房屋买卖；（4）房屋赠与；（5）房屋互换；（6）其他应征税情形。其他应征税情形包括：①以土地、房屋权属作价投资（入股）、偿还债务、划转、奖励等方式转移土地、房屋权属的；②土地使用权受让人通过完成土地使用权转让方约定的投资额度或投资特定项目，以此获取低价转让或无偿赠与的土地使用权的；③公司增资扩股中，对以土地、房屋权属作价入股或作为出资投入企业的；④企业破产清算期间，对非债权人承受破产企业土地、房屋权属的。

此外，下列情形发生土地、房屋权属转移的，承受方应当依法缴纳契税：①因共有不动产份额变化的；②因共有人增加或者减少的；③因人民法院、仲裁委员会的生效法律文书或者监察机关出具的监察文书等，发生土地、房屋权属转移的。

六、车船税

（一）纳税人

车船税的纳税人为车辆、船舶（以下简称车船）的所有人或者管理人。

（二）征税范围

车船税的征税范围是指在中华人民共和国境内属于车船税法所规定的车辆、船舶。车辆、船舶具体包括：（1）依法应当在车船登记管理部门登记的机动车辆和船舶；（2）依法不需要在车船管理部门登记、在单位内部场所行驶或者作业的机动车辆和船舶。

（三）免征车船税

下列车船免征车船税：（1）捕捞、养殖渔船；（2）军队、武装警察部队专用的车船；（3）警用车船；（4）悬挂应急救援专用号牌的国家综合性消防救援车辆和国家综合性消防救援船舶；（5）依照法律规定应当予以免税的外国驻华使领馆、国际组织驻华代表机构及其有关人员的车船。

【例题10-4】根据车船税法律制度的规定，商用客车车船税的计税依据为（ ）。

A.核定载客人数 B.购置价格 C.辆数 D.整备质量吨位数 （答案：C）

七、资源税

（一）纳税人

资源税的纳税人是指在中华人民共和国领域及管辖的其他海域开发应税资源的单位和个人。

（二）税目

资源税税目包括5大类，在5个税目下面又设有若干子目。

（1）能源矿产，包括原油，天然气、页岩气、天然气水合物，煤，煤成（层）气，铀、钍，油页岩、油砂、天然沥青、石煤，地热。

（2）金属矿产，包括黑色金属和有色金属。

（3）非金属矿产，包括矿物类、岩石类、宝玉石类。

（4）水气矿产，包括二氧化碳气、硫化氢气、氦气、氡气、矿泉水。

（5）盐，包括钠盐、钾盐、镁盐、锂盐、天然卤水、海盐。

【例题10-5】根据资源税法律制度的规定，下列业务中，应缴纳资源税的是（ ）。

A.煤炭开采企业因安全生产需要抽采煤成（层）气

B.贸易公司进口水晶

C.炼油企业生产汽油

D.石化公司开采销售天然气 （答案：D）

八、车辆购置税

车辆购置税是对在中国境内购置应税车辆的单位和个人征收的一种税。

（一）纳税人

车辆购置税的纳税人是指在中华人民共和国境内购置汽车、有轨电车、汽车挂车、排气量超过150毫升的摩托车（以下统称应税车辆）的单位和个人。其中，购置是指以购买、进口、自产、受赠、获奖或者其他方式取得并自用应税车辆的行为。

（二）征税范围

车辆购置税的征税范围包括汽车、有轨电车、汽车挂车、排气量超过150毫升的摩托车。

（三）税率

车辆购置税采用比例税率，税率为10%。

第五节　行为税法

一、印花税

（一）纳税人

在中华人民共和国境内书立应税凭证、进行证券交易的单位和个人，为印花税的纳税人，应当缴纳印花税。在中华人民共和国境外书立在境内使用的应税凭证的单位和个人，应当缴纳印花税。因纳税人主要是通过在应税凭证上粘贴印花税票来完成纳税义务，故名印花税。

（二）征税范围

印花税的征税范围包括：合同类（含合同性质的凭证），产权转移书据，营业账簿，证券交易。其中，应税合同包括买卖合同、借款合同、融资租赁合同、租赁合同、承揽合同、建设工程合同、运输合同、技术合同、仓储合同、保管合同、财产保险合同共11类合同。

二、船舶吨税

船舶吨税是对自中国境外港口进入境内港口的船舶征收的一种税。

（一）纳税人

对自我国境外港口进入中国境内港口的船舶征收船舶吨税，以应税船舶的负责人为纳税人。

（二）吨税设置优惠税率和普通税率

船舶吨税以船舶净吨位大小分等级设置为4个税目。税率采用定额税率，分为30日、90日和1年三种不同的税率。我国国籍的应税船舶，船籍国（地区）与中华人民共和国签订含有相互给予船舶税费最惠国待遇条款的条约或者协定的应税船舶，适用优惠税率。其他应税船舶，适用普通税率。

三、环境保护税

环境保护税是对在我国领域以及管辖的其他海域直接向环境排放应税污染物的企业事业单位和其他生产经营者征收的一种税，其立法目的是保护和改善环境，减少污染物排放，推进生态文明建设。

（一）纳税人

在中华人民共和国领域和中华人民共和国管辖的其他海域，直接向环境排放应税污染物的企业事业单位和其他生产经营者。

（二）征税范围

环境保护税的征税范围是《中华人民共和国环境保护法》所附"环境保护税税目税额表""应税污染物和当量值表"规定的大气污染物、水污染物、固体废物和噪声等应税污染物。

 思政园地

关键词：小微企业　个体工商户　税费优惠

支持小微企业和个体工商户发展税费优惠政策指引（1.0）（部分）

（1）自2023年1月1日至2027年12月31日，对月销售额10万元以下（含本数）的增值税小规模纳税人免征增值税。

（2）自2023年1月1日至2027年12月31日，增值税小规模纳税人适用3%征收率的应税销售收入，减按1%征收率征收增值税；适用3%预征率的预缴增值税项目，减按1%预征率预缴增值税。

（3）自2023年1月1日至2027年12月31日，对增值税小规模纳税人、小型微利企业和个体工商户减半征收资源税（不含水资源税）、城市维护建设税、房产税、城镇土地使用税、印花税（不含证券交易印花税）、耕地占用税和教育费附加、地方教育附加。增值税小规模纳税人、小型微利企业和个体工商户已依法享受资源税、城市维护建设税、房产税、城镇土地使用税、印花税、耕地占用税、教育费附加、地方教育附加等其他优惠政策的，可叠加享受此项优惠政策。

（4）对小型微利企业减按25%计算应纳税所得额，按20%的税率缴纳企业所得税政策，延续执行至2027年12月31日。

（5）自2023年1月1日至2027年12月31日，对个体工商户年应纳税所得额不超过200万元的部分，减半征收个人所得税。个体工商户在享受现行其他个人所得税优惠政策的基础上，可叠加享受本条优惠政策。

（6）2027年12月31日前，对金融机构向小型企业、微型企业和个体工商户发放小额贷款取得的利息收入，免征增值税。

思考与探究

1.税收有哪些特点？税法的构成要素有哪些？

2.简述免征增值税的情形。

3.简述个人所得税构成综合所得的应税项目。

本章主要涉及的法律规定

1.《中华人民共和国增值税暂行条例》（2017年修订）

2.《中华人民共和国消费税暂行条例》（2008年修订）

3.《中华人民共和国车船税法》（2019年修正）

4.《中华人民共和国企业所得税法》（2018年修正）

5.《中华人民共和国个人所得税法》（2018年修正）

6.《中华人民共和国城市维护建设税法》（2020年）

7.《征收教育费附加的暂行规定》（2011年修订）

8.《中华人民共和国土地增值税暂行条例》（2011年修订）

9.《中华人民共和国契税法》（2020年）

10.《中华人民共和国房产税暂行条例》（2011年修订）

11.《中华人民共和国印花税法》（2021年）

12.《中华人民共和国城镇土地使用税暂行条例》（2011年修订）

13.《中华人民共和国资源税法》（2019年）

14.《中华人民共和国关税法》（2024年）

15.《中华人民共和国船舶吨税法》（2018年修正）

16.《中华人民共和国烟叶税法》（2017年）

17.《中华人民共和国环境保护税法》（2018年修正）

18.《中华人民共和国车辆购置税法》（2018年）

19.《中华人民共和国耕地占用税法》（2018年）

本章速览

第十一章

知识产权法

学习要点

理解专利权、商标权和著作权的概念；掌握著作权人的权利包括的内容以及权利的保护期；掌握著作权许可使用合同的内容。理解注册商标包括的内容和商标注册的申请；掌握注册商标的续展、变更、转让和使用许可；掌握注册商标专用权的保护。掌握授予专利权的条件与专利的申请；掌握专利权的期限、终止和无效以及专利权的保护。

思政目标

培养学生的知识产权保护意识和创新精神，厚植家国情怀和民族社会责任感；增强学生的文化自信和制度自信；引导学生弘扬爱国主义精神，增强民族荣誉感、自豪感。

第一节 著作权

著作权，是指作者基于文学、艺术和科学作品依法产生的权利，我国著作权法所称的著作权即版权。

一、著作权的客体

著作权的客体是指著作权法保护的对象，即作品。我国著作权法所称的作品，是指文学、艺术和科学领域内具有独创性并能以一定形式表现的智力成果，包括：（1）文字作品；（2）口述作品；（3）音乐、戏剧、曲艺、舞蹈、杂技艺术作品；（4）美术、建筑作品；（5）摄影作品；（6）视听作品；（7）工程设计图、产品设计图、地图、示意图等图形作品和模型作品；（8）计算机软件；（9）符合作品特征的其他智力成果。

著作权法不予保护的对象包括：（1）法律、法规，国家机关的决议、决定、命令和其他具有立法、行政、司法性质的文件，及其官方正式译文；（2）单纯事实消息；（3）历法、通用数表、通用表格和公式。

二、著作权的主体

（一）一般意义上的著作权主体

1.作者

创作作品的自然人是作者。单位在特定情形下通过其特定机构或自然人行使或表达其自由意志，也可被拟制为作者。如无相反证明，在作品上署名的公民、法人或者非法人组织为作者。

2.继受人

继受人，是指因发生继承、赠与、遗赠或受让等法律事实而取得著作财产权的人，包括继承人、受赠人、受遗赠人、受让人、作品原件的合法持有人和国家。

3.外国人和无国籍人

外国人和无国籍人的作品，只要符合下列条件之一，即受我国著作权法保护。

（1）外国人、无国籍人的作品根据其作者所属国或者经常居住地国同中国签订的协议或者共同参加的国际条约享有著作权的。

（2）外国人、无国籍人的作品首先在中国境内出版的。在中国境外首先出版后，30日内在中国境内出版的，视为该作品同时在中国境内出版。

（3）未与中国签订协议或者共同参加国际条约的国家的作者以及无国籍人的作品首次在中国参加的国际条约的成员国出版的，或者在成员国和非成员国同时出版的。

（二）演绎作品的著作权人

演绎作品，是指改编、翻译、注释、整理已有作品而产生的作品。演绎作品的著作权由演绎者享有，但行使著作权时不得侵犯原作品的著作权。

（三）合作作品的著作权人

合作作品，是指两人以上合作创作的作品，其著作权由合作作者共同享有。没有参加创作的人，不能成为合作作者。

如果合作作品不可以分割使用，如共同创作的小说、绘画等，其著作权由合作作者通过协商一致行使；不能协商一致，又无正当理由的，任何一方不得阻止他方行使除转让、许可他人专有使用、出质以外的其他权利，但是所得收益应当合理分配给所有合作作者。

合作作品可以分割使用的，作者对各自创作的部分可以单独享有著作权，但行使著作权时不得侵犯合作作品整体的著作权。

（四）汇编作品的著作权人

汇编若干作品、作品的片段或者不构成作品的数据或者其他材料，对其内容的选择或者编排体现独创性的作品，为汇编作品，其著作权由汇编人享有，但行使著作权时，不得侵犯原作品的著作权。

（五）视听作品的著作权人

视听作品，是指电影作品和以类似摄制电影的方法创作的作品。视听作品中的电影作品、电视剧作品的著作权由制作者享有，但编剧、导演、摄影、作词、作曲等作者享有署名权，并有权按照与制作者签订的合同获得报酬。

电影作品、电视剧作品以外的视听作品，如微信和抖音中具备作品条件的短视频等，著作权归属由当事人约定；没有约定或者约定不明确的，由制作者享有，但作者享有署名权和获得报酬的权利。

视听作品中的剧本、音乐等可以单独使用的作品的作者有权单独行使其著作权。

（六）职务作品的著作权人

职务作品，是指自然人为完成法人或者非法人组织工作任务所创造的作品。职务作品可分为三类。

（1）单位作品。由单位主持，代表单位意志创作并由单位承担责任的作品，单位被视为作者，行使完整的著作权。

（2）一般职务作品。除单位作品外，自然人为完成单位工作任务而又未主要利用单位物质技术条件创作的作品，称为一般职务作品。其著作权由作者享有，但法人或者非法人组织有权在其业务范围内优先使用。作品完成两年内，未经单位同意，作者不得许可第三人以与单位使用的相同方式使用该作品。

（3）特殊职务作品。有下列情形之一的职务作品，称为特殊职务作品，作者享有署名权，著作权的其他权利由法人或者非法人组织享有，法人或者非法人组织可以给予作者奖励：①主要是利用法人或者非法人组织的物质技术条件创作，并由法人或者非法人组织承担责任的工程设计图、产品设计图、地图、示意图、计算机软件等职务作品；②报社、期刊社、通讯社、广播电台、电视台的工作人员创作的职务作品；③法律、行政法规规定或者合同约定著作权由法人或者非法人组织享有的职务作品。

（七）委托作品的著作权人

委托作品，是指作者接受他人委托而创作的作品。其著作权的归属由委托人和受托人通过合同约定。合同未作明确约定或者没有订立合同的，著作权属于受托人。

（八）原件所有权转移的作品的著作权归属

作品原件所有权的转移，不改变作品著作权的归属，但美术、摄影作品原件的展览权由原件所有人享有。作者将未发表的美术、摄影作品的原件所有权转让给他人，受让人展览该原件不构成对作者发表权的侵犯。

（九）作者身份不明的作品的著作权归属

作者身份不明的作品，由作品原件的所有人行使除署名权以外的著作权。作者身份确定后，由作者或者其继承人行使著作权。

三、著作权的内容

著作权包括人身权和财产权。

（一）著作人身权

著作人身权是指著作权人基于作品的创作依法享有的以人格利益为内容的权利。它是作者的专属权利，与作者的人身不可分离，一般不能被继承、转让，也不能被非法剥夺或成为强制执行中的执行标的。著作人身权包括以下四项。

（1）发表权，即决定作品是否公之于众的权利。

（2）署名权，即表明作者身份，在作品上署名的权利。

（3）修改权，即修改或者授权他人修改作品的权利。

（4）保护作品完整权，即保护作品不受歪曲、篡改的权利。

（二）著作财产权

著作财产权是指著作权人依法享有的控制作品的使用并获得财产利益的权利，具体包括以下内容。

（1）复制权，即以印刷、复印、拓印、录音、录像、翻录、翻拍、数字化等方式将作品制作一份或者多份的权利。

（2）发行权，即以出售或者赠与方式向公众提供作品的原件或者复制件的权利。

（3）出租权，即有偿许可他人临时使用视听作品、计算机软件的原件或者复制件的权利，计算机软件不是出租的主要标的的除外。

（4）展览权，即公开陈列美术作品、摄影作品的原件或者复制件的权利。

（5）表演权，即公开表演作品，以及用各种手段公开播送作品的表演的权利。

（6）放映权，即通过放映机、幻灯机等技术设备公开再现美术、摄影、视听作品等的权利。

（7）广播权，即以有线或者无线方式公开传播或者转播作品，以及通过扩音器或者其他传送符号、声音、图像的类似工具向公众传播广播的作品的权利，但不包括信息网络传播权。

（8）信息网络传播权，即以有线或者无线方式向公众提供，使公众可以在其选定的时间和地点获得作品的权利。

（9）摄制权，即以摄制视听作品的方法将作品固定在载体上的权利。

（10）改编权，即改变作品，创作出具有独创性的新作品的权利。

（11）翻译权，即将作品从一种语言文字转换成另一种语言文字的权利。

（12）汇编权，即将作品或者作品的片段通过选择或者编排，汇集成新作品的权利。

（13）应当由著作权人享有的其他权利。

著作权人可以许可他人行使著作财产权，也可以全部或者部分转让著作财产权，并依照约定或者《中华人民共和国著作权法》（以下简称《著作权法》）的有关规定获得报酬。

四、著作权的限制

（一）合理使用

合理使用，是指根据法律、行政法规的明文规定，不必征得著作权人同意而无偿使用他人已发表作品的行为，包括以下情形。

（1）为个人学习、研究或者欣赏，使用他人已经发表的作品。

（2）为介绍、评论某一作品或者说明某一问题，在作品中适当引用他人已经发表的作品。

（3）为报道新闻，在报纸、期刊、广播电台、电视台等媒体中不可避免地再现或者引用已经发表的作品。

（4）报纸、期刊、广播电台、电视台等媒体刊登或者播放其他报纸、期刊、广播台、电视台等媒体已经发表的关于政治、经济、宗教问题的时事性文章，但著作权人声明不许刊登、播放的除外。

（5）报纸、期刊、广播电台、电视台等媒体刊登或者播放在公众集会上发表的讲话，但作者声明不许刊登、播放的除外。

（6）为学校课堂教学或者科学研究，翻译、改编、汇编、播放或者少量复制已经发表的作品，供教学或者科研人员使用，但不得出版发行。

（7）国家机关为执行公务在合理范围内使用已经发表的作品。

（8）图书馆、档案馆、纪念馆、博物馆、美术馆、文化馆等为陈列或者保存版本的需要，复制本馆收藏的作品。

（9）免费表演已经发表的作品，该表演未向公众收取费用，也未向表演者支付报酬，且不以营利为目的。

（10）对设置或者陈列在公共场所的艺术作品进行临摹、绘画、摄影、录像。

（11）将中国公民、法人或者非法人组织已经发表的以国家通用语言文字创作的作品翻译成少数民族语言文字作品在国内出版发行。

（12）以阅读障碍者能够感知的无障碍方式向其提供已经发表的作品。

（13）法律、行政法规规定的其他情形。

（二）法定许可使用

法定许可使用，是指依照法律的明文规定，不经著作权人同意有偿使用他人已经发表作品的行为，主要包括以下情形。

（1）为实施义务教育和国家教育规划而编写出版教科书，可以不经著作权人许可，在教科书中汇编已经发表的作品片段或者短小的文字作品、音乐作品或者单幅的美术作品、摄影作品、图形作品。

（2）为通过信息网络实施九年制义务教育或者国家教育规划，可以不经著作权人许可，使用其已经发表作品的片断或者短小的文字作品、音乐作品或者单幅的美术作品、摄影作品制作课件，由制作课件或者依法取得课件的远程教育机构通过信息网络向注册学生提供。

（3）作品被报社、期刊社刊登后，除著作权人声明不得转载、摘编的外，其他报刊可以转载或者作为文摘、资料刊登。

（4）录音制作者使用他人已经合法录制为录音制品的音乐制品制作录音制品，著作权人声明不许使用的除外。

（5）广播电台、电视台播放他人已经发表的作品。

（6）广播电台、电视台播放已经出版的录音制品。

（三）著作权的保护期限

（1）作者的署名权、修改权、保护作品完整权的保护期不受限制。

（2）自然人的作品，其发表权、著作财产权的保护期为作者终生及其死亡后50年，截止于作者死亡后第50年的12月31日；如果是合作作品，截止于最后死亡的作者死亡后第50年的12月31日。

（3）法人或者非法人组织的作品、著作权（署名权除外）由法人或者非法人组织享有的职务作品及视听作品，其发表权的保护期为50年，截止于作品创作完成后第50年的12

月 31 日；其财产权的保护期为 50 年，截止于作品首次发表后第 50 年的 12 月 31 日，但作品自创作完成后 50 年内未发表的，著作权法不再保护。

（4）作者身份不明的作品，其财产权的保护期截止于作品首次发表后第 50 年的 12 月 31 日。作者身份确定后，适用《著作权法》第 23 条的规定。

五、著作权许可使用和转让合同

（一）著作权许可使用合同

使用他人作品应当同著作权人订立许可使用合同，著作权法规定可以不经许可的除外。许可使用合同包括下列主要内容：（1）许可使用的权利种类；（2）许可使用的权利是专有使用权或者非专有使用权；（3）许可使用的地域范围、期间；（4）付酬标准和办法；（5）违约责任；（6）双方认为需要约定的其他内容。

（二）著作权转让合同

转让著作财产权，应当订立书面合同。权利转让合同包括下列主要内容：（1）作品的名称；（2）转让的权利种类、地域范围；（3）转让价金；（4）交付转让价金的日期和方式；（5）违约责任；（6）双方认为需要约定的其他内容。

在许可使用合同和转让合同中著作权人未明确许可、转让的权利，未经著作权人同意，另一方当事人不得行使。使用作品的付酬标准可以由当事人约定，也可以按照国家著作权主管部门会同有关部门制定的付酬标准支付报酬。以著作权中的财产权出质的，由出质人和质权人依法办理出质登记。

六、与著作权有关的权利

（一）图书、报刊的出版

（1）图书出版。图书出版者出版图书应当和著作权人订立出版合同，并支付报酬。著作权人应当按照合同约定期限交付作品。图书出版者应当按照合同约定的出版质量、期限出版图书。

图书出版者经作者许可，可以对作品修改、删节。

图书出版者重印、再版作品的，应当通知著作权人，并支付报酬。图书脱销后，图书出版者拒绝重印、再版的，著作权人有权终止合同。

图书出版者对著作权人交付出版的作品，按照合同约定享有的专有出版权受法律保护，他人不得出版该作品。

（2）报纸、期刊出版。著作权人向报社、期刊社投稿的，自稿件发出之日起 15 日内未收到报社通知决定刊登的，或者自稿件发出之日起 30 日内未收到期刊社通知决定刊登的，可以将同一作品向其他报社、期刊社投稿。双方另有约定的除外。

作品刊登后，除著作权人声明不得转载、摘编的外，其他报刊可以转载或者作为文摘、资料刊登，但应当按照规定向著作权人支付报酬。

报社、期刊社可以对作品作文字性修改、删节。对内容的修改，应当经作者许可。

（3）出版者的版式设计专有权。出版者有权许可或者禁止他人使用其出版的图书、期刊的版式设计。版式设计权利的保护期为 10 年，截止于使用该版式设计的图书、期刊首次出版后第 10 年的 12 月 31 日。

（二）表演

使用他人作品演出，表演者应当取得著作权人许可，并支付报酬。演出组织者组织演出，由该组织者取得著作权人许可，并支付报酬。

表演者对其表演享有下列权利：（1）表明表演者身份；（2）保护表演形象不受歪曲；（3）许可他人从现场直播和公开传送其现场表演，并获得报酬；（4）许可他人录音录像，并获得报酬；（5）许可他人复制、发行、出租录有其表演的录音录像制品，并获得报酬；（6）许可他人通过信息网络向公众传播其表演，并获得报酬。

被许可人以上述第（3）至第（6）项规定的方式使用作品的，还应当取得著作权人许可，并支付报酬。

【例题 11-1】 某单位为了举办 20 周年庆典，以 80 万元高薪聘请甲创编了一个舞蹈，专门在周年庆典上表演。K 舞团是享有盛名的舞蹈专业团体，受邀表演该舞蹈，邹女士是 K 舞团的首席舞者，在表演的过程中，观众喻某将邹女士的精彩舞蹈片段进行了录制，并在朋友圈发布。喻某侵犯了下列哪一种权利？（　　）

A. 甲的发表权　　　　　　B. K 舞团的著作权

C. K 舞团的表演者权　　　D. 邹女士的表演者权　　　　　　（答案：C）

（三）录音录像

录音录像制作者使用他人作品制作录音录像制品，应当取得著作权人许可，并支付报酬。

录音录像制作者使用他人已经合法录制为录音制品的音乐作品制作录音制品，可以不经著作权人许可，但应当按照规定支付报酬；著作权人声明不许使用的不得使用。

录音录像制作者对其制作的录音录像制品，享有许可他人复制、发行、出租、通过信息网络向公众传播并获得报酬的权利。

被许可人复制、发行、通过信息网络向公众传播录音录像制品，应当同时取得著作权人、表演者许可，并支付报酬。

（四）广播电台、电视台播放

广播电台、电视台播放他人未发表的作品，应当取得著作权人许可，并支付报酬。广播电台、电视台播放他人已发表的作品，可以不经著作权人许可，但应当按照规定支付报酬。电视台播放他人的视听作品、录像作品，应当取得视听作品著作权人或者录像制作者许可，并支付报酬。

广播电台、电视台有权禁止未经其许可的下列行为：（1）将其播放的广播、电视以有线或者无线方式转播；（2）将其播放的广播、电视录制以及复制；（3）将其播放的广播、电视通过信息网络向公众传播。

？【例题11-2】柏先生创作了琴谱《银河遐想》，远音唱片公司用数字钢琴将琴谱录制为数字专辑，并上传至云端。下列哪些行为需要征求柏先生同意并支付报酬，同时不需要经过远音唱片公司同意但要向其支付报酬？（　　　）

A.餐厅作为背景音乐播放

B.网络平台用于用户点播

C.作为电影的片尾插曲

D.网络电台将其作为节目表中的曲目在特定时段播放

（答案：AD）

七、著作权侵权行为

著作权侵权行为，是指未经著作权人同意，又无法律上的依据，使用他人作品或行使著作权人专有权的行为。根据其情节、危害后果以及承担的法律责任不同，著作权法把所有著作权侵权行为区分为承担民事责任的侵权行为和承担综合责任的侵权行为两大类。

（一）承担民事责任的著作权侵权行为

有下列侵权行为的，应当根据情况，承担停止侵害、消除影响、赔礼道歉、赔偿损失等民事责任。

（1）未经著作权人许可，发表其作品的。

（2）未经合作作者许可，将与他人合作创作的作品当作自己单独创作的作品发表的。

（3）没有参加创作，为谋取个人名利，在他人作品上署名的。

（4）歪曲、篡改他人作品的。

（5）剽窃他人作品的。

（6）未经著作权人许可，以展览、摄制视听作品的方法使用作品，或者以改编、翻译、注释等方式使用作品的，《著作权法》另有规定的除外。

（7）使用他人作品，应当支付报酬而未支付的。

（8）未经视听作品、计算机软件、录音录像制品的著作权人、表演者或者录音录像制作者许可，出租其作品或者录音录像制品的原件或者复制件的，《著作权法》另有规定的除外。

（9）未经出版者许可，使用其出版的图书、期刊的版式设计的。

（10）未经表演者许可，从现场直播或者公开传送其现场表演，或者录制其表演的。

（11）其他侵犯著作权以及与著作权有关的权利的行为。

（二）承担综合法律责任的著作权侵权行为

有下列侵权行为的，应当根据情况，承担《著作权法》第52条规定的民事责任；侵权行为同时损害公共利益的，由主管著作权的部门责令停止侵权行为，予以警告，没收违法所得，没收、无害化销毁处理侵权复制品以及主要用于制作侵权复制品的材料、工具、设备等，违法经营额5万元以上的，可以并处违法经营额1倍以上5倍以下的罚款；没有违法经营额、违法经营额难以计算或者不足 5 万元的，可以并处 25 万元以下的罚款；构成犯罪的，依法追究刑事责任。

（1）未经著作权人许可，复制、发行、表演、放映、广播、汇编、通过信息网络向公众传播其作品的，著作权法另有规定的除外。

（2）出版他人享有专有出版权的图书的。

（3）未经表演者许可，复制、发行录有其表演的录音录像制品，或者通过信息网络向公众传播其表演的，著作权法另有规定的除外。

（4）未经录音录像制作者许可，复制、发行、通过信息网络向公众传播其制作的录音录像制品的，著作权法另有规定的除外。

（5）未经许可，播放、复制或者通过信息网络向公众传播广播、电视的，著作权法另有规定的除外。

（6）未经著作权人或者与著作权有关的权利人许可，故意避开或者破坏技术措施的，故意制造、进口或者向他人提供主要用于避开、破坏技术措施的装置或者部件的，或者故意为他人避开或者破坏技术措施提供技术服务的，法律、行政法规另有规定的除外。

（7）未经著作权人或者与著作权有关的权利人许可，故意删除或者改变作品、版式设计、表演、录音录像制品或者广播、电视上的权利管理信息的，知道或者应当知道作品、版式设计、表演、录音录像制品或者广播、电视上的权利管理信息未经许可被删除或者改变，仍然向公众提供的，法律、行政法规另有规定的除外。

（8）制作、出售假冒他人署名的作品的。

第二节　商标权

商标是商品生产者或经营者用以标明自己生产、销售的商品或提供的服务，与其他生产者生产、销售的同类商品或提供的同类服务相区别的标记。商标权又称商标专用权，是指经注册商标人在法定期限内对其注册商标所享有的受国家法律保护的各种权利。

一、商标注册制度

（一）商标注册的原则

商标注册，是指商标使用人为了取得商标的专用权，将其使用的商标依照法定的程序向国家商标主管机关申请，经主管机关审核予以注册的制度。商标注册应遵循以下基本原则。

1.申请在先原则

申请在先原则，是指两个或者两个以上的商标注册申请人，在同一种商品或者类似商品上，以相同或者近似的商标申请注册的，初步审定并公告申请在先的商标；同一天申请的，初步审定并公告使用在先的商标，驳回其他人的申请并不予公告。同日使用或者均未使用的，各申请人应当协商解决；不愿协商或协商不成的，商标局通知各申请人以抽签的方式确定一个申请人，驳回其他人的注册申请。

2.诚实信用原则

我国商标法在坚持申请在先原则的同时，特别强调商标注册申请的正当性，要求申请注册和使用商标均应当遵循诚实信用原则，防止恶意囤积注册、恶意抢先注册等不正当行为。商标法规定，对不以使用为目的的恶意商标注册申请，应当予以驳回；申请商标注册不得损害他人现有的在先权利，也不得以不正当手段抢先注册他人已经使用并有一定影响的商标。

【例题11-3】 知名高校山河农业大学，长期使用未注册的"河农"商标，举办农业技术园博会，并产生了较高的知名度。参与过园博会的校友小水成立河农有限公司，从事水稻种植业务；后又设立个人独资企业，申请注册"河农"商标，欲在获得注册后转让牟利。下列哪一说法正确？（　　　）

A.小水侵犯山河农业大学的名称权

B.应驳回"河农"商标的注册申请

C.小水侵犯了山河农业大学的商标专用权

D.该校可诉请法院确认"河农"为驰名商标　　　　　　（答案：B）

3.自愿注册原则

我国对大部分产品和服务使用的商标采取自愿注册原则，由商标使用人自主决定。除驰名商标外，未经注册的商标，可在生产和服务中使用，但使用人不享有专用权。

作为对自愿注册原则的补充，我国规定了在极少数商品上使用的商标实行强制注册原则。目前必须使用注册商标的商品只有烟草制品，包括卷烟、雪茄烟和有包装的烟丝。使用未注册商标的烟草制品，禁止生产和销售。

（二）商标注册的条件

1.申请人的条件

自然人、法人或者其他组织在生产经营活动中，对其商品或者服务需要取得商标专用权的，应当向商标局申请商标注册。

两个以上的自然人、法人或者其他组织可以共同向商标局申请注册同一商标，共同享有和行使该商标专用权。

2.商标的必备条件

商标的必备条件包括两项：（1）必须具备法定的构成要素。任何能够将自然人、法人或者其他组织的商品与他人的商品区别开的标志，包括文字、图形、字母、数字、三维标志、颜色组合和声音等，以及上述要素的组合，均可以作为商标申请注册。除此之外的气味商标、动态商标等不能在我国注册。（2）商标应当有显著特征，便于识别。一般来说，商标设计本身立意新颖、设计独特，就具备了显著特征。另外，还可以通过对标志的使用而获得显著特征。

3.商标的禁止条件

（1）下列标志不得作为商标使用：①同中华人民共和国的国家名称、国旗、国徽、国歌、军旗、军徽、军歌、勋章等相同或者近似的，以及同中央国家机关的名称、标志、所在地特定地点的名称或者标志性建筑物的名称、图形相同的；②同外国的国家名称、国旗、国徽、军旗等相同或者近似的，但经该国政府同意的除外；③同政府间国际组织的名称、旗帜、徽记等相同或者近似的，但经该组织同意或者不易误导公众的除外；④与表明实施控制、予以保证的官方标志、检验印记相同或者近似的，但经授权的除外；⑤同"红十字""红新月"的名称、标志相同或者近似的；⑥带有民族歧视性的；⑦带有欺骗性，容易使公众对商品的质量等特点或者产地产生误认的；⑧有害于社会主义道德风尚或者有其他不良影响的。县级以上行政区划的地名或者公众知晓的外国地名，不得作为商标。但是，地名具有其他含义或者作为集体商标、证明商标组成部分的除外；已经注册的使用地名的商标继续有效。

（2）下列标志不得作为商标注册：①仅有本商品的通用名称、图形、型号的；②仅直接表示商品的质量、主要原料、功能、用途、重量、数量及其他特点的；③其他缺乏显著特征的。前述标志经过使用取得显著特征，并便于识别的，可以作为商标注册。

（3）以三维标志申请注册商标的，仅由商品自身的性质产生的形状、为获得技术效果而需有的商品形状或者使商品具有实质性价值的形状，不得注册。

（三）商标注册程序

1.注册申请

商标注册申请人应当按规定的商品分类表填报使用商标的商品类别和商品名称，提出注册申请。商标注册申请人可以通过一份申请就多个类别的商品申请注册同一商标。商标注册申请等有关文件，可以以书面方式或者数据电文方式提出。注册商标需要在核定使用范围之外的商品上取得商标专用权的，应当另行提出注册申请。注册商标需要改变其标志的，应当重新提出注册申请。

2.审查和核准

对申请注册的商标，商标局应当自收到商标注册申请文件之日起9个月内审查完毕，符合商标法有关规定的，予以初步审定公告。在审查过程中，商标局认为商标注册申请内容需要说明或者修正的，可以要求申请人做出说明或者修正。申请人未做出说明或者修正的，不影响商标局作出审查决定。

对注册申请的商标不符合注册规定的，商标局应当依法驳回申请。《中华人民共和国商标法》（以下简称《商标法》）第34条规定，对驳回申请、不予公告的商标，商标局应当书面通知商标注册申请人。商标注册申请人不服的，可以自收到通知之日起15日内向商标评审委员会申请复审。商标评审委员会应当自收到申请之日起9个月内作出决定，并书面通知申请人。有特殊情况需要延长的，经国务院市场监督管理部门批准，可以延长3个月。当事人对商标评审委员会的决定不服的，可以自收到通知之日起30日内向人民法院起诉。

对初步审定公告的商标提出异议的，商标局应当听取异议人和被异议人陈述事实和理由，经调查核实后，自公告期满之日起12个月内作出是否准予注册的决定，并书面通知异议人和被异议人。有特殊情况需要延长的，经国务院市场监督管理部门批准，可以延长6个月。

商标局作出准予注册决定的，发给商标注册证，并予公告。异议人不服的，可以依照《商标法》第44条、第45条的规定向商标评审委员会请求宣告该注册商标无效。

商标局作出不予注册决定，被异议人不服的，可以自收到通知之日起15日内向商标评审委员会申请复审。商标评审委员会应当自收到申请之日起12个月内作出复审决定，并书面通知异议人和被异议人。有特殊情况需要延长的，经国务院市场监督管理部门批准，可以延长6个月。被异议人对商标评审委员会的决定不服的，可以自收到通知之日起30日内向人民法院起诉。人民法院应当通知异议人作为第三人参加诉讼。

对公告期满当事人无异议的，予以核准注册，发给商标注册证，并予以公告。经审查异议不成立而准予注册的商标，商标注册申请人取得商标专用权的时间自初步审定公告3个月期满之日起计算。自该商标公告期满之日起至准予注册决定作出前，对他人在同一种或者类似商品上使用与该商标相同或者近似的标志的行为不具有追溯力；但是，因该使用人的恶意给商标注册人造成的损失，应当给予赔偿。（编者注：根据国家知识产权局2019年第295号公告，商标评审委员会不再保留，整合进国家知识产权局商标局。）

【例题 11-4】下列关于商标法的有关规定，哪一说法是正确的？（　　　　）

A. 甲通过一份申请只能就一个类别的商品申请注册同一商标

B. 乙录制的一段刮风的声音可被注册为商标

C. 丙将驰名商标MAOTAI字样用于其个人商品的广告宣传当中

D. 丁欲将美国国旗作为其某商品的商标的主要部分予以注册　　　　（答案：B）

二、商标权的内容

商标权从内容上看，包括专用权、许可权、转让权、续展权、标示权和禁止权等；其中专用权是最重要的权利，其他权利都是由该权利派生出来的。

（一）专用权

专用权，是指商标权主体对其注册商标依法享有的自己在指定商品或服务项目上独占使用的权利。注册商标的专用权，以核准注册的商标和核定使用的商品为限。

（二）标示权

商标注册人使用注册商标，有权标明"注册商标"字样或者注册标记。在商品上不便标明的，可以在商品包装或者说明书以及其他附着物上标明。

（三）续展权

续展权，是指商标权人在其注册商标有效期届满前，依法享有申请续展注册，从而延长其注册商标保护期的权利。注册商标的有效期为10年，自核准注册之日起计算。注册商标有效期满，需要继续使用的，应当在期满前12个月内按照规定办理续展手续；在此期间未能办理的可以给予6个月的宽展期。每次续展注册的有效期为10年，自该商标上一届有效期满次日起计算。宽展期满仍未办理续展手续的，注销其注册商标。

（四）许可权

许可权，是指商标权人可以通过签订商标使用许可合同许可他人使用其注册商标的权利。许可人应当监督被许可人使用其注册商标的商品质量，被许可人必须在使用该注册商标的商品上标明被许可人的名称和商品产地。

许可他人使用其注册商标的，许可人应当将其商标使用权许可报商标局备案，由商标局公告。商标使用许可未经备案不得对抗善意第三人。

商标使用许可的类型主要有独占使用许可、排他使用许可、普通使用许可等。

（五）禁止权

禁止权，是商标权人依法享有的禁止他人不经过自己的许可而使用注册商标和与之相近似的商标的权利。《商标法》第 57 条规定，商标权人既可禁止他人擅自在同一种商品上使用与其注册商标相同的商标的"假冒注册商标行为"，也可禁止他人擅自在同一种商品上使用与其注册商标近似的商标，或者在类似商品上使用与其注册商标相同或者近似的商标容易混淆的"仿冒注册商标行为"，故商标禁止权的范围比商标专用权的范围广。

（六）转让权

转让权，是指商标权人依法享有的将其注册商标依法定程序和条件，转让给他人的权利。转让注册商标的，转让人和受让人应当签订转让协议，并共同向商标局提出申请。商标注册人对其在同一种商品上注册的近似的商标，或者在类似商品上注册的相同或者近似的商标，应当一并转让；未一并转让的，由商标局通知其限期改正；期满未改正的，视为放弃转让该注册商标的申请，商标局应当书面通知申请人。对容易导致混淆或者有其他不良影响的转让，商标局不予核准，书面通知申请人并说明理由。

转让注册商标经核准后，予以公告，受让人自公告之日起享有商标专用权。注册商标的转让不影响转让前已经生效的商标使用许可合同的效力，但商标使用许可合同另有约定的除外。

三、商标使用的管理

商标法所称的商标使用，是指将商标用于商品、商品包装或者容器以及商品交易文书上，或者将商标用于广告宣传、展览以及其他商业活动中，用于识别商品来源的行为。

（一）撤销注册商标

注册商标需要变更注册人的名义、地址或者其他注册事项的，应当提出变更申请。变更商标注册人名义或者地址的，商标注册人必须将其全部注册商标一并变更。商标注册人在使用注册商标的过程中，自行改变注册商标，注册人名义、地址或者其他注册事项的，由地方市场监督管理部门责令限期改正；期满不改正的，由商标局撤销其注册商标。

注册商标成为其核定使用的商品的通用名称或者没有正当理由连续 3 年不使用的，任何单位或者个人可以向商标局申请撤销该注册商标。商标局应当自收到申请之日起 9 个月内作出决定。有特殊情况需要延长的，经国务院市场监督管理部门批准，可以延长 3 个月。

注册商标被撤销、被宣告无效或者期满不再续展的，自撤销、宣告无效或者注销之日起 1 年内，商标局对与该商标相同或者近似的商标注册申请，不予核准。

（二）违反商标使用规定的处罚

（1）对法律、行政法规规定必须使用注册商标的商品未经核准注册在市场销售的，由地方市场监督管理部门责令限期申请注册，违法经营额 5 万元以上的，可以处违法经营额 20% 以下的罚款，没有违法经营额或者违法经营额不足 5 万元的，可以处 1 万元以下的罚款。

（2）将未注册商标冒充注册商标使用的，或者使用未注册商标违反《商标法》第 10 条规定的，由地方市场监督管理部门予以制止，限期改正，并可以予以通报，违法经营额 5 万元以上的，可以处违法经营额 20% 以下的罚款，没有违法经营额或者违法经营额不足 5 万元的，可以处 1 万元以下的罚款。

（3）违反《商标法》第 14 条第 5 款规定，生产、经营者将"驰名商标"字样用于商品、商品包装或者容器上，或者用于广告宣传、展览以及其他商业活动中的，由地方市场监督管理部门责令改正，处 10 万元罚款。

四、注册商标专用权的保护

注册商标的专用权，以核准注册的商标和核定使用的商品为限。

（一）商标侵权行为

商标侵权行为，是指违反商标法规定，假冒或仿冒他人注册商标，或者从事其他损害商标权人合法权益的行为。《商标法》第 57 条规定，有下列行为之一的，均属侵犯注册商标专用权。

（1）未经商标注册人的许可，在同一种商品上使用与其注册商标相同的商标的。

（2）未经商标注册人的许可，在同一种商品上使用与其注册商标近似的商标，或者在类似商品上使用与其注册商标相同或者近似的商标，容易导致混淆的。

（3）销售侵犯注册商标专用权的商品的。

（4）伪造、擅自制造他人注册商标标识或者销售伪造、擅自制造的注册商标标识的。

（5）未经商标注册人同意，更换其注册商标并将该更换商标的商品又投入市场的。

（6）故意为侵犯他人商标专用权行为提供便利条件，帮助他人实施侵犯商标专用权行为的。

（7）给他人的注册商标专用权造成其他损害的。

《商标法》第 59 条规定了注册商标专用权人无权禁止他人正当使用的情形。

（1）注册商标中含有的本商品的通用名称、图形、型号，或者直接表示商品的质量、主要原料、功能、用途、重量、数量及其他特点，或者含有的地名。

（2）三维标志注册商标中含有的商品自身的性质产生的形状、为获得技术效果而需有的商品形状或者使商品具有实质性价值的形状。

（3）商标注册人申请商标注册前，他人已经在同一种品或者类似商品上先于商标注册

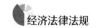

人使用与注册商标相同或者近似并有一定影响的商标的，注册商标专用权人无权禁止该使用人在原使用范围内继续使用该商标，但可以要求其附加适当区别标识。

（二）商标侵权行为的处理

因侵犯注册商标专用权行为引起纠纷的，由当事人协商解决；不愿协商或者协商不成的，商标注册人或者利害关系人可以向人民法院起诉，也可以请求市场监督管理部门处理。对侵犯商标专用权的行为，市场监督管理部门也有权依法查处；涉嫌犯罪的，应及时移送司法机关依法处理。

五、对驰名商标的保护

驰名商标，是指在一定地域范围内具有较高知名度并为相关公众所熟知的商标。驰名商标认定的法律意义仅限于处理特定的纠纷，让在特定纠纷中的相关当事人依法获得特殊保护措施或待遇。驰名商标不是授予商标权人或持有人或其产品或其服务的荣誉称号。

《商标法》第 13 条规定，为相关公众所熟知的商标，持有人认为其权利受到侵害时，可以依照本法规定请求驰名商标保护。就相同或者类似商品申请注册的商标是复制、模仿或者翻译他人未在中国注册的驰名商标，容易导致混淆的，不予注册并禁止使用。就不相同或者不相类似商品申请注册的商标是复制、模仿或者翻译他人已经在中国注册的驰名商标，误导公众，致使该驰名商标注册人的利益可能受到损害的，不予注册并禁止使用。

《商标法》第 58 条规定，将他人未注册的驰名商标作为企业名称中的字号使用，误导公众，构成不正当竞争行为的，依照《中华人民共和国反不正当竞争法》处理。

第三节　专利权

专利即专利权，是指专利权人在法定期限内对其发明创造享有的独占权。

一、专利权的主体

专利权的主体即专利权人，是指依法享有专利权并承担相应义务的人。专利权的主体包括非职务发明创造的发明人或设计人，职务发明创造发明人或设计人的单位，受让人，外国人、外国企业或外国其他组织。

（一）非职务发明创造的发明人或设计人

非职务发明创造，是指既不是执行本单位的任务，也没有主要利用本单位提供的物质技术条件所完成的发明创造。非职务发明创造，申请专利的权利属于发明人或者设计人；申请被批准后，该发明人或者设计人为专利权人。专利法所称的发明人或者设计人，是指对发明创造的实质性特点作出创造性贡献的人。在完成发明创造过程中，只负责组织工作的人、为物质技术条件的利用提供方便的人或者从事其他辅助工作的人，不是发明人或者设计人。对发明人或者设计人的非职务发明创造专利申请，任何单位或者个人不得压制。

如果一项非职务发明创造是由两个或两个以上的发明人、设计人共同完成的，则完成发明创造的人称为共同发明人或共同设计人。共同发明创造的专利申请权和取得的专利权归全体共同发明人或共同设计人共同所有。

（二）职务发明创造发明人或设计人的单位

职务发明创造，是指执行本单位的任务或者主要是利用本单位的物质技术条件所完成的发明创造。对于职务发明创造，专利权的主体是该发明创造的发明人或者设计人的所在单位，既包括固定工作单位，也包括临时工作单位。职务发明创造分为两类。

（1）执行本单位任务所完成的发明创造。包括三种情况：①在本职工作中作出的发明创造；②履行本单位交付的本职工作之外的任务所作出的发明创造；③退休、调离原单位后或者劳动、人事关系终止后1年内作出的，与其在原单位承担的本职工作或者原单位分配的任务有关的发明创造。

（2）主要是利用本单位的物质技术条件所完成的发明创造。专利法所称本单位的物质技术条件，是指本单位的资金、设备、零部件、原材料或者不对外公开的技术资料等。对于利用本单位的物质技术条件完成的发明创造，如果单位与发明人或者设计人订有合同，对申请专利的权利和专利权的归属作出约定的，从其约定。

⑦【例题11-5】窦某是甲医院的医生，从事临床工作，其一直在利用医院的技术条件进行研究Y疾病的治疗，后窦某从甲医院离职到乙医院，同年窦某研究出了针对Y疾病的新型治疗方法和医疗器械。对此，下列哪一选项是正确的？（　　　）

A.甲医院有权申请方法专利　　　B.甲医院有权申请器械专利

C.乙医院有权申请方法专利　　　D.乙医院有权申请器械专利　　　（答案：B）

（三）受让人

受让人，是指通过合同或继承等依法取得专利权的单位或个人。专利申请权和专利权可以转让。专利申请权转让之后，受让人有权就受让的发明创造申请专利，申请被批准后，受让人就是该专利权的主体；专利权转让后，受让人成为该专利权的新主体。

（四）外国人、外国企业或外国其他组织

在中国有经常居所或者营业所的外国人、外国企业或者外国其他组织，在中国申请专利和办理其他专利事务享有与中国公民同等的待遇。在中国没有经常居所或者营业所的外国人、外国企业或者外国其他组织在中国申请专利的，依照其所属国同中国签订的协议或者共同参加的国际条约，或者依照互惠原则，根据我国专利法办理。其在中国申请专利和办理其他专利事务的，应当委托依法设立的专利代理机构办理。

二、专利权的客体

专利权的客体，是指依法授予专利权的发明创造。专利权的客体包括发明、实用新型和外观设计三种。

（一）发明

发明是指对产品、方法或者其改进所提出的新的技术方案，包括产品发明、方法发明和改进发明三种。产品发明是关于新产品或新物质的发明；方法发明是指为解决某特定技术问题而采取的手段和步骤的发明；改进发明是对已有的产品发明或方法发明所作出的实质性革新的技术方案。

（二）实用新型

实用新型，是指对产品的形状、构造或者其结合所提出的适于实用的新的技术方案。产品的形状是指产品所具有的、可以从外部观察到的确定的空间形状；产品的构造是指产品的各个组成部分的安排、组织和相互关系。实用新型专利只保护产品。该产品应当是经过工业方法制造的、占据一定空间的实体。

（三）外观设计

外观设计，是指对产品的整体或局部的形状、图案或者其结合以及色彩与形状、图案的结合所作出的富有美感并适于工业应用的新设计。外观设计的载体必须是产品。产品是指任何用工业方法生产出来的物品。不能重复生产的手工艺品、农产品、畜产品、自然物不能作为外观设计的载体。

（四）专利法不予保护的对象

对下列各项，不授予专利权：（1）科学发现；（2）智力活动的规则和方法；（3）疾病的诊断和治疗方法；（4）动物和植物品种；（5）原子核变换方法以及用原子核变换方法获得的物质；（6）对平面印刷品的图案、色彩或者二者的结合作出的主要起标识作用的设计。对第（4）项所列产品的生产方法，可以依照专利法规定授予专利权。

对违反法律、社会公德或者妨害公共利益的发明创造以及违反法律、行政法规的规定获取或者利用遗传资源，并依赖该遗传资源完成的发明创造，均不授予专利权。

三、专利权的内容

（一）专利权人的权利

1.独占实施权

发明和实用新型专利权被授予后，除专利法另有规定的以外，任何单位或者个人未经专利权人许可，都不得实施其专利，即不得为生产经营目的制造、使用、许诺销售、销售、进口其专利产品，或者使用其专利方法以及使用、许诺销售、销售、进口依照该专利方法直接获得的产品。

外观设计专利权被授予后，任何单位或者个人未经专利权人许可，都不得实施其专利，即不得为生产经营目的制造、许诺销售、销售、进口其外观设计专利产品。

2.实施许可权

它是指专利权人有许可他人实施其专利技术并获得专利使用费的权利。任何单位或者个人实施他人专利的，应当与专利权人订立实施许可合同，向专利权人支付专利使用费。被许可人无权允许合同规定以外的任何单位或者个人实施该专利。

3.转让权

专利权可以转让。中国单位或者个人向外国人、外国企业或者外国其他组织转让专利权的，应当依照有关法律、行政法规的规定办理手续。转让专利权的，当事人应当订立书面合同，并向国务院专利行政部门登记，由国务院专利行政部门予以公告。专利权的转让自登记之日起生效。

4.标示权

专利权人有权在其专利产品或者该产品的包装上标明专利标记和专利号。

（二）专利权人的义务

专利权人的义务主要是缴纳专利年费。专利权人应当自被授予专利权的当年开始缴纳年费。此外，职务发明创造专利的单位，在授予专利权后，应当按照规定对发明人或设计人进行奖励；专利实施后，根据其推广应用所取得的经济效益，应按规定给予发明人或设计人合理的报酬。

四、专利权的取得

（一）专利申请的原则

1.单一性原则

一件发明或者实用新型专利申请应当限于一项发明或者实用新型。属于一个总的发明构思的两项以上的发明或者实用新型，可以作为一件申请提出。

一件外观设计专利申请应当限于一项外观设计。同一产品两项以上的相似外观设计，或者用于同一类别并且成套出售或者使用的产品的两项以上外观设计，可以作为一件申请提出。

2.先申请原则

两个以上的申请人分别就同样的发明创造申请专利的，专利权授予最先申请的人。两个以上的申请人在同一日分别就同样的发明创造申请专利时，在收到专利局的通知后自行协商确定申请人。

3.优先权原则

申请人自发明或者实用新型在外国第一次提出专利申请之日起12个月内，或者自外观设计在外国第一次提出专利申请之日起6个月内，又在中国就相同主题提出专利申请的，依照该外国同中国签订的协议或者共同参加的国际条约，或者依照相互承认优先权的原则，可以享有优先权。

申请人自发明或者实用新型在中国第一次提出专利申请之日起12个月内，或者自外观设计在中国第一次提出专利申请之日起6个月内，又向国务院专利行政部门就相同主题提出专利申请的，可以享有优先权。

⑦【例题11-6】甲国和中国均为《巴黎公约》的缔约国，甲国乞力马公司发明了一种环保涂料，于2020年12月1日在甲国提出了专利申请，并自2021年初开始在中国销售该种涂料。中国望霞公司发明了同样的环保涂料，于2021年12月10日向中国有关机关提出了专利申请。下列哪一选项是正确的？（　　　）

A.因乞力马公司申请在先，望霞公司专利权应该被宣告无效

B.望霞公司无权就该种涂料在中国申请专利

C.若望霞公司获得专利授权，乞力马公司继续在中国销售该种涂料，应经望霞公司授权

D.望霞公司若在中国销售该种涂料，应经乞力马公司授权 （答案：C）

（二）授予专利权的条件

1.发明或者实用新型专利的授权条件

授予专利权的发明和实用新型，应当具备新颖性、创造性和实用性。

（1）新颖性，是指该发明或者实用新型不属于现有技术；也没有任何单位或者个人就同样的发明或者实用新型在申请日以前向国务院专利行政部门提出过申请，并记载在申请日以后公布的专利申请文件或者公告的专利文件中。

（2）创造性，是指与现有技术相比，该发明具有突出的实质性特点和显著的进步，该实用新型具有实质性特点和进步。

（3）实用性，是指该发明或者实用新型能够制造或者使用，并且能够产生积极效果。

专利法所称现有技术，是指申请日以前在国内外为公众所知的技术。

2.外观设计专利的授权条件

授予专利权的外观设计，应当不属于现有设计；也没有任何单位或者个人就同样的外观设计在申请日以前向国务院专利行政部门提出过申请，并记载在申请日以后公告的专利文件中。

授予专利权的外观设计与现有设计或者现有设计特征的组合相比，应当具有明显区别。

授予专利权的外观设计不得与他人在申请日以前已经取得的合法权利相冲突。

专利法所称现有设计，是指申请日以前在国内外为公众所知的设计。

3.新颖性例外

申请专利的发明创造在申请日以前6个月内，有下列情形之一的，不丧失新颖性。

（1）在国家出现紧急状态或者非常情况时，为公共利益目的首次公开的。

（2）在中国政府主办或者承认的国际展览会上首次展出的。

（3）在规定的学术会议或者技术会议上首次发表的。

（4）他人未经申请人同意而泄露其内容的。

（三）专利权的取得程序

1.专利权的申请

申请发明或者实用新型专利的，应当提交请求书、说明书及其摘要和权利要求书等文件。申请外观设计专利的，应当提交请求书、该外观设计的图片或者照片以及对该外观设计的简要说明等文件。

2.专利申请的审查

（1）初步审查。也称形式审查。国务院专利行政部门查明该申请是否符合专利法关于申请形式要求的规定。

（2）早期公开。国务院专利行政部门收到发明专利申请后，经初步审查认为符合专利法要求的，自申请日起满18个月，即行公布。国务院专利行政部门可以根据申请人的请求早日公布其申请。

（3）实质审查。发明专利申请自申请日起3年内，国务院专利行政部门可以根据申请人随时提出的请求，对其申请进行实质审查；申请人无正当理由逾期不请求实质审查的，该申请即被视为撤回。国务院专利行政部门认为必要的时候，可以自行对发明专利申请进行实质审查。

（4）授权登记公告。发明专利申请经实质审查没有发现驳回理由的，由国务院专利行政部门作出授予发明专利权的决定，发给发明专利证书，同时予以登记和公告。发明专利权自公告之日起生效。

我国专利法对实用新型专利和外观设计专利的审查则实行初步审查制度，只要经过初步审查，没有发现驳回理由的，国务院专利行政部门就可作出授予实用新型专利权或者外观设计专利权的决定，发给相应的专利证书，同时予以登记和公告。实用新型专利权和外观设计专利权自公告之日起生效。

3. 专利的复审和无效宣告

专利申请人对国务院专利行政部门驳回申请的决定不服的，可以自收到通知之日起3个月内向国务院专利行政部门请求复审。国务院专利行政部门复审后，作出决定，并通知专利申请人。专利申请人对国务院专利行政部门的复审决定不服的，可以自收到通知之日起3个月内向人民法院起诉。

发明创造被授予专利后，任何单位或者个人认为该专利权的授予不符合专利法有关规定的，可以请求国务院专利行政部门宣告该专利权无效。国务院专利行政部门对宣告专利权无效的请求应当及时审查和作出决定，并通知请求人和专利权人。宣告专利权无效的决定，由国务院专利行政部门登记和公告。对国务院专利行政部门宣告专利权无效或者维持专利权的决定不服的，可以自收到通知之日起3个月内向人民法院起诉。人民法院应当通知无效宣告请求程序的对方当事人作为第三人参加诉讼。宣告无效的专利权视为自始即不存在。

五、专利权的期限、特别许可与终止

（一）专利权的期限

发明专利权的期限为20年，实用新型专利权的期限为10年，外观设计专利权的期限为15年，均自申请日起计算。

（二）专利实施的特别许可

（1）强制许可。又称为非自愿许可，是指国务院专利行政部门依照法律规定，不经专利权人的同意，直接许可具备实施条件的申请者实施发明或实用新型专利的一种行政措施。

（2）开放许可。专利权人自愿以书面方式向国务院专利行政部门声明愿意许可任何单位或者个人实施其专利，并明确许可使用费支付方式、标准的，由国务院专利行政部门予以公告，实行开放许可。就实用新型、外观设计专利提出开放许可声明的，应当提供专利权评价报告。

（3）指定许可。国有企业事业单位的发明专利，对国家利益或者公共利益具有重大意义的，国务院有关主管部门和省、自治区、直辖市人民政府报经国务院批准，可以决定在批准的范围内推广应用，允许指定的单位实施，由实施单位按照国家规定向专利权人支付使用费。

（三）专利权的终止

专利权的终止，是指专利权因某种法律事实的发生而导致其效力消灭的情形。根据专利法的规定，导致专利权终止的法律事实有：（1）专利权的保护期限届满；（2）专利权的保护期内，没有按照规定缴纳年费；（3）在专利权的保护期限届满前，专利权人以书面形式声明放弃其专利权；（4）专利权人死亡，无继承人或受遗赠人的。

六、专利权的保护

（一）专利权的保护范围

发明或者实用新型专利权的保护范围以其权利要求的内容为准，说明书及附图可以用于解释权利要求的内容。

外观设计专利权的保护范围以表示在图片或者照片中的该产品的外观设计为准，简要说明可以用于解释图片或者照片所表示的该产品的外观设计。

（二）专利侵权行为

专利侵权行为，是指在专利权的有效期限内，行为人未经专利权人许可又无法律依据，以营利为目的实施他人专利的行为。

行为人实施的侵犯他人专利权的行为，其表现形式包括下列情形。

（1）制造、许诺销售、销售、进口发明、实用新型、外观设计专利产品的行为。

（2）使用发明、实用新型专利权的行为。

（3）使用专利方法以及使用、许诺销售、销售、进口依照该专利方法直接获得的产品的行为。

（4）假冒专利的行为，包括：①在未被授予专利权的产品或者其包装上标注专利标识，专利权被宣告无效后或者终止后继续在产品或者其包装上标注专利标识，或者未经许可在产品或者产品包装上标注他人的专利号；②销售第①项所述产品；③在产品说明书等材料中将未被授予专利权的技术或者设计称为专利技术或者专利设计，将专利申请称为专利，或者未经许可使用他人的专利号，使公众将所涉及的技术或者设计误认为专利技术或者专利设计；④伪造或者变造专利证书、专利文件或者专利申请文件；⑤其他使公众混淆，将未被授予专利权的技术或者设计误认为专利技术或者专利设计的行为。

（三）不视为侵犯专利权的行为

有下列情形之一的，不视为侵犯专利权。

（1）专利产品或者依照专利方法直接获得的产品，由专利权人或者经其许可的单位、个人售出后，使用、许诺销售、销售、进口该产品的。

（2）在专利申请日前已经制造相同产品、使用相同方法或者已经作好制造、使用的必要准备，并且仅在原有范围内继续制造、使用的。

（3）临时通过中国领陆、领水、领空的外国运输工具，依照其所属国同中国签订的协议或者共同参加的国际条约，或者依照互惠原则，为运输工具自身需要而在其装置和设备中使用有关专利的。

（4）专为科学研究和实验而使用有关专利的。

（5）为提供行政审批所需要的信息，制造、使用、进口专利药品或者专利医疗器械的，以及专门为其制造、进口专利药品或者专利医疗器械的。

案例直击：著作权纠纷案　　案例直击：商标权纠纷案　　案例直击：专利权纠纷案

关键词：知识产权　专利　商标　创新型企业

2023年上半年我国知识产权概况

一是国内专利商标拥有量稳步提升。截至2023年6月底，中国国内发明专利有效量为368.3万件，同比增长20.4%，其中，维持超过10年的有效发明专利达到55.9万件，占比15.2%，较去年同期提高1.6个百分点。国内注册商标有效量为4217.7万件，同比增长9.4%，呈稳步增长态势。

二是拥有专利的创新型企业数量增长较快。截至2023年6月底，中国国内拥有有效发明专利的企业达38.5万家，较去年同期增加6.0万家，共拥有有效发明专利260.5万件，占国内总量的七成以上，较去年同期提高1.8个百分点。其中，高新技术企业、专精特新"小巨人"企业拥有180.4万件，同比增长23.3%，高于国内平均增速2.9个百分点。

三是数字技术领域专利储备进一步加强。按照世界知识产权组织划分的35个技术领域统计，截至2023年6月底，中国国内有效发明专利增速排前三位的技术领域为计算机技术管理方法、计算机技术和基础通信程序，分别同比增长56.6%、38.2%和26.0%，增速远高于国内平均水平20.4%，为中国数字经济创新发展提供了有力支撑。

四是中国申请人向外知识产权申请更加活跃。2023年上半年，国家知识产权局受理国内申请人提交的PCT国际专利申请3.3万件，同比增长7.1%，马德里商标国际注册申请3024件，同比增长12.0%。自2022年5月加入海牙协定以来，中国申请人月均提交外观设计国际申请超过150件，位居全球前列。

五是中国知识产权进出口规模保持稳健增长。2023年1—5月，中国知识产权使用费进口额为 1208 亿元，出口额为 369.8 亿元，进出口额均实现增长，知识产权贸易表现出较强韧性。

思考与探究

1. 著作人身权是指哪些权利？

2. 如何理解作品的合理使用？

3. 商标权包括哪些权利？

4. 谈谈你对驰名商标的理解。

5. 如何理解专利申请的优先权原则？

6. 哪些行为不视为侵犯专利权？

本章主要涉及的法律规定

1.《中华人民共和国著作权法》（2020 年修正）

2.《中华人民共和国著作权法实施条例》（2013 年修订）

3.《最高人民法院关于审理著作权民事纠纷案件适用法律若干问题的解释》（2020 年）

4.《中华人民共和国商标法》（2019 年修正）

5.《中华人民共和国商标法实施条例》（2014 年修订）

6.《最高人民法院关于审理商标民事纠纷案件适用法律若干问题的解释》（2020 年）

7.《中华人民共和国专利法》（2020 年修正）

8.《中华人民共和国专利法实施细则》（2023 年修订）

9.《最高人民法院关于审理专利纠纷案件适用法律问题的若干规定》（2020 年）

10.《最高人民法院关于审理侵犯专利权纠纷案件应用法律若干问题的解释》（2009 年）

11.《最高人民法院关于审理侵犯专利权纠纷案件应用法律若干问题的解释（二）》（2020 年）

本章速览

第十二章

竞争法

学习要点

　　熟悉垄断的概念，掌握垄断协议、滥用市场支配地位、经营者集中、行政垄断等垄断行为，熟悉反垄断机构；了解不正当竞争行为的概念，掌握商业混淆行为、商业贿赂行为、虚假宣传行为、侵犯商业秘密行为、不正当有奖销售行为、诋毁商誉行为和互联网不正当竞争行为等的行为认定和法律责任。

思政目标

　　培养学生依法竞争、有序竞争、诚信经营的价值理念，为将来在经济活动中践行社会主义核心价值观打下坚实基础；增强大局观念、整体观念，理解国家经济安全和新发展理念。

第一节　反垄断法

一、反垄断法概述

（一）垄断的概念

　　垄断是指一个或若干个经营者支配着市场某个领域的产品或服务的总供给规模、操纵市场、排斥或限制竞争的状态。垄断具有以下特征。

　　（1）垄断行为的实施主体是经营者。所谓经营者是指从事商品生产、经营或者提供服务的自然人、法人和非法人组织。需要说明的是，我国反垄断法将行政垄断行为也纳入规制的范围。

　　（2）垄断的目的是控制相关市场产品或服务的生产、销售，消除或限制同行业的竞争。

　　（3）垄断的危害具有多重性。一方面，垄断会在一定程度上破坏市场竞争机制，损害社会公共利益；另一方面，垄断对其他守法经营者和广大消费者的利益造成损害。

（二）垄断行为

　　《中华人民共和国反垄断法》（以下简称《反垄断法》）第3条明确了3类垄断行为：（1）经营者达成垄断协议；（2）经营者滥用市场支配地位；（3）具有或者可能具有排除、限制竞争效果的经营者集中。同时，该法第10条规定，行政机关和法律、法规授权的具有管理公共事务职能的组织滥用行政权力，排除、限制竞争的行为，也是《反垄断法》规制的垄断行为。

（三）反垄断法的立法目的与基本原则

1.立法目的

《反垄断法》第1条规定了立法目的：预防和制止垄断行为，保护市场公平竞争，鼓励创新，提高经济运行效率，维护消费者利益和社会公共利益，促进社会主义市场经济健康发展。这与反不正当竞争法既有联系又有区别。

2.基本原则

反垄断法的基本原则包括两个方面：一方面，充分运用国家治理资源，健全统一、开放、竞争、有序的市场体系；另一方面，保护经济自由与加强监督相结合。

二、垄断协议

（一）垄断协议的概念

垄断协议，是指排除、限制竞争的协议、决定或者其他协同行为。其构成要件包括：（1）该协议或者协同行为由多个独立主体构成。垄断协议必须发生在两个或两个以上的经营者之间，具有"多个主体共同行为"的特征。（2）经营者之间存在通谋或协同一致的行为。

（二）垄断协议的分类

垄断协议可以分为横向垄断协议和纵向垄断协议两类。

1.横向垄断协议

横向垄断协议，是指两个或两个以上因经营同类产品或服务而在生产或销售过程中处于同一经营阶段的同业竞争者之间的垄断协议，如两家汽车生产企业之间的联合。

具有竞争关系的经营者达成下列垄断协议，构成横向垄断协议：（1）固定或者变更商品价格；（2）限制商品的生产数量或者销售数量；（3）分割销售市场或者原材料采购市场；（4）限制购买新技术、新设备或者限制开发新技术、新产品；（5）联合抵制交易；（6）国务院反垄断执法机构认定的其他垄断协议。

2.纵向垄断协议

纵向垄断协议，是指两个或两个以上在同一产业中处于不同阶段而有买卖关系的企业间的垄断协议，如汽车生产商与汽车销售商之间的联合。

经营者与交易相对人达成下列垄断协议，构成纵向垄断协议：（1）固定向第三人转售商品的价格；（2）限定向第三人转售商品的最低价格；（3）国务院反垄断执法机构认定的其他垄断协议。

（三）垄断协议的豁免条款

豁免条款，是指经营者之间并非以限制竞争为目的，而是为某种公共利益达成的合意或者一致行动，这种协同行为是合法的。

经营者能够证明所达成的协议属于下列情形之一的，不构成垄断行为：（1）为改进技术、研究开发新产品的；（2）为提高产品质量、降低成本、增进效率，统一产品规格、标准或者实行专业化分工的；（3）为提高中小经营者经营效率，增强中小经营者竞争力的；（4）为实现节约能源、保护环境、救灾救助等社会公共利益的；（5）因经济不景气，为缓解销售量严重下降或者生产明显过剩的；（6）为保障对外贸易和对外经济合作中的正当利益的；（7）法律和国务院规定的其他情形。

属于上述第（1）项至第（5）项情形的，经营者还应当证明所达成的协议不会严重限制相关市场的竞争，并且能够使消费者分享由此产生的利益，则不构成垄断协议。

（四）达成并实施垄断协议的行政责任

《反垄断法》第56条规定，经营者违反本法规定，达成并实施垄断协议的，由反垄断执法机构责令停止违法行为，没收违法所得，并处上一年度销售额1%以上10%以下的罚款，上一年度没有销售额的，处500万元以下的罚款；尚未实施所达成的垄断协议的，可以处300万元以下的罚款。经营者的法定代表人、主要负责人和直接责任人员对达成垄断协议负有个人责任的，可以处100万元以下的罚款。

经营者组织其他经营者达成垄断协议或者为其他经营者达成垄断协议提供实质性帮助的，适用上述规定。

经营者主动向反垄断执法机构报告达成垄断协议的有关情况并提供重要证据的，反垄断执法机构可以酌情减轻或者免除对该经营者的处罚。

【例题12-1】 根据反垄断法律制度的规定，参与垄断协议的经营者主动报告达成垄断协议的有关情况并提供重要证据的，可以申请依法减轻或免除处罚。该制度是（　）。

A.适用除外制度　　B.承诺制度　　C.豁免制度　　D.宽大制度　　（答案：D）

行业协会违反反垄断法规定，组织本行业的经营者达成垄断协议的，由反垄断执法机构责令改正，可以处300万元以下的罚款；情节严重的，社会团体登记管理机关可以依法撤销登记。

三、滥用市场支配地位

市场支配地位，是指经营者在相关市场内具有能够控制商品价格、数量或者其他交易条件，或者能够阻碍、影响其他经营者进入相关市场能力的市场地位。市场支配地位本身并不受道德谴责，也不必然被反垄断法禁止或制裁。只有当具有市场支配地位的企业利用其市场支配地位危害竞争，损害公共利益或私人利益时，反垄断法才会加以制裁。

（一）市场支配地位行为的判定

判定经营者具有市场支配地位，应当依据下列因素：（1）该经营者在相关市场的市场份额，以及相关市场的竞争状况；（2）该经营者控制销售市场或者原材料采购市场的能力；（3）该经营者的财力和技术条件；（4）其他经营者对该经营者在交易上的依赖程度；（5）其他经营者进入相关市场的难易程度；（6）与认定该经营者市场支配地位有关的其他因素。

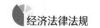

有下列情形之一的，可以推定经营者具有市场支配地位：（1）一个经营者在相关市场的市场份额达到1/2的；（2）两个经营者在相关市场的市场份额合计达到2/3的；（3）三个经营者在相关市场的市场份额合计达到3/4的。

有上述第（2）项至第（3）项规定的情形，其中有的经营者市场份额不足1/10的，不应当推定该经营者具有市场支配地位。被推定具有市场支配地位的经营者，有证据证明不具有市场支配地位的，不应当认定其具有市场支配地位。

（二）滥用市场支配地位的行为

《反垄断法》第22条规定，禁止具有市场支配地位的经营者从事下列滥用市场支配地位的行为：（1）垄断价格。即以不公平的高价销售商品或者以不公平的低价购买商品。（2）亏本销售。即没有正当理由，以低于成本的价格销售商品。（3）拒绝交易。没有正当理由，拒绝与交易相对人进行交易。（4）强制交易。没有正当理由，限定交易相对人只能与其进行交易或者只能与其指定的经营者进行交易。（5）搭售。没有正当理由，搭售商品或者在交易时附加其他不合理的交易条件。（6）差别待遇。没有正当理由，对条件相同的交易相对人在交易价格等交易条件上实行差别待遇。（7）经营者不得利用数据和算法、技术、资本优势以及平台规则等从事反垄断法禁止的垄断行为。

（三）滥用市场支配地位的行政责任

经营者违反反垄断法规定，滥用市场支配地位的，由反垄断执法机构责令停止违法行为，没收违法所得，并处上一年度销售额1%以上10%以下的罚款。

四、经营者集中

经营者集中，是指两个或两个以上企业以一定的方式或手段所形成的企业间的资产、营业和人员的整合。

（一）经营者集中的种类

《反垄断法》第25条规定，经营者集中包括下列情形：（1）经营者合并；（2）经营者通过取得股权或者资产的方式取得对其他经营者的控制权；（3）经营者通过合同等方式取得对其他经营者的控制权或者能够对其他经营者施加决定性影响。

（二）经营者集中的申报

经营者集中达到国务院规定的申报标准的，经营者应当事先向国务院反垄断执法机构申报，未申报的不得实施集中。经营者集中未达到国务院规定的申报标准，但有证据证明该经营者集中具有或者可能具有排除、限制竞争效果的，国务院反垄断执法机构可以要求经营者申报。经营者未依照规定进行申报的，国务院反垄断执法机构应当依法进行调查。

经营者集中有下列情形之一的，可以不向国务院反垄断执法机构申报：（1）参与集中的一个经营者拥有其他每个经营者50%以上有表决权的股份或者资产的；（2）参与集中的每个经营者50%以上有表决权的股份或者资产被同一个未参与集中的经营者拥有的。

【例题 12-2】 根据反垄断法律制度的规定，衡量经营者集中是否需要进行反垄断申报的基本参数是参与集中的经营者的（　　　）。

A.收入　　　　　B.利润　　　　　C.营业额　　　　　D.市场份额　　　　（答案：C）

（三）经营者集中的审查

国务院反垄断执法机构审查经营者集中，应当考虑下列因素：（1）参与集中的经营者在相关市场的市场份额及其对市场的控制力；（2）相关市场的市场集中度；（3）经营者集中对市场进入、技术进步的影响；（4）经营者集中对消费者和其他有关经营者的影响；（5）经营者集中对国民经济发展的影响；（6）国务院反垄断执法机构认为应当考虑的影响市场竞争的其他因素。

（四）审查决定

对经营者集中审查后，具有或者可能具有排除、限制竞争效果的，国务院反垄断执法机构应当作出禁止经营者集中的决定。但是，如果经营者能够证明该集中对竞争产生的有利影响明显大于不利影响的，或者符合社会公共利益的，国务院反垄断执法机构可以作出对经营者集中不予禁止的决定。对不予禁止的经营者集中，国务院反垄断执法机构可以决定附加减少集中对竞争不利影响的限制性条件。对反垄断执法机构作出的禁止集中的决定、限制附加性条件的决定，经营者不服的，可以先依法申请行政复议；对行政复议不服的，可以依法提起行政诉讼。

对外资并购境内企业或者以其他方式参与经营者集中，涉及国家安全的，除依照本法规定进行经营者集中审查外，还应当按照国家有关规定进行国家安全审查。

（五）违法的经营者集中行为的行政责任

经营者违反本法规定实施集中，且具有或者可能具有排除、限制竞争效果的，由国务院反垄断执法机构责令停止实施集中、限期处分股份或者资产、限期转让营业以及采取其他必要措施恢复到集中前的状态，处上一年度销售额 10% 以下的罚款；不具有排除、限制竞争效果的，处 500 万元以下的罚款。

五、滥用行政权力排除、限制竞争行为

滥用行政权力排除、限制竞争行为，俗称行政垄断，是指拥有行政权力的政府机关以及其他依法具有管理公共事务职能的组织（以下简称行政主体）滥用行政权力，排除、限制竞争的各种行为。

（一）禁止滥用行政权力排除、限制竞争的行为

（1）强制交易。这是指行政主体滥用行政权力，限定或者变相限定单位或者个人经营、购买、使用其指定的经营者提供的商品。

（2）政企联手垄断市场。《反垄断法》第 40 条规定，禁止行政主体滥用行政权力，通过与经营者签订合作协议、备忘录等方式，妨碍其他经营者进入相关市场或者对其他经营者实行不平等待遇，排除、限制竞争。

（3）地区封锁。《反垄断法》第 41 条规定了地区封锁的 5 种滥用行政权力，妨碍商品

在地区之间的自由流通的行为：①对外地商品设定歧视性收费项目、实行歧视性收费标准，或者规定歧视性价格；②对外地商品规定与本地同类商品不同的技术要求、检验标准，或者对外地商品采取重复检验、重复认证等歧视性技术措施，限制外地商品进入本地市场；③采取专门针对外地商品的行政许可，限制外地商品进入本地市场；④设置关卡或者采取其他手段，阻碍外地商品进入或者本地商品运出；⑤妨碍商品在地区之间自由流通的其他行为。

（4）歧视性资质管控。《反垄断法》第42条规定，禁止行政主体滥用行政权力，以设定歧视性资质要求、评审标准或者不依法发布信息等方式，排斥或者限制经营者参加招标投标活动以及其他经营活动。

（5）地域性投资歧视。《反垄断法》第43条规定，行政主体不得滥用行政权力，采取与本地经营者不平等待遇等方式，排斥、限制、强制或者变相强制外地经营者在本地投资或者设立分支机构。

（6）强制经营者垄断。《反垄断法》第44条规定，禁止行政主体滥用行政权力，强制或者变相强制经营者从事反垄断法规定的垄断行为。

（7）制定含有排除、限制竞争内容的规定。《反垄断法》第45条规定，行政主体不得滥用行政权力，制定含有排除、限制竞争内容的规定。

（二）行政主体滥用行政权力排除、限制竞争的法律责任

《反垄断法》第61条规定，行政主体滥用行政权力，实施排除、限制竞争行为的，由上级机关责令改正；对直接负责的主管人员和其他直接责任人员依法给予处分。反垄断执法机构可以向有关上级机关提出依法处理的建议。行政主体应当将有关改正情况书面报告上级机关和反垄断执法机构。

法律、行政法规对行政主体滥用行政权力实施排除、限制竞争行为的处理另有规定的，依照其规定。

六、反垄断机构

我国的反垄断机构包括反垄断委员会和反垄断执法机构，统一设在国家市场监督管理总局。

（一）反垄断委员会

国务院设立反垄断委员会，负责组织、协调、指导反垄断工作，履行下列职责：（1）研究拟订有关竞争政策；（2）组织调查、评估市场总体竞争状况，发布评估报告；（3）制定、发布反垄断指南；（4）协调反垄断行政执法工作；（5）国务院规定的其他职责。该委员会的组成和工作规则由国务院规定。

（二）反垄断执法机构

国务院反垄断执法机构负责反垄断统一执法工作。国务院反垄断执法机构根据工作需要，可以授权省、自治区、直辖市人民政府相应的机构，依照反垄断法规定负责有关反垄断执法工作。

第二节 反不正当竞争法

一、反不正当竞争法概述

反不正当竞争法是调整市场竞争过程中因规制不正当竞争行为而产生的社会关系的法律规范的总称。我国反不正当竞争法主要有以下三方面的作用：（1）保护公平竞争；（2）维护市场秩序，规范市场行为；（3）保护经营者和消费者的合法权益。

不正当竞争行为，是指经营者在生产经营活动中，违反反不正当竞争法的规定，扰乱市场竞争秩序，损害其他经营者或者消费者的合法权益的行为。不正当竞争行为本质上属于侵害他人合法权益、应当承担民事责任的侵权行为，也是违反社会经济秩序、应当受到行政规制的违法行为。《中华人民共和国反不正当竞争法》（以下简称《反不正当竞争法》）第二章规定了7种不正当竞争行为，包括商业混淆行为、商业贿赂行为、虚假宣传行为、侵犯商业秘密行为、不正当有奖销售行为、诋毁商誉行为和互联网不正当竞争行为。

二、商业混淆行为

商业混淆行为，是指经营者在市场经营活动中，以种种不实手法对自己的商品或服务作虚假表示、说明或承诺，或不当利用他人的智力劳动成果推销自己的商品或服务，使用户或者消费者产生误解，扰乱市场秩序、损害同业竞争者的利益或者消费者利益的行为。

（一）行为认定

《反不正当竞争法》第6条规定，经营者有下列行为之一，引人误认为是他人商品或者与他人存在特定联系，属于商业混淆行为：（1）擅自使用与他人有一定影响的商品名称、包装、装潢等相同或者近似的标识；（2）擅自使用他人有一定影响的企业名称（包括简称、字号等），社会组织名称（包括简称等），姓名（包括笔名、艺名、译名等）；（3）擅自使用他人有一定影响的域名主体部分、网站名称、网页等；（4）其他足以引人误认为是他人商品或者与他人存在特定联系的商业混淆行为。

【例题12-3】章某是著名的大豆培育专家，成立了章氏食品有限公司，并注册"章公"文字商标，用于宣传推广自己培育的大豆。紫菱食品有限公司推出的一款大豆产品，在宣传材料上印制了章某头像并使用"章公大豆"的名称，但未指明该章公就是章某。云某是知名网红，2022年7月紫菱公司委托云某在其个人的乐宜平台直播间销售该大豆产品。直播时使用了"章公大豆"名称，并将章某头像放在直播间的显著位置。苏某通过直播间购买该款产品，食用时发现大豆产品已经发霉变质，遂向乐宜平台投诉。乐宜平台之后封禁了云某的直播间，并向苏某提供了云某的真实姓名、地址和有效联系方式。以下说法正确的是哪一个？（　　）

A. 苏某对乐宜平台享有赔偿请求权

B. 紫菱公司和云某是市场混淆的共同行为人

C.紫菱公司是侵犯章某权利的唯一责任人

D.紫菱公司和云某对苏某损失承担违约责任 （答案：B）

（二）法律责任

经营者违反《反不正当竞争法》第6条规定实施混淆行为的，由监督检查部门责令停止违法行为，没收违法商品。违法经营额5万元以上的，可以并处违法经营额5倍以下的罚款；没有违法经营额或者违法经营额不足5万元的，可以并处25万元以下的罚款。情节严重的，吊销营业执照。经营者登记的企业名称违反本法第6条规定的，应当及时办理名称变更登记；名称变更前，由原企业登记机关以统一社会信用代码代替其名称。

三、商业贿赂行为

商业贿赂，是指经营者为谋取交易机会或者竞争优势，暗中给予交易对方有关人员或者其他能影响交易的相关人员以财物或其他好处的行为。

（一）行为认定

《反不正当竞争法》第7条规定，经营者不得采用财物或者其他手段贿赂下列单位或者个人，以谋取交易机会或者竞争优势：（1）交易相对方的工作人员；（2）受交易相对方委托办理相关事务的单位或者个人；（3）利用职权或者影响力影响交易的单位或者个人。

经营者在交易活动中，可以以明示方式向交易相对方支付折扣，或者向中间人支付佣金。经营者向交易相对方支付折扣、向中间人支付佣金的，应当如实入账。接受折扣、佣金的经营者也应当如实入账。

经营者的工作人员进行贿赂的，应当认定为经营者的行为；但是，经营者有证据证明该工作人员的行为与为经营者谋取交易机会或者竞争优势无关的除外。

（二）法律责任

经营者违反《反不正当竞争法》第7条规定贿赂他人的，由监督检查部门没收违法所得，处10万元以上300万元以下的罚款。情节严重的，吊销营业执照。

四、虚假宣传行为

虚假宣传行为，是指经营者利用广告或者其他方法，对产品的质量、性质、成分、用途、产地等所作的引人误解的不实宣传。

（一）行为认定

《反不正当竞争法》第8条规定，经营者不得对其商品的性能、功能、质量、销售状况、用户评价、曾获荣誉等作虚假或者引人误解的商业宣传，欺骗、误导消费者。经营者不得通过组织虚假交易等方式，帮助其他经营者进行虚假或者引人误解的商业宣传。

（二）法律责任

经营者违反《反不正当竞争法》第8条规定，对其商品作虚假或者引人误解的商业宣传，或者通过组织虚假交易等方式帮助其他经营者进行虚假或者引人误解的商业宣传的，由监督检查部门责令停止违法行为，处20万元以上100万元以下的罚款；情节严重的，处

100 万元以上 200 万元以下的罚款，可以吊销营业执照。

经营者违反上述法条规定，属于发布虚假广告的，依照《中华人民共和国广告法》的规定处罚。

五、侵犯商业秘密行为

商业秘密，是指不为公众所知悉、具有商业价值并经权利人采取相应保密措施的技术信息、经营信息等商业信息。

（一）行为认定

《反不正当竞争法》第 9 条规定，经营者不得实施以下侵犯商业秘密的行为：（1）以盗窃、贿赂、欺诈、胁迫、电子侵入或者其他不正当手段获取权利人的商业秘密。（2）披露、使用或者允许他人使用以前项手段获取的权利人的商业秘密。（3）违反保密义务或者违反权利人有关保守商业秘密的要求，披露、使用或者允许他人使用其所掌握的商业秘密。（4）教唆、引诱、帮助他人违反保密义务或者违反权利人有关保守商业秘密的要求，获取、披露、使用或者允许他人使用权利人的商业秘密。经营者以外的其他自然人、法人和非法人组织实施前款所列违法行为的，视为侵犯商业秘密。（5）第三人明知或者应知商业秘密权利人的员工、前员工或者其他单位、个人实施前述所列违法行为，仍获取、披露、使用或者允许他人使用该商业秘密的，视为侵犯商业秘密。

（二）法律责任

《反不正当竞争法》第 21 条规定，经营者以及其他自然人、法人和非法人组织违反本法第 9 条规定侵犯商业秘密的，由监督检查部门责令停止违法行为，没收违法所得，处 10 万元以上 100 万元以下的罚款；情节严重的，处 50 万元以上 500 万元以下的罚款。

权利人因侵犯商业秘密行为受到损害的，可以向法院起诉，要求赔偿。侵犯商业秘密构成犯罪的，依照刑法追究刑事责任。

六、不正当有奖销售行为

不正当有奖销售，是指经营者在销售商品或者提供服务时，以提供奖励（包括金钱、实物、附加服务等）为名，实际上采取欺骗或者其他不正当手段损害用户、消费者的利益，或者损害其他经营者合法权益的行为。

（一）行为认定

《反不正当竞争法》第 10 条规定，经营者进行有奖销售不得存在下列情形：（1）所设奖的种类、兑奖条件、奖金金额或者奖品等有奖销售信息不明确，影响兑奖；（2）采用谎称有奖或者故意让内定人员中奖的欺骗方式进行有奖销售；（3）抽奖式的有奖销售，最高奖的金额超过 5 万元。

（二）法律责任

经营者违反《反不正当竞争法》第 10 条规定进行有奖销售的，由监督检查部门责令停止违法行为，处 5 万元以上 50 万元以下的罚款。有关当事人因有奖销售活动中的不正当竞争行为受到侵害的，可向法院起诉，请求赔偿。

七、诋毁商誉行为

诋毁商誉行为，是指经营者编造、传播虚假信息或者误导性信息，损害竞争对手的商业信誉、商品声誉，从而削弱其竞争力的行为。

（一）行为认定

（1）行为主体是市场经营活动中的经营者，其他经营者以及非经营者的单位和个人受经营者指使从事诋毁商誉行为的，可以构成共同侵权。

（2）经营者实施了诋毁商誉行为，即编造、传播虚假信息或者误导性信息，或者传播他人编造的虚假信息或者误导性信息，损害竞争对手的商业信誉、商品声誉。如果发布的消息是真实的，不构成诋毁商誉。主观心态为故意，过失不构成诋毁。

（二）法律责任

经营者违反《反不正当竞争法》第 11 条规定损害竞争对手商业信誉、商品声誉的，由监督检查部门责令停止违法行为、消除影响，处 10 万元以上 50 万元以下的罚款；情节严重的，处 50 万元以上 300 万元以下的罚款。

八、互联网不正当竞争行为

互联网不正当竞争行为，是指经营者利用技术手段在互联网领域从事影响用户选择、干扰其他经营者正常经营的行为。

（一）行为认定

《反不正当竞争法》第 12 条规定，经营者不得利用技术手段，通过影响用户选择或者其他方式，实施下列妨碍、破坏其他经营者合法提供的网络产品或者服务正常运行的行为：（1）未经其他经营者同意，在其合法提供的网络产品或者服务中，插入链接、强制进行目标跳转；（2）误导、欺骗、强迫用户修改、关闭、卸载其他经营者合法提供的网络产品或者服务；（3）恶意对其他经营者合法提供的网络产品或者服务实施不兼容；（4）其他妨碍、破坏其他经营者合法提供的网络产品或者服务正常运行的行为。

（二）法律责任

经营者违反《反不正当竞争法》第 12 条规定，妨碍、破坏其他经营者合法提供的网络产品或者服务正常运行的，由监督检查部门责令停止违法行为，处 10 万元以上 50 万元以下的罚款；情节严重的，处 50 万元以上 300 万元以下的罚款。

【例题 12-4】 甲和从事互联网行业的乙公司签订委托合同，合同约定：用户在搜索某关键词时，将甲的几个链接排在丙公司的前面，后被丙公司得知。据此，下列哪一说法是正确的？（　　）

A. 甲的行为属于合理利用网络资源

B. 甲的行为属于混淆行为

C. 甲的行为属于互联网不正当竞争行为

D. 甲的行为属于虚假宣传　（答案：C）

案例直击：垄断纠纷案　　案例直击：不正当竞争纠纷案

思政园地

关键词：平台经济　反垄断　竞争　全面监管

平台经济的竞争与监管

2021 年 2 月 7 日，国务院反垄断委员会出台了《国务院反垄断委员会关于平台经济领域的反垄断指南》，对我国数字经济领域中的反垄断问题作出了针对性的规范。该指南是全球第一部官方发布的系统性、专门性针对平台经济领域的反垄断指南，不仅细化了反垄断规则，预示着我国数字经济反垄断趋严，平台竞争已迈入全面监管的新阶段，更凸显了平台经济领域反垄断监管的中国智慧。中国数字经济的竞争史可以被归结为三个阶段：数字经济萌芽期、移动互联网竞争阶段、全面监管阶段。

第一阶段：数字经济萌芽期（2008—2015 年）。以人人网诉百度为开端，到 3Q 大战结束。在这一阶段中，数字经济的发展与反垄断法的实施相同步。由于反垄断法刚刚实施，相关执法部门经验不足，对互联网企业几乎没有较为有效的干预与执法，存在着一定的制度漏洞与执法障碍。

第二阶段：移动互联网竞争阶段（2015—2019 年 6 月）。智能手机与 4G 实现了一定程度上的普及，我国正式从"生产大爆炸"迈向"交易大爆炸"，这也意味着移动端的数据流量成为最核心的竞争力量。在此期间，互联网企业依托移动端的流量使垄断成为可能，互联网企业并购则成为该阶段的突出问题。例如，滴滴和快的合并、携程和去哪儿与途牛的三方合并、美团和大众点评的合并、58 同城和赶集网的合并、腾讯音乐收购海洋音乐、优酷土豆的合并以及百度外卖被阿里巴巴收购等均在这一阶段完成。

第三阶段：全面监管阶段（2019 年 6 月至今）。时至今日，我国反垄断法已逐渐成熟，许多二选一事件已经被起诉到法庭，也被反垄断执法机构进行大规模的调查。

思考与探究

1.什么是垄断协议？法律禁止的垄断协议是什么？

2.哪些行为属于滥用市场支配地位的行为？

3.什么是互联网不正当竞争行为？

4.分别谈谈国家反垄断和反不正当竞争的社会经济意义。

本章主要涉及的法律规定

1.《中华人民共和国反垄断法》（2022 年修正）

2.《中华人民共和国反不正当竞争法》（2019 年修正）

3.《最高人民法院关于适用〈中华人民共和国反不正当竞争法〉若干问题的解释》（2022 年）

本章速览

第十三章

消费者法

学习要点

了解消费者权益保护法的适用范围，掌握消费者的权利与经营者的义务，理解对消费者合法权益的保护和争议解决，掌握侵犯消费者权益应当承担的法律责任。熟悉产品质量责任的概念，掌握生产者、销售者的产品质量责任和义务，了解产品质量监督制度。

了解电子商务的概念，掌握电子商务经营者的分类，理解电子商务经营者的法律义务，掌握电子商务合同的订立及履行，熟悉电子商务纠纷的解决途径。

思政目标

帮助学生理解以人民为中心的发展思想，注重民生、保障民生、改善民生，不断实现好、维护好、发展好最广大人民根本利益；自觉地将自己的行为与满足人民的需求结合起来。

第一节 消费者权益保护法

一、消费者权益保护法概述

（一）消费者的概念

消费作为社会再生产的一个重要环节，是生产、交换、分配的目的与归宿，包括生产消费和生活消费。生活需要是人类的基本需要。各国消费者权益保护法保护的主体，一般是指从事满足生活需要活动的消费者。

消费者，是指为了满足生活消费的需要而购买、使用商品或接受服务的人。它与经营者相对称，经营者就是向消费者出售商品或提供服务的市场主体。消费者权益，是指在消费活动中，消费者依法享有的各项权利的总和。

（二）消费者权益保护法的概念

消费者权益保护法是调整在保护公民消费权益过程中所产生的社会关系的法律规范的总称。在我国，消费者权益是一种特殊的民事权利，消费者权益保护法具有民事特别法的属性。依据该法对消费者人身权、财产权的保护，具有民事救济的属性，适用《民法典》民事责任制度尤其是侵权责任制度的法理和相关规则。

（三）消费者权益保护法的适用范围

根据《中华人民共和国消费者权益保护法》（以下简称《消费者权益保护法》）的规定，该法的适用范围如下：（1）消费者为生活需要购买、使用商品或者接受服务的，适用消费者权益保护法；该法未作规定的，受其他相关法律法规保护。要注意的是，消费者只能是个人，不包括团体、社会组织、单位，而且限于生活消费需要，不包括个人购买生产资料。（2）经营者为消费者提供其生产、销售的商品或者提供服务，适用消费者权益保护法。（3）农民购买、使用直接用于农业生产的生产资料，参照消费者权益保护法执行。

二、消费者的权利与经营者的义务

（一）消费者的权利

《消费者权益保护法》为消费者设立了既相互独立又相互关联的 10 项权利。

（1）安全保障权。消费者在购买、使用商品和接受服务时享有人身、财产安全不受损害的权利。

（2）知悉真情权。消费者享有知悉其购买、使用的商品或者接受的服务的真实情况的权利。

（3）消费者享有自主选择商品和服务的权利，包括：①消费者有权自主选择提供商品或者服务的经营者；②自主选择商品品种或者服务方式；③自主决定购买或者不购买任何一种商品、接受或者不接受任何一项服务；④消费者在自主选择商品或者服务时，有权进行比较、鉴别和挑选。

（4）公平交易权。消费者享有公平交易的权利。消费者在购买商品或者接受服务时，有权获得质量保障、价格合理、计量正确等公平交易条件，有权拒绝经营者的强制交易行为。

（5）获得赔偿权。消费者因购买、使用商品或者接受服务受到人身、财产损害的，享有依法获得赔偿的权利。

（6）结社权。消费者享有依法成立维护自身合法权益的社会组织的权利。目前，中国消费者协会及地方各级消费者协会已经成立。

（7）获得相关知识权。消费者享有获得有关消费和消费者权益保护方面的知识的权利。

（8）受尊重权。消费者在购买、使用商品和接受服务时，享有人格尊严、民族风俗习惯得到尊重的权利。

（9）监督批评权。消费者享有对商品和服务以及保护消费者权益工作进行监督的权利。消费者有权检举、控告侵害消费者权益的行为和国家机关及其工作人员在保护消费者权益工作中的违法失职行为，有权对保护消费者权益工作提出批评、建议。

（10）个人信息权。又称消费者隐私权，指消费者的姓名、性别、职业、学历、住所、联系方式、婚姻状况、亲属关系、财产状况、血型、病史、消费习惯等所有私人信息不被非法收集和非法披露的权利。

经济法律法规

（二）经营者的义务

在消费法律关系中，消费者的权利就是经营者的义务。《消费者权益保护法》第3章专门规定了经营者的义务，归纳为以下11项。

（1）依法经营和诚信经营义务。经营者向消费者提供商品或者服务，应当依照本法和其他有关法律、法规的规定履行义务。经营者和消费者有约定的，应当按照约定履行义务，但双方的约定不得违背法律、法规的规定。经营者向消费者提供商品或者服务，应当恪守社会公德，诚信经营，保障消费者的合法权益；不得设定不公平、不合理的交易条件，不得强制交易。

（2）接受监督的义务。经营者应当听取消费者对其提供的商品或者服务的意见，接受消费者的监督。

（3）安全保障义务。经营者应当保证其提供的商品或者服务符合保障人身、财产安全的要求。经营者应该做到：①对可能危及人身、财产安全的商品和服务，应当向消费者作出真实的说明和明确的警示，并说明和标明正确使用商品或者接受服务的方法以及防止危害发生的方法。②宾馆、商场、餐馆、银行、机场、车站、港口、影剧院等经营场所的经营者，应当对消费者尽到安全保障义务。③经营者发现其提供的商品或者服务存在缺陷，有危及人身、财产安全危险的，应当立即向有关行政部门报告和告知消费者，并采取停止销售、警示、召回、无害化处理、销毁、停止生产或者服务等措施。采取召回措施的，经营者应当承担消费者因商品被召回支出的必要费用。

（4）提供真实信息的义务。经营者向消费者提供有关商品或者服务的质量、性能、用途、有效期限等信息，应当真实、全面，不得作虚假或者引人误解的宣传。经营者对消费者就其提供的商品或者服务的质量和使用方法等问题提出的询问，应当作出真实、明确的答复。经营者提供商品或者服务应当明码标价。

（5）标明真实名称和标记的义务。经营者应当标明其真实名称和标记。租赁他人柜台或者场地的经营者，应当标明其真实名称和标记。

（6）出具凭证或单据的义务。经营者提供商品或者服务，应当按照国家有关规定或者商业惯例向消费者出具发票等购货凭证或者服务单据；消费者索要发票等购货凭证或者服务单据的，经营者必须出具。

（7）保证商品和服务质量的义务。该义务体现在以下三个方面：①经营者应当保证在正常使用商品或者接受服务的情况下其提供的商品或者服务应当具有的质量、性能、用途和有效期限；但消费者在购买该商品或者接受该服务前已经知道其存在瑕疵，且存在该瑕疵不违反法律强制性规定的除外。②经营者以广告、产品说明、实物样品或者其他方式表明商品或者服务的质量状况的，应当保证其提供的商品或者服务的实际质量与表明的质量状况相符。③经营者提供的机动车、计算机、电视机、电冰箱、空调器、洗衣机等耐用商品或者装饰装修等服务，消费者自接受商品或者服务之日起6个月内发现瑕疵，发生争议的，由经营者承担有关瑕疵的举证责任。

（8）履行退货、更换、修理的义务。该义务分为以下两种情形。

① 经营者提供的商品或者服务不符合质量要求的，消费者可以依照国家规定、当事人约定退货，或者要求经营者履行更换、修理等义务。没有国家规定和当事人约定的，消费者可以自收到商品之日起 7 日内退货；7 日后符合法定解除合同条件的，消费者可以及时退货，不符合法定解除合同条件的，可以要求经营者履行更换、修理等义务。

② 经营者采用网络、电视、电话、邮购等方式销售商品，消费者有权自收到商品之日起 7 日内退货，且无须说明理由，但下列商品除外：1）消费者定做的；2）鲜活易腐的；3）在线下载或者消费者拆封的音像制品、计算机软件等数字化商品；4）交付的报纸、期刊。除前述所列商品外，其他根据商品性质并经消费者在购买时确认不宜退货的商品，不适用无理由退货。

⑦【例题 13-1】花某从某网店购买一件连衣裙。货到拆封后，花某因不喜欢其颜色款式，多次与网店交涉要求退货。网店的下列哪些回答是违法的？（　　　）

A.该商品无质量问题，颜色款式也是客户自选，故退货理由不成立，不予退货

B.如网店同意退货，客户应承担退货的运费

C.客户下单时网店曾提示"一经拆封，概不退货"，故对已拆封商品不予退货

D.如网店同意退货，货款只能在一个月后退还　　　　　（答案：ACD）

（9）正确使用格式条款的义务。法律对经营者使用格式条款规定了两方面的义务：① 提示和说明的义务。经营者在经营活动中使用格式条款的，应当以显著方式提请消费者注意商品或者服务的数量和质量、价款或者费用、履行期限和方式、安全注意事项和风险警示、售后服务、民事责任等与消费者有重大利害关系的内容，并按照消费者的要求予以说明。②禁止滥用格式条款的义务。经营者不得以格式条款、通知、声明、店堂告示等方式，作出排除或者限制消费者权利、减轻或者免除经营者责任、加重消费者责任等对消费者不公平、不合理的规定，不得利用格式条款并借助技术手段强制交易。格式条款、通知、声明、店堂告示等含有前款所列内容的，其内容无效。

⑦【例题 13-2】甲在乙公司办理了手机通信服务，业务单约定：如甲方（甲）预付费使用完毕而未及时补缴款项，乙方（乙公司）有权暂停甲方的通信服务，由此造成损失，乙方概不担责。甲预付了费用，1 年后发现所用手机被停机，经查询方得知公司有"话费有效期满暂停服务"的规定，此时账户尚有余额，遂诉之。关于此事，下列哪些说法正确？（　　　）

A.乙公司侵犯了甲的知情权

B.甲有权要求乙公司退还全部预付款

C.法院应支持甲要求乙公司承担惩罚性赔偿的请求

D.乙公司提供格式条款时应提醒甲注意暂停服务的情形　　　（答案：AD）

（10）尊重消费者人格权的义务。经营者不得对消费者进行侮辱、诽谤，不得搜查消费者的身体及其携带的物品，不得侵犯消费者的人身自由。

经济法律法规

（11）尊重消费者信息自由的义务。该义务包括：①经营者收集、使用消费者个人信息，应当遵循合法、正当、必要的原则，明示收集、使用信息的目的、方式和范围，并经消费者同意。②对收集的消费者个人信息必须严格保密，不得泄露、出售或者非法向他人提供。经营者应当采取技术措施和其他必要措施，确保信息安全，防止消费者个人信息泄露、丢失。在发生或者可能发生信息泄露、丢失的情况时，应当立即采取补救措施。③经营者未经消费者同意或者请求，或者消费者明确表示拒绝的，不得向其发送商业性信息。

三、争议的解决

（一）一般性解决

《消费者权益保护法》第 39 条规定，消费者和经营者发生消费者权益争议的，可以通过下列途径解决：（1）与经营者协商和解；（2）请求消费者协会或者依法成立的其他调解组织调解；（3）向有关行政部门投诉；（4）根据与经营者达成的仲裁协议提请仲裁机构仲裁；（5）向人民法院提起诉讼。

（1）违约纠纷处理流程如下：①消费者在购买商品或者接受服务时，其合法权益受到损害的，可以向销售者或者服务者要求赔偿；②销售者或服务者赔偿后，属于生产者的责任或者属于向销售者提供商品的其他销售者的责任的，销售者有权向生产者或者其他销售者追偿。

（2）侵权纠纷处理流程如下：①消费者或者其他受害人因商品缺陷造成人身、财产损害的，可以向销售者要求赔偿，也可以向生产者要求赔偿；②属于生产者责任的，销售者赔偿后，有权向生产者追偿。属于销售者责任的，生产者赔偿后，有权向销售者追偿。

（二）企业分立、合并后的赔偿责任

消费者在购买、使用商品或者接受服务时，其合法权益受到损害，因原企业分立、合并的，可以向变更后承受其权利义务的企业要求赔偿。

（三）借用营业执照经营的责任

使用他人营业执照的违法经营者提供商品或者服务，损害消费者合法权益的，消费者可以向其要求赔偿，也可以向营业执照的持有人要求赔偿。

（四）展销会举办者、租赁柜台出租者的责任

消费者在展销会、租赁柜台购买商品或者接受服务，其合法权益受到损害的，可以向销售者或者服务者要求赔偿。展销会结束或者柜台租赁期满后，也可以向展销会的举办者、柜台的出租者要求赔偿。展销会的举办者、柜台的出租者赔偿后，有权向销售者或者服务者追偿。

（五）网络交易平台的责任

消费者通过网络交易平台购买商品或者接受服务，其合法权益受到损害的，可以向销售者或者服务者要求赔偿。网络交易平台提供者不能提供销售者或者服务者的真实名称、地址和有效联系方式的，消费者也可以向网络交易平台提供者要求赔偿。网络交易平台提供者作出更有利于消费者的承诺的，应当履行承诺。网络交易平台提供者赔偿后，有权向

销售者或服务者追偿。

网络交易平台提供者明知或者应知销售者或者服务者利用其平台侵害消费者合法权益，未采取必要措施的，依法与该销售者或者服务者承担连带责任。

（六）虚假广告制作者、发布者、参与者的责任

消费者因经营者利用虚假广告或者其他虚假宣传方式提供商品或者服务，其合法权益受到损害的，可以向经营者要求赔偿。广告经营者、发布者不能提供经营者的真实名称、地址和有效联系方式的，应当承担赔偿责任。

广告经营者、发布者设计、制作、发布关系消费者生命健康商品或者服务的虚假广告，造成消费者损害的，应当与提供该商品或者服务的经营者承担连带责任。

社会团体或者其他组织、个人在关系消费者生命健康商品或者服务的虚假广告或者其他虚假宣传中向消费者推荐商品或者服务，造成消费者损害的，应当与提供商品或者服务的经营者承担连带责任。

（七）消费者组织

消费者组织不得从事商品经营和营利性服务，不得以收取费用或者其他牟取利益的方式向消费者推荐商品和服务。

对侵害众多消费者合法权益的行为，中国消费者协会以及在省、自治区、直辖市设立的消费者协会，可以向人民法院提起诉讼。

四、法律责任

（一）人身伤害赔偿

（1）赔偿范围。经营者提供商品或者服务，造成消费者或者其他受害人人身伤害的，应当赔偿医疗费、护理费、交通费等为治疗和康复支出的合理费用，以及因误工减少的收入。造成残疾的，还应当赔偿残疾生活辅助具费和残疾赔偿金。造成死亡的，还应当赔偿丧葬费和死亡赔偿金。

（2）精神损害赔偿。经营者有侮辱诽谤、搜查身体、侵犯人身自由等侵害消费者或者其他受害人人身权益的行为，造成严重精神损害的，受害人可以要求精神损害赔偿。

（3）惩罚性赔偿。经营者明知商品或者服务存在缺陷，仍然向消费者提供，造成消费者或者其他受害人死亡或者健康严重损害的，受害人有权要求经营者赔偿损失，并有权要求所受损失2倍以下的惩罚性赔偿。

（二）财产损害赔偿

（1）一般情形。经营者提供商品或者服务，造成消费者财产损害的，应当依照法律规定或者当事人约定承担修理、重作、更换、退货、补足商品数量、退还货款和服务费用或者赔偿损失等民事责任。

（2）预收款销售的责任为：①经营者以预收款方式提供商品或者服务的，应当按照约定提供；②未按照约定提供的，应当按照消费者的要求履行约定或者退回预付款；③并应当承担预付款的利息、消费者必须支付的合理费用。

（三）欺诈的法律责任

（1）经营者提供商品或者服务有欺诈行为的，应当按照消费者的要求增加赔偿其受到的损失，增加赔偿的金额为消费者购买商品的价款或者接受服务的费用的3倍；增加赔偿的金额不足500元的，为500元。法律另有规定的，依照其规定。

（2）欺诈消费者行为的概念及判断标准。欺诈行为是指经营者在提供的商品或服务中，以虚假陈述、隐瞒实情等不正当手段误导消费者，使消费者权益受到损害的行为。只要证明下列事实存在，即可认定经营者构成欺诈：①经营者对其商品或服务的说明存在虚假或隐瞒，足以使一般消费者受到误导；②消费者因受误导而接受了经营者的商品或服务，而一般消费者在此情况下如果知道事实真相即不会接受该商品或服务，或者只会按实质不同的合同条款接受该商品或服务。

第二节　产品质量法

一、产品质量法概述

（一）产品

《中华人民共和国产品质量法》（以下简称《产品质量法》）所称的产品，是指经过加工、制作，用于销售的产品。因此，天然的物品、非用于销售的物品，不属于产品；建设工程、军工产品亦被排除在产品范围之外，另由专门法律调整。但是，建设工程所用的建筑材料、建筑构配件和设备、军工企业生产的民用产品，适用《产品质量法》的规定。因核设施、核产品造成损害的赔偿责任，法律、行政法规另有规定的，依照其规定。

（二）产品标准

产品标准是对产品所作的技术规定，它是判断产品合格与否的主要依据。《产品质量法》第12条规定，产品质量应当检验合格，即产品的质量状况符合标准中规定的具体指标。我国现行的标准分为国家标准、行业标准、地方标准和经备案的企业标准。凡有国家标准、行业标准的，必须符合该标准；没有国家标准、行业标准的，允许适用其他标准，但必须符合保障人体健康及人身、财产安全的要求。同时，国家鼓励企业赶超国际先进水平。对不符合国家标准、行业标准的产品，不符合保障人体健康和人身、财产安全标准与要求的工业产品，禁止生产和销售。

（三）产品质量和产品质量责任

1.产品质量

国际标准化组织规定的产品质量的定义是：产品能满足规定的或者潜在需要的特性和其他特性的总和。所谓总和，是指在标准中规定的产品的安全性、适用性、可靠性、维修性、有效性、经济性等质量指标，它反映、代表了产品的质量状况。根据产品标准进行检验，符合标准的即合格产品，方可认为达到了质量要求。

2.产品质量责任

产品质量责任,是指产品的生产者、销售者以及对产品质量负有直接责任的人违反《产品质量法》规定的产品质量义务所应承担的法律后果。具有下列情形之一的,可判定上述主体应承担产品质量责任。

(1)违反明示担保义务。明示担保义务是指生产者、销售者以各种公开的方式,就产品质量向消费者所作的说明或者陈述。这些方式包括订立合同、体现于产品标识及说明书中、展示实物样品、做广告宣传等。一旦生产者、销售者以上述方式明确表示产品所依据和达到的质量标准,就产生了明示担保义务。如果产品质量不符合承诺的标准,必须承担相应的法律责任。

(2)违反默示担保义务。默示担保义务是指法律、法规对产品质量所作的强制性要求,即使当事人之间有合同的约定,也不能免除和限制这种义务。它要求生产、销售的产品应该具有安全性和普通公众期待的使用性能,因此是对产品内在质量的基本要求。违反该义务,无论是否造成了消费者的损失,均应承担产品质量责任。

(3)产品存在缺陷。产品缺陷是指产品存在危及人身、他人财产安全的不合理的危险;产品有保障人体健康和人身、财产安全的国家标准、行业标准的,是指不符合该标准。合理的危险是不可避免的危险,不是产品缺陷,但要如实说明,如香烟一般都含有焦油,否则便无香味,包装上应明确注明"吸烟有害健康"。我国《产品质量法》不仅保留了安全性条款,还将产品标准条款引入产品缺陷领域,使产品缺陷认定在许多场合下变得更容易进行,亦更有利于对消费者权益的保护。

(四)产品质量法的调整对象

在我国境内从事产品生产、销售活动的企业、其他组织和个人(包括外国人)均必须遵守产品质量法。具体来说,产品质量法调整的法律关系包括三方面:(1)产品质量监督管理关系,即各级技术质量监督部门、市场监督管理部门在产品质量的监督检查、行使行政处罚权时与市场经营主体所发生的法律关系。(2)产品质量责任关系,即因产品质量问题引起的消费者与生产者、销售者之间的法律关系,包括因产品缺陷导致的人身、财产损害在生产者、销售者、消费者之间所产生的损害赔偿法律关系。(3)产品质量检验、认证关系,即因中介服务所产生的中介机构与市场经营主体之间的法律关系,因产品质量检验和认证不实损害消费者利益而产生的法律关系。

二、产品质量的监督

(一)产品质量的行政监督

1.产品质量行政监督部门

《产品质量法》第8条规定,国务院市场监督管理部门主管全国产品质量监督工作。国务院有关部门在各自的职责范围内负责产品质量监督工作。县级以上地方市场监督管理部门主管本行政区域内的产品质量监督工作。县级以上地方人民政府有关部门在各自的职责范围内负责产品质量监督工作。

2.产品质量监督管理制度

（1）产品质量抽查制度。国家对产品质量实行以抽查为主要方式的监督检查制度，对可能危及人体健康和人身、财产安全的产品，影响国计民生的重要工业产品以及消费者、有关组织反映有质量问题的产品进行抽查。

（2）企业质量体系认证制度及产品质量认证制度。国家根据国际通用的质量管理标准，推行企业质量体系认证制度；国家参照国际先进的产品标准和技术要求，推行产品质量认证制度。

（3）质量状况信息发布制度。国务院和省、自治区、直辖市人民政府的市场监督管理部门应当定期发布其监督抽查的产品的质量状况公告。

（二）产品质量的社会中介机构监督

（1）产品质量检验机构。产品质量检验机构，是指专门承担产品质量检验工作的法定技术机构。产品质量检验机构必须具备相应的检测条件和能力、经省级以上人民政府市场监督管理部门或者其授权的部门考核合格后，方可承担产品质量检验工作。法律、行政法规对产品质量检验机构另有规定的，依照有关法律、行政法规的规定执行。

（2）产品质量认证机构。产品质量认证工作应由专门的机构进行，我国的产品质量认证由专门的认证委员会完成。认证委员会在国务院标准化行政主管部门统一管理下，以独立于生产者、销售者的第三方身份开展认证工作。

从事产品质量检验、认证的社会中介机构必须依法设立，不得与行政机关和其他国家机关存在隶属关系或者其他利益关系。产品质量检验机构、认证机构必须依法按照有关标准，客观、公正地出具检验结果或者认证证明。

（三）产品质量的社会监督

（1）消费者的监督。消费者有权就产品质量问题，向产品的生产者、销售者查询；向市场监督管理部门及有关部门申诉，接受申诉的部门应当负责处理。

（2）社会组织的监督。保护消费者权益的社会组织可以就消费者反映的产品质量问题建议有关部门负责处理，支持消费者对因产品质量造成的损害向人民法院起诉。

（3）社会公众的检举权。任何单位和个人有权对违反产品质量法规定的行为，向市场监督管理部门或者其他有关部门检举。市场监督管理部门和有关部门应当为检举人保密，并按照省、自治区、直辖市人民政府的规定给予奖励。

三、生产者、销售者的产品质量责任和义务

（一）生产者的产品质量责任和义务

1.产品质量的要求

《产品质量法》第26条规定，生产者应当对其生产的产品质量负责。产品质量应当符合下列要求：（1）不存在危及人身、财产安全的不合理的危险，有保障人体健康和人身、财产安全的国家标准、行业标准的，应当符合该标准；（2）具备产品应当具备的使用性能，但是，对产品存在使用性能的瑕疵作出说明的除外；（3）符合在产品或者其包装上注

明采用的产品标准，符合以产品说明、实物样品等方式表明的质量状况。

2.产品标志的要求

《产品质量法》第27条规定，产品或者其包装上的标识必须真实，并符合下列要求：（1）有产品质量检验合格证明；（2）有中文标明的产品名称、生产厂厂名和厂址；（3）根据产品的特点和使用要求，需要标明产品规格、等级、所含主要成分的名称和含量的，用中文相应予以标明；需要事先让消费者知晓的，应当在外包装上标明，或者预先向消费者提供有关资料；（4）限期使用的产品，应当在显著位置清晰地标明生产日期和安全使用期或者失效日期；（5）使用不当容易造成产品本身损坏或者可能危及人身、财产安全的产品，应当有警示标志或者中文警示说明。裸装的食品和其他根据产品的特点难以附加标识的裸装产品，可以不附加产品标识。

3.特殊产品的包装要求

《产品质量法》第28条规定，易碎、易燃、易爆、有毒、有腐蚀性、有放射性等危险物品以及储运中不能倒置和其他有特殊要求的产品，其包装质量必须符合相应要求，依照国家有关规定作出警示标志或者中文警示说明，标明储运注意事项。

4.对生产者的禁止性规定

（1）生产者不得生产国家明令淘汰的产品；（2）生产者不得伪造产地，不得伪造或者冒用他人的厂名、厂址；（3）生产者不得伪造或者冒用认证标志等质量标志；（4）生产者生产产品，不得掺杂、掺假，不得以假充真、以次充好，不得以不合格产品冒充合格产品。

（二）销售者的产品质量责任和义务

（1）销售者应当建立并执行进货检查验收制度，验明产品合格证明和其他标识。

（2）销售者应当采取措施，保持销售产品的质量。

（3）销售者不得销售国家明令淘汰并停止销售的产品和失效、变质的产品。

（4）销售者销售的产品的标识应当符合《产品质量法》第27条的规定。

（5）销售者不得伪造产地，不得伪造或者冒用他人的厂名、厂址。

（6）销售者不得伪造或者冒用认证标志等质量标志。

（7）销售者销售产品，不得掺杂、掺假，不得以假充真、以次充好，不得以不合格产品冒充合格产品。

四、损害赔偿

（一）质量瑕疵担保责任——违约责任

产品质量的瑕疵担保责任，是指销售者交付的标的物不符合法定或者约定的品质标准，而应当承担的违约责任。

《产品质量法》第40条规定，售出的产品有下列情形之一的，销售者应当负责修理、更换、退货；给购买产品的消费者造成损失的，销售者应当赔偿损失：（1）不具备产品应当具备的使用性能而事先未作说明的；（2）不符合在产品或者其包装上注明采用的产品标准的；（3）不符合以产品说明、实物样品等方式表明的质量状况的。

销售者负责修理、更换、退货、赔偿损失后，属于生产者的责任或者属于向销售者提供产品的其他销售者（以下简称供货者）的责任的，销售者有权向生产者、供货者追偿。

生产者之间，销售者之间，生产者与销售者之间订立的买卖合同、承揽合同有不同约定的，合同当事人按照合同约定执行。

⑦【例题13-3】甲公司与潘某签订了买卖合同，约定甲公司向潘某出售一台钻机，潘某支付货款300万元，后潘某发现该钻机质量与产品说明不符，双方产生纠纷，对此，下列说法正确的是（　　）。

A.潘某有权要求甲公司赔偿损失

B.甲公司应向潘某承担违约责任

C.甲公司应向潘某承担侵权责任

D.潘某有权要求甲公司负责钻机的修理、更换、退货　　　　（答案：BD）

（二）产品责任——侵权责任

产品责任，是指因产品存在缺陷造成人身、缺陷产品以外的其他财产（简称"他人财产"）损害的，生产者应当承担赔偿责任。所谓缺陷，是指产品存在危及人身、他人财产安全的不合理的危险；产品有保障人体健康和人身、财产安全的国家标准、行业标准的，是指不符合该标准。

1.生产者的赔偿责任

因产品存在缺陷造成人身、他人财产损害的，无论生产者出于什么样的主观心理状态，都应承担赔偿责任。但是，生产者能够证明有下列情形之一，可免责：①未将产品投入流通的；②产品投入流通时，引起损害的缺陷尚不存在的；③将产品投入流通时的科学技术水平尚不能发现缺陷的存在的。

2.销售者的过错推定责任

由于销售者的过错使产品存在缺陷，造成人身、他人财产损害的，销售者应当承担赔偿责任。销售者能够证明自己没有过错，则不必承担赔偿责任。销售者不能指明缺陷产品的生产者也不能指明缺陷产品的供货者的，销售者应当承担赔偿责任。

3.产品责任的承担

因产品存在缺陷造成人身、他人财产损害的，受害人可以向产品的生产者要求赔偿，也可以向产品的销售者要求赔偿。属于产品的生产者的责任，产品的销售者赔偿的，产品的销售者有权向产品的生产者追偿。属于产品的销售者的责任，产品的生产者赔偿的，产品的生产者有权向产品的销售者追偿。

4.诉讼时效

因产品缺陷造成损害要求赔偿的诉讼时效期间为2年，自当事人知道或者应当知道其权益受到损害时起计算。

5.请求权

因产品存在缺陷造成损害要求赔偿的请求权,在造成损害的缺陷产品交付最初消费者满10年丧失;但是,尚未超过明示的安全使用期的除外。

⑦【例题13-4】老张在商场买了一台高压锅,回家使用时,发生爆炸,将老张脸崩花了,经鉴定,该高压锅不符合国家标准。下列哪些选项是错误的?(　　　)

A.如果高压锅是赠品,生产厂家免责

B.商场如果能够证明科学技术平所限不能发现高压锅缺陷存在,可以免于担责

C.如果老张起诉商场,可以在违约和侵权责任中任选一种

D.因缺陷造成损害要求赔偿的请求权,即最长保护期限10年,都从当事人知道或应当知道权益受到侵害时起算

（答案：ABD）

（三）有关机构的赔偿责任

（1）产品质量检验机构、认证机构出具的检验结果证明不实,造成损失的,应当承担相应的赔偿责任。

（2）产品质量认证机构违反法律规定,对不符合认证标准而使用认证标志的产品,未依法要求其改正或者取消其使用认证标志资格的,对因产品不符合认证标准给消费者造成的损失,与产品的生产者、销售者承担连带责任。

（3）社会团体、社会中介机构对产品质量作出承诺、保证,而该产品又不符合其承诺、保证的质量要求,给消费者造成损失的,与产品的生产者、销售者承担连带责任。

五、罚则

（一）生产者、销售者的行政责任

《产品质量法》第49条至第56条规定了生产者、销售者违反该法应承担的行政责任。生产者、销售者有下列行为之一的,由市场监督管理部门给予行政处罚:（1）生产、销售不符合保障人体健康和人身、财产安全的国家标准、行业标准的产品的;（2）在产品中掺杂、掺假,以假充真,以次充好,或者以不合格产品冒充合格产品的;（3）生产国家明令淘汰的产品的,销售国家明令淘汰并停止销售的产品的;（4）销售失效、变质的产品的,伪造产品产地的,伪造或者冒用他人厂名、厂址的,伪造或者冒用认证标志等质量标志的;（5）产品标识不符合该法规定的;（6）拒绝接受依法进行的产品质量监督检查的;（7）隐匿、转移、变卖、损毁被市场监督管理部门查封、扣押的物品的。

（二）产品质量检验机构、认证机构的违法处罚

产品质量检验机构、认证机构伪造检验结果或者出具虚假证明的,责令改正,对单位处5万元以上10万元以下的罚款,对直接负责的主管人员和其他直接责任人员处1万元以上5万元以下的罚款;有违法所得的,并处没收违法所得;情节严重的,取消其检验资格、认证资格;构成犯罪的,依法追究刑事责任。

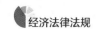

产品质量检验机构、认证机构出具的检验结果或者证明不实，造成重大损失的，撤销其检验资格、认证资格。

产品质量认证机构违反法律规定，对不符合认证标准而使用认证标志的产品，未依法要求其改正或者取消其使用认证标志资格，情节严重的，撤销其认证资格。

（三）政府机关工作人员和市场监督管理部门工作人员的违法处罚

（1）各级人民政府工作人员和其他国家机关工作人员有下列情形之一的，依法给予行政处分；构成犯罪的，依法追究刑事责任：①包庇、放纵产品生产、销售中违反《产品质量法》规定行为的；②向从事违反本法规定的生产、销售活动的当事人通风报信，帮助其逃避查处的；③阻挠、干预市场监督管理部门依法对产品生产、销售中违反《产品质量法》规定的行为进行查处，造成严重后果的。

（2）市场监督管理部门在产品质量监督抽查中超过规定的数量索取样品或者向被检查人收取检验费用的，由上级市场监督管理部门或者监察机关责令退还；情节严重的，对直接负责的主管人员和其他直接责任人员依法给予行政处分。

（3）市场监督管理部门或者其他国家机关违反法律规定，向社会推荐生产者的产品或者以监制、监销等方式参与产品经营活动的，由其上级机关或者监察机关责令改正，消除影响，有违法收入的予以没收；情节严重的，对直接负责的主管人员和其他直接责任人员依法给予行政处分。

产品质量检验机构有上述所列违法行为的，由市场监督管理部门责令改正，消除影响，有违法收入的予以没收，可以并处违法收入1倍以下的罚款；情节严重的，撤销其质量检验资格。

（4）市场监督管理部门的工作人员滥用职权、玩忽职守、徇私舞弊，构成犯罪的，依法追究刑事责任；尚不构成犯罪的，依法给予行政处分。

第三节　电子商务法

一、电子商务和电子商务法的概念

电子商务，是指通过互联网等信息网络销售商品或者提供服务的经营活动。我国鼓励发展电子商务新业态，创新商业模式，促进电子商务技术研发和推广应用，推进电子商务诚信体系建设，营造有利于电子商务创新发展的市场环境，充分发挥电子商务在推动高质量发展、满足人民日益增长的美好生活需要、构建开放型经济方面的重要作用。

电子商务法，是指调整通过互联网等信息网络销售商品或者提供服务的经营活动所引起的商事关系的法律规范的总称。根据《中华人民共和国电子商务法》（以下简称《电子商务法》）的规定，法律、行政法规对销售商品或者提供服务有规定的，适用其规定。金融类产品和服务，利用信息网络提供新闻信息、音视频节目、出版以及文化产品等内容方面的服务，不适用电子商务法。

二、电子商务经营者的分类

电子商务经营者，是指通过互联网等信息网络从事销售商品或者提供服务的经营活动的自然人、法人和非法人组织，包括电子商务平台经营者、平台内经营者以及通过自建网站、其他网络服务销售商品或者提供服务的电子商务经营者。

（1）电子商务平台经营者，简称电商平台，是指在电子商务中为交易双方或者多方提供网络经营场所、交易撮合、信息发布等服务，供交易双方或者多方独立开展交易活动的法人或者非法人组织。

（2）平台内经营者，也称商家，是指通过电子商务平台销售商品或者提供服务的电子商务经营者。

（3）自建网站电子商务经营者，是指在自行搭建的网络平台上从事商品销售和提供服务的电子商务经营者。

三、电子商务经营者的一般法律义务

（一）法定登记

电子商务经营者应当依法办理市场主体登记。但是个人销售自产农副产品、家庭手工业产品，个人利用自己的技能从事依法无须取得许可的便民劳务活动和零星小额交易活动，以及依照法律、行政法规不需要进行登记的除外。

⑦【例题13-5】农户小俞想开设个人网店销售自家产的水果。小任想以个人名义建立微信公众号销售日常生活商品。小袁擅长修手表，打算通过网络发布信息承揽修理手表业务。小柳打算开设个人网店销售商品。谁可以不办理市场主体登记？（　　　）

A.小俞不需要办理市场主体登记　　B.小任不需要办理市场主体登记
C.小袁不需要办理市场主体登记　　D.小柳不需要办理市场主体登记

（答案：AC）

（二）依法纳税与合法合规经营

（1）电子商务经营者应当依法履行纳税义务，并依法享受税收优惠。

（2）电子商务平台经营者应当遵循公开、公平、公正的原则，制定平台服务协议和交易规则，明确进入和退出平台、商品和服务质量保障、消费者权益保护、个人信息保护等方面的权利和义务。

（3）电子商务经营者从事经营活动，依法需要取得相关行政许可的，应当依法取得行政许可。电子商务经营者销售商品或者提供服务应当依法出具纸质发票或者电子发票等购货凭证或者服务单据。

（4）电子商务经营者应当在其首页显著位置持续公示营业执照信息及相关信息的链接标识。信息发生变更的，电子商务经营者应当及时更新公示信息。

（5）电子商务经营者因其技术优势、用户数量、对相关行业的控制能力以及其他经营者对该电子商务经营者在交易上的依赖程度等因素而具有市场支配地位的，不得滥用市场支配地位，排除、限制竞争。

（三）保护消费者权益的义务

（1）电子商务经营者销售的商品或者提供的服务应当符合保障人身、财产安全的要求和环境保护要求，不得销售或者提供法律、行政法规禁止交易的商品或者服务。

（2）电子商务经营者应当全面、真实、准确、及时地披露商品或者服务信息，保障消费者的知情权和选择权。电子商务经营者不得以虚构交易、编造用户评价等方式进行虚假或者引人误解的商业宣传，欺骗、误导消费者。电子商务经营者根据消费者的兴趣爱好、消费习惯等特征向其提供商品或者服务的搜索结果的，应当同时向该消费者提供不针对其个人特征的选项，尊重和平等保护消费者合法权益。

（3）电子商务经营者搭售商品或者服务，应当以显著方式提请消费者注意，不得将搭售商品或者服务作为默认同意的选项。

（4）电子商务经营者应当按照承诺或者与消费者约定的方式、时限向消费者交付商品或者服务，并承担商品运输中的风险和责任。但是，消费者另行选择快递物流服务提供者的除外。

（5）电子商务经营者按照约定向消费者收取押金的，应当明示押金退还的方式、程序，不得对押金退还设置不合理条件。消费者申请退还押金，符合押金退还条件的，电子商务经营者应当及时退还。

（四）信息保护义务

（1）电子商务经营者收集、使用其用户的个人信息，应当遵守法律、行政法规有关个人信息保护的规定。

（2）电子商务经营者应当明示用户信息查询、更正、删除以及用户注销的方式、程序，不得对用户信息查询、更正、删除以及用户注销设置不合理条件。

四、电子商务平台经营者的义务

（一）主体身份登记、核验及公示义务

（1）电子商务平台经营者应当要求申请进入平台销售商品或者提供服务的经营者提交其身份、地址、联系方式、行政许可等真实信息，进行核验、登记，建立登记档案，并定期核验更新。

（2）电子商务平台经营者应当按照规定向市场监督管理部门报送平台内经营者的身份信息。

（3）电子商务平台经营者应当依照税收征收管理法律、行政法规的规定，向税务部门报送平台内经营者的身份信息和与纳税有关的信息。

（二）安全保障义务

电子商务平台经营者应当采取技术措施和其他必要措施保证其网络安全、稳定运行，防范网络违法犯罪活动，有效应对网络安全事件，保障电子商务交易安全，并应当制定网络安全事件应急预案。

（三）明示义务

（1）电子商务平台经营者应当遵循公开、公平、公正的原则，制定平台服务协议和交易规则，明确进入和退出平台、商品和服务质量保障、消费者权益保护、个人信息保护等方面的权利和义务。

（2）电子商务平台经营者应当在其首页显著位置持续公示平台服务协议和交易规则信息或者上述信息的链接标识，并保证经营者和消费者能够便利、完整地阅览和下载。

（四）禁止滥用平台优势地位

电子商务平台经营者不得利用服务协议、交易规则以及技术等手段，对平台内经营者在平台内的交易、交易价格以及与其他经营者的交易等进行不合理限制或者附加不合理条件，或者向平台内经营者收取不合理费用。

（五）监管义务

（1）电子商务平台经营者应当建立健全信用评价制度，公示信用评价规则，为消费者提供对平台内销售的商品或者提供的服务进行评价的途径。

（2）电子商务平台经营者知道或者应当知道平台内经营者销售的商品或者提供的服务不符合保障人身、财产安全的要求，或者有其他侵害消费者合法权益行为，未采取必要措施的，依法与该平台内经营者承担连带责任。

（3）对关系消费者生命健康的商品或者服务，电子商务平台经营者对平台内经营者的资质资格未尽到审核义务，或者对消费者未尽到安全保障义务，造成消费者损害的，依法承担相应的责任。

（六）知识产权保护

（1）电子商务平台经营者应当建立知识产权保护规则，与知识产权权利人加强合作，依法保护知识产权。

（2）知识产权权利人认为其知识产权受到侵害的，有权通知电子商务平台经营者采取删除、屏蔽、断开链接、终止交易和服务等必要措施。通知应当包括构成侵权的初步证据。电子商务平台经营者接到通知后，应当及时采取必要措施，并将该通知转送平台内经营者；未及时采取必要措施的，对损害的扩大部分与平台内经营者承担连带责任。因通知错误造成平台内经营者损害的，依法承担民事责任。恶意发出错误通知，造成平台内经营者损失的，加倍承担赔偿责任。

（3）电子商务平台经营者知道或者应当知道平台内经营者侵犯知识产权的，应当采取删除、屏蔽、断开链接、终止交易和服务等必要措施；未采取必要措施的，与侵权人承担连带责任。

【例题13-6】甲公司认为某电子商务平台内的一个网店侵害其商标权，通知平台经营者采取删除、屏蔽等措施。平台经营者将通知转送网店经营者后，网店经营者向平台经营者声明不存在侵权，平台经营者将声明转送甲公司。平台经营者在下列何种条件下，应及时终止所采取的措施？（　　　）

A. 转送声明发出后满 15 日

B. 转送声明到达甲公司时

C. 转送声明到达甲公司后 15 日内，未收到甲公司已经投诉或起诉的通知

D. 收到网店的声明时

（答案：C）

五、电子商务合同的订立与履行

电子商务当事人订立和履行合同，适用《电子商务法》和《民法典》《中华人民共和国电子签名法》等法律的规定。

（一）电子商务合同的订立

电子商务当事人使用自动信息系统订立或者履行合同的行为对使用该系统的当事人具有法律效力。在电子商务中推定当事人具有相应的民事行为能力，但是，有相反证据足以推翻的除外。

电子商务经营者发布的商品或者服务信息符合要约条件的，用户选择该商品或者服务并提交订单成功，合同成立。当事人另有约定的，从其约定。电子商务经营者不得以格式条款等方式约定消费者支付价款后合同不成立；格式条款等含有该内容的，其内容无效。

电子商务经营者应当清晰、全面、明确地告知用户订立合同的步骤、注意事项、下载方法等事项，并保证用户能够便利、完整地阅览和下载。电子商务经营者应当保证用户在提交订单前可以更正输入错误。

（二）交付时间、地点和方式

合同标的为交付商品并采用快递物流方式交付的，收货人签收时间为交付时间。合同标的为提供服务的，生成的电子凭证或者实物凭证中载明的时间为交付时间；前述凭证没有载明时间或者载明时间与实际提供服务时间不一致的，实际提供服务的时间为交付时间。

合同标的为采用在线传输方式交付的，合同标的进入对方当事人指定的特定系统并且能够检索识别的时间为交付时间。

（三）电子支付

电子商务当事人可以约定采用电子支付方式支付价款。电子支付服务提供者为电子商务提供电子支付服务，应当遵守国家规定，告知用户电子支付服务的功能、使用方法、注意事项、相关风险和收费标准等事项，不得附加不合理交易条件。电子支付服务提供者应当确保电子支付指令的完整性、一致性、可跟踪稽核和不可篡改。

电子支付服务提供者提供电子支付服务不符合国家有关支付安全管理要求，造成用户损失的，应当承担赔偿责任。

六、电子商务争议解决

（1）国家鼓励电子商务平台经营者建立有利于电子商务发展和消费者权益保护的商品、服务质量担保机制。电子商务平台经营者与平台内经营者协议设立消费者权益保证金

的，双方应当就消费者权益保证金的提取数额、管理、使用和退还办法等作出明确约定。消费者要求电子商务平台经营者承担先行赔偿责任以及电子商务平台经营者赔偿后向平台内经营者的追偿，适用《消费者权益保护法》的有关规定。

（2）电子商务经营者应当建立便捷、有效的投诉、举报机制，公开投诉、举报方式等信息，及时受理并处理投诉、举报。

（3）电子商务争议可以通过协商和解，请求消费者组织、行业协会或者其他依法成立的调解组织调解，向有关部门投诉，提请仲裁，或者提起诉讼等方式解决。

（4）消费者在电子商务平台购买商品或者接受服务，与平台内经营者发生争议时，电子商务平台经营者应当积极协助消费者维护合法权益。

（5）电子商务平台经营者可以建立争议在线解决机制，制定并公示争议解决规则，根据自愿原则，公平、公正地解决当事人的争议。

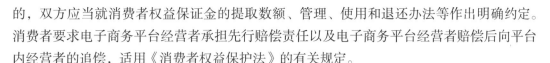

思政园地

案例直击：消费者权益保护案

案例直击：产品责任纠纷案

关键词： 消费者权益　绿色消费　畅通渠道　解决纠纷

2022年中国消费者权益保护状况

2022年是党的二十大胜利召开之年，也是向第二个百年奋斗目标进军的开局之年。党的二十大报告指出，推动高质量发展，加快发展方式绿色转型，倡导绿色消费。[①]

消费者权益保护的法律、法规、规章等制度不断完善。法律层面，《中华人民共和国反电信网络诈骗法》出台，《中华人民共和国农产品质量安全法》《中华人民共和国反垄断法》等法律修订。行政法规层面，《中华人民共和国进出口商品检验法实施条例》《互联网上网服务营业场所管理条例》《医疗机构管理条例》《农药管理条例》等进行了修订。规章和规范性文件层面，政府部门不断细化完善消费者权益保护的相关制度。

2022年，政府有关部门进一步完善消费投诉处理制度机制、畅通消费投诉渠道、积极妥善处理消费投诉，为消费者挽回经济损失。工业和信息化部推动100家重点互联网企业建立人工客服热线，155家企业接入互联网信息服务投诉平台，投诉处理及时率达98.0%以上，有效响应用户诉求。交通运输部就交通运输行业的服务监督、投诉举报及咨询服务开通全国交通运输服务监督电话热线12328，提供24小时在线服务；坚持地方为主、联网运行，充分发挥地方主体作用，显著提升处理投诉举报、提供咨询服务等服务能力，本年度共计处理投诉案件185.0万件，及时有效地解决了乘客诉求。

2022年，全国各级人民法院依法妥善审理大量住房、教育培训、医疗卫生、养老托

---

① 习近平. 高举中国特色社会主义伟大旗帜 为全面建设社会主义现代化国家而团结奋斗——在中国共产党第二十次全国代表大会上的报告[M]. 北京：人民出版社，2022：28, 50.

育、食品药品等重点民生领域消费纠纷案件以及网络消费、预付式消费等新型消费纠纷案件，其中福建省4.3万件，吉林省1.7万件，江苏省4.5万件，新疆全区4.9万件，安徽省2.9万件、广州市2.0万件。人民检察机关充分发挥检察监督职能，2022年，全国检察机关共立案食品药品安全领域公益诉讼案件2.0万件，有力保障消费者生命健康安全。

受理消费投诉和解决纠纷，是消协组织维护消费者权益的核心职责。2022年，消费投诉总体呈上升态势，其中涉及食品安全、医美安全、预付安全、商品房、物业服务、电信服务、航空客运、在线培训、网络游戏、宠物消费等十大投诉热点。全国消协组织认真履行法定职责，不断完善消费投诉处理机制，提高投诉处理效率，帮助消费者依法维权，取得明显成效。根据全国消协组织受理投诉情况统计，2022年全国消协组织共受理消费者投诉115.2万件，比上一年增长5.7%，解决915752件，投诉解决率79.5%，为消费者挽回经济损失13.8亿元。其中，因经营者有欺诈行为得到加倍赔偿的投诉1.8万件，加倍赔偿金额453.0万元。接待消费者来访和咨询149.0万人次。

思考与探究

1. 消费者的权利有哪些？
2. 如何理解消费者的个人信息权？
3. 产品生产者在何种情况下不承担产品责任？
4. 电子商务平台经营者的法律义务有哪些？
5. 电子商务争议的解决途径有哪些？

本章主要涉及的法律规定

1. 《中华人民共和国消费者权益保护法》（2013年修正）
2. 《中华人民共和国产品质量法》（2018年修正）
3. 《中华人民共和国电子商务法》（2018年）
4. 《中华人民共和国消费者权益保护法实施条例》（2024年）

本章速览

第十四章

劳动与社会保障法

第一节　劳动法

一、劳动法概述

　　劳动法，是指调整劳动者与用人单位之间的劳动关系，以及与劳动关系有密切联系的其他社会关系的法律规范的总称。劳动关系，是指劳动者与用人单位依法签订劳动合同而在劳动者与用人单位之间产生的法律关系。劳动法是调整劳动关系的基本法，劳动法与劳动合同法是一般法与特别法的关系，即劳动合同法有规定的，优先适用劳动合同法，劳动合同法没有规定的，适用劳动法。《中华人民共和国劳动法》（以下简称《劳动法》）于1994年7月5日经第八届全国人大常委会第八次会议通过，2009年、2018年各进行了一次修正。

　　《劳动法》第2条规定，中华人民共和国境内的企业、个体经济组织（以下统称用人单位）和与之形成劳动关系的劳动者，适用本法；国家机关、事业组织、社会团体和与之建立劳动合同关系的劳动者，依照本法执行。

　　但是，公务员和比照实行公务员制度的事业组织和社会团体的工作人员，以及农村劳动者（乡镇企业职工和进城务工、经商的农民除外）、现役军人和家庭保姆等不适用《劳动法》。

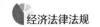

二、劳动者的权利和义务

（一）劳动者的权利

（1）劳动权利。《劳动法》第 3 条第 1 款规定，劳动者的劳动权利主要有：①平等就业和选择职业；②取得劳动报酬；③休息休假；④获得劳动安全卫生保护；⑤接受职业技能培训；⑥享受社会保险和福利；⑦提请劳动争议处理；⑧法律规定的其他劳动权利。

（2）参加工会的权利。《劳动法》第 7 条规定，劳动者有权依法参加和组织工会。

（3）参与民主管理、平等协商的权利。《劳动法》第 8 条规定，劳动者依照法律规定，通过职工大会、职工代表大会或者其他形式，参与民主管理或者就保护劳动者合法权益与用人单位进行平等协商。

（二）劳动者的义务

劳动者应遵循《劳动法》第 3 条第 2 款规定的"劳动者应当完成劳动任务，提高职业技能，执行劳动安全卫生规程，遵守劳动纪律和职业道德"的准则，践行宪法宣示的"劳动是一切具有劳动能力的公民的光荣职责"的理念，切实履行劳动义务。

三、工作时间和休息休假

（一）工作时间

国家实行劳动者每日工作时间不超过 8 小时、平均每周工作时间不超过 44 小时的工时制度。对实行计件工作的劳动者，用人单位应当根据前述工时制度合理确定其劳动定额和计件报酬标准。用人单位应当保证劳动者每周至少休息一日。经批准实行综合计算工作时间的用人单位，分别以周、月、季、年等为周期综合计算工作时间，但其平均日工作时间和平均周工作时间应与法定标准工作时间基本相同。

（二）休息休假

（1）休息时间的种类。①工作日内的间歇时间，是指在工作日内给予劳动者休息和用餐的时间。一般为 1 ~ 2 小时，最少不得少于半小时。②工作日间的休息时间，即两个邻近工作日之间的休息时间。一般不少于 16 小时。③公休假日。又称周休息日，是劳动者在 1 周（7 日）内享有的休息日，公休假日一般为每周 2 日，一般安排在周六和周日休息。

（2）休假的种类。①法定节假日，是指法律规定用于开展纪念、庆祝活动的休息时间。根据 2013 年国务院修订的《全国年节及纪念日放假办法》，全体公民放假的节日包括新年（元旦）1 天、春节 3 天、清明节 1 天、劳动节 1 天、端午节 1 天、中秋节 1 天及国庆节 3 天，共 11 天。②探亲假，是指劳动者享有保留工资、工作岗位而同分居两地的父母或配偶团聚的假期。③年休假，劳动者连续工作一年以上的，享受带薪年休假。职工累计工作已满 1 年不满 10 年的，年休假 5 天；累计工作已满 10 年不满 20 年的，年休假 10 天；累计工作已满 20 年的，年休假 15 天。

（三）加班加点的主要法律规定

加班，是指劳动者在法定节日或公休假日从事生产或工作。加点，是指劳动者在标准工作日以外延长工作的时间。加班加点又统称为延长工作时间。

1.一般情况下加班加点的规定

《劳动法》第 41 条规定，用人单位由于生产经营需要，经与工会和劳动者协商后可以延长工作时间，一般每日不得超过 1 小时；因特殊需要延长工作时间的，在保障劳动者身体健康的条件下延长工作时间每日不得超过 3 小时，但是每月不得超过 36 小时。

2.特殊情况下延长工作时间的规定

有下列特殊情形和紧急任务之一，延长工作时间不受《劳动法》第 41 条的限制：①发生自然灾害、事故或者其他原因，威胁劳动者生命健康和财产安全，或使人民的安全健康和国家资财遭到严重威胁，需要紧急处理的；②生产设备、交通运输线路、公共设施发生故障，影响生产和公共利益，必须及时抢修的；③在法定节日和公休假日内工作不能间断，必须连续生产、运输或营业的；④必须利用法定节日或公休假日的停产期间进行设备检修、保养的；⑤为完成国防紧急生产任务，或者完成上级在国家计划外安排的其他紧急生产任务，以及商业、供销企业在旺季完成的收购、运输、加工农副产品紧急任务的；⑥法律、行政法规规定的其他情形。

3.加班加点的工资标准

用人单位应当按照下列标准支付高于劳动者正常工作时间工资的工资报酬：安排劳动者延长工作时间的，支付不低于工资的 150% 的工资报酬；休息日安排劳动者工作又不能安排补休的，支付不低于工资的 200% 的工资报酬；法定节假日安排劳动者工作的，支付不低于工资的 300% 的工资报酬。

⑦【例题 14-1】甲公司依法安排职工鄞某于 2022 年 12 月 16 日（周五）延长工作 2 小时，12 月 17 日（周六）加班 1 天，事后未安排其补休。已知甲公司实行标准工时制，鄞某日工资 200 元。根据劳动法律制度的规定，甲公司依法应支付鄞某 12 月最低加班工资的下列计算中，正确的是（   ）。

A. $200 \div 8 \times 150\% \times 2 + 200 \times 150\% \times 1 = 375$（元）

B. $200 \div 8 \times 150\% \times 2 + 200 \times 200\% \times 1 = 475$（元）

C. $200 \div 8 \times 200\% \times 2 + 200 \times 200\% \times 1 = 500$（元）

D. $200 \div 8 \times 200\% \times 2 + 200 \times 300\% \times 1 = 700$（元）

（答案：B）

四、工资

工资分配应当遵循按劳分配原则，实行同工同酬。用人单位根据本单位生产经营特点和经济效益，依法自主确定本企业劳动者的工资分配方式和工资水平。国家实行最低工资保障制度。最低工资的具体标准由省、自治区、直辖市人民政府规定，报国务院备案。用人单位支付劳动者的工资不得低于当地最低工资标准。

用人单位应当以货币形式按月支付给劳动者本人，不得克扣或者无故拖欠劳动者的工资。劳动者在法定休假日和婚丧假期间以及依法参加社会活动期间，用人单位应当依法支付工资。

五、职业安全卫生制度

（一）职业安全卫生工作的方针和制度

我国职业安全卫生工作的方针是：安全第一、预防为主。职业安全卫生制度主要包括：职业安全卫生标准制度、安全生产保障制度、职业卫生与职业病防治制度、职业安全卫生责任制度、职业安全教育制度、职业安全卫生认证制度、安全卫生设施"三同时"制度、安全卫生检查与监察制度、伤亡事故报告处理制度等内容。

（二）女职工特殊劳动保护

为保护女职工的身体健康，《劳动法》作了如下规定：（1）禁止安排女职工从事矿山井下、国家规定的第四级体力劳动强度的劳动和其他禁忌从事的劳动；（2）不得安排女职工在经期从事高处、低温、冷水作业和国家规定的第三级体力劳动强度的劳动；（3）不得安排女职工在怀孕期间从事国家规定的第三级体力劳动强度的劳动和孕期禁忌从事的劳动；对怀孕7个月以上的女职工，不得安排其延长工作时间和夜班劳动；（4）女职工生育享受不少于90天的产假；（5）不得安排女职工在哺乳未满1周岁的婴儿期间从事国家规定的第三级体力劳动强度的劳动和哺乳期禁忌从事的其他劳动，不得安排其延长工作时间和夜班劳动。

（三）未成年工特殊劳动保护

未成年工，是指已满16周岁、未满18周岁的劳动者。用人单位不得安排未成年工从事矿山井下、有毒有害、国家规定的第四级体力劳动强度的劳动和其他禁忌从事的劳动。用人单位还应当对未成年工定期进行健康检查。

六、社会保险和福利

国家发展社会保险事业，建立社会保险制度，设立社会保险基金，使劳动者在年老、患病、工伤、失业、生育等情况下获得帮助和补偿。《劳动法》第73条规定，劳动者在下列情形下，依法享受社会保险待遇：（1）退休；（2）患病、负伤；（3）因工伤残或者患职业病；（4）失业；（5）生育。劳动者享受的社会保险金必须按时足额支付。

国家发展社会福利事业，兴建公共福利设施，为劳动者休息、休养和疗养提供条件。

用人单位应当创造条件，改善集体福利，提高劳动者的福利待遇。

七、劳动争议

劳动争议又称劳动纠纷，是指劳动关系双方当事人因执行劳动法律、法规或履行劳动合同、集体合同发生的纠纷。按照劳动争议的内容，劳动争议可分为：（1）因确认劳动关系发生的争议；（2）因订立、履行、变更、解除和终止劳动合同发生的争议；（3）因除名、辞退和辞职、离职发生的争议；（4）因工作时间、休息休假、社会保险、福利、培训以及劳动保护发生的争议；（5）因劳动报酬、工伤医疗费、经济补偿或者赔偿金等发生的争议；（6）法律法规规定的其他劳动争议。

用人单位与劳动者发生劳动争议，当事人可以依法申请调解、劳动仲裁、提起诉讼，也可以协商解决。

第二节　劳动合同法

一、劳动合同的概念和种类

劳动合同，是指劳动者与用人单位之间确立劳动关系，明确双方权利和义务的书面协议。《中华人民共和国劳动合同法》（以下简称《劳动合同法》）第 12 条规定，劳动合同分为固定期限劳动合同、无固定期限劳动合同和以完成一定工作任务为期限的劳动合同。

（1）固定期限劳动合同，是指用人单位与劳动者约定合同终止时间的劳动合同。双方当事人可以自由协商确定是否签订固定期限劳动合同及起止时间。

（2）无固定期限劳动合同，是指用人单位与劳动者约定无确定终止时间的劳动合同。用人单位与劳动者协商一致，可以订立无固定期限劳动合同。有下列情形之一，劳动者提出或者同意续订、订立劳动合同的，除劳动者提出订立固定期限劳动合同外，应当订立无固定期限劳动合同：①劳动者在该用人单位连续工作满 10 年的；②用人单位初次实行劳动合同制度或者国有企业改制重新订立劳动合同时，劳动者在该用人单位连续工作满 10 年且距法定退休年龄不足 10 年的；③连续订立 2 次固定期限劳动合同，且劳动者没有《劳动合同法》第 39 条和第 40 条第 1 项、第 2 项规定的情形，续订劳动合同的；④用人单位自用工之日起满 1 年不与劳动者订立书面劳动合同的，视为用人单位与劳动者已订立无固定期限劳动合同。

（3）以完成一定工作任务为期限的劳动合同，是指用人单位与劳动者约定以某项工作的完成为合同期限的劳动合同。这种劳动合同没有明确约定合同有效时间的长短，而是把某项工作任务完成的时间作为劳动合同终止的时间。主要是便于用人单位根据工作性质、工作任务完成的状况，灵活确定劳动合同开始和结束的时间，具有较大的灵活性。

二、劳动合同的订立

（一）劳动合同订立的形式

用人单位自用工之日起即与劳动者建立劳动关系。建立劳动关系，应当订立书面劳动合同。已建立劳动关系，未同时订立书面劳动合同的，应当自用工之日起 1 个月内订立书面劳动合同。用人单位与劳动者在用工前订立劳动合同的，劳动关系自用工之日起建立。

劳动合同由用人单位与劳动者协商一致，并经用人单位与劳动者在劳动合同文本上签字或者盖章生效。

（二）未依法及时订立书面劳动合同的处理

（1）对于已建立劳动关系，未同时订立书面劳动合同的，应当自用工之日起 1 个月内订立书面劳动合同。自用工之日起 1 个月内，经用人单位书面通知后，劳动者不与用人单位订立书面劳动合同的，用人单位应当书面通知劳动者终止劳动关系，无须向劳动者支付经济补偿，但是应当依法向劳动者支付其实际工作时间的劳动报酬。

（2）用人单位自用工之日起超过1个月不满1年未与劳动者订立书面劳动合同的，应当向劳动者每月支付2倍的工资（即1倍正常工资加上1倍工资补偿），并与劳动者补订书面劳动合同。用人单位向劳动者每月支付2倍工资的起算时间为用工之日起满1个月的次日，截止时间为补订书面劳动合同的前1日。劳动者不与用人单位订立书面劳动合同的，用人单位应当书面通知劳动者终止劳动关系，并支付经济补偿。

（3）用人单位自用工之日起满1年未与劳动者订立书面劳动合同的，自用工之日起满1个月的次日至满1年的前1日应当向劳动者每月支付2倍的工资，并视为自用工之日起满1年的当日已经与劳动者订立无固定期限劳动合同，应当立即与劳动者补订书面劳动合同。

【例题14-2】 2021年11月2日，葛某进入甲公司工作，月工资5000元。公司按月支付工资，直到2022年12月底，甲公司仍未与葛某签订书面劳动合同。下列关于甲公司与葛某之间劳动关系建立及后果的表述中，正确的有（   ）。

A.应视为自2022年11月2日起双方已订立无固定期限劳动合同

B.甲公司应当立即与葛某补订书面劳动合同

C.葛某有权要求甲公司支付未签订书面劳动合同的工资补偿55000元

D.双方的劳动关系自2021年11月2日建立　　　　　　（答案：ABCD）

（三）劳动合同的条款

1.必备条款

《劳动合同法》第17条第1款规定，劳动合同应当具备以下条款：（1）用人单位的名称、住所和法定代表人或者主要负责人；（2）劳动者的姓名、住址和居民身份证或者其他有效身份证件号码；（3）劳动合同期限；（4）工作内容和工作地点；（5）工作时间和休息休假；（6）劳动报酬；（7）社会保险；（8）劳动保护、劳动条件和职业危害防护；（9）法律、法规规定应当纳入劳动合同的其他事项。

2.约定条款

《劳动合同法》第17条第2款规定了劳动合同的约定事项，即劳动合同除以上规定的必备条款外，用人单位与劳动者可约定试用期、培训、保守秘密、补充保险和福利待遇等其他事项。

（1）试用期。劳动合同期限3个月以上不满1年的，试用期不得超过1个月；劳动合同期限1年以上不满3年的，试用期不得超过2个月；3年以上固定期限和无固定期限的劳动合同，试用期不得超过6个月。完成一定工作任务为期限的劳动合同或者劳动合同期限不满3个月的，不得约定试用期。同一用人单位与同一劳动者只能约定1次试用期。试用期包含在劳动合同期限内。劳动合同仅约定试用期的，试用期不成立，该期限为劳动合同期限。

劳动者在试用期的工资不得低于本单位相同岗位最低档工资的 80% 或者不得低于劳动合同约定工资的 80%，并不得低于用人单位所在地的最低工资标准。

（2）培训和服务期。用人单位为劳动者提供专项培训费用，对其进行专业技术培训的，可以与该劳动者订立协议，约定服务期。劳动者违反服务期约定的，应当按照约定向用人单位支付违约金。违约金的数额不得超过用人单位提供的培训费用。用人单位要求劳动者支付的违约金不得超过服务期尚未履行部分所应分摊的培训费用。用人单位与劳动者约定服务期的，不影响按照正常的工资调整机制提高劳动者在服务期期间的劳动报酬。

（3）保守商业秘密和竞业限制。用人单位与劳动者可以在劳动合同中约定保守用人单位的商业秘密和与知识产权相关的保密事项。对负有保密义务的劳动者，用人单位可以在劳动合同或者保密协议中与劳动者约定竞业限制条款，并约定在解除或者终止劳动合同后，在竞业限制期限内按月给予劳动者经济补偿。劳动者违反竞业限制约定的，应当按照约定向用人单位支付违约金。

竞业限制的人员限于用人单位的高级管理人员、高级技术人员和其他负有保密义务的人员。在解除或者终止劳动合同后，前款规定的人员到与本单位生产或者经营同类产品、从事同类业务的有竞争关系的其他用人单位，或者自己开业生产或者经营同类产品、从事同类业务的竞业限制期限，不得超过 2 年。

除上述服务期和竞业限制事项外，用人单位不得与劳动者约定由劳动者承担违约金。

（四）劳动合同的无效

劳动合同的无效分为部分无效和全部无效。部分无效的劳动合同，是指合同的某些条款虽然违反法律规定，但并不影响其他条款的法律效力，其他部分仍然有效。

《劳动合同法》第 26 条规定，下列劳动合同无效或者部分无效：（1）以欺诈、胁迫的手段或者乘人之危，使对方在违背真实意思的情况下订立或者变更劳动合同的；（2）用人单位免除自己的法定责任、排除劳动者权利的；（3）违反法律、行政法规强制性规定的。对劳动合同的无效或者部分无效有争议的，由劳动争议仲裁机构或者人民法院确认。

三、劳动合同的履行和变更

（一）劳动合同的履行

劳动合同的履行，是指劳动合同的双方当事人按照合同规定，履行各自应承担的义务的行为。用人单位与劳动者应当按照劳动合同的约定，全面履行各自的义务。

履行劳动合同应保障劳动者报酬权的实现，用人单位应当按照劳动合同约定和国家规定，向劳动者及时足额支付劳动报酬。用人单位拖欠或者未足额支付劳动报酬的，劳动者可以依法向当地人民法院申请支付令，人民法院应当依法发出支付令。用人单位安排加班的，应当按照国家有关规定向劳动者支付加班费。

劳动合同应依法履行，用人单位应当严格执行劳动定额标准，不得强迫或者变相强迫劳动者加班。劳动者拒绝用人单位管理人员违章指挥、强令冒险作业的，不视为违反劳动合同。劳动者对危害生命安全和身体健康的劳动条件，有权对用人单位提出批评、检举和控告。

用人单位变更名称、法定代表人、主要负责人或者投资人等事项，不影响劳动合同的履行。用人单位发生合并或者分立等情况，原劳动合同继续有效，劳动合同由承继其权利和义务的用人单位继续履行。

（二）劳动合同的变更

劳动合同的变更，是指当事人双方对尚未履行或尚未完全履行的劳动合同，依照法律规定的条件和程序，对原劳动合同进行修改或增删的法律行为。用人单位与劳动者协商一致，可以变更劳动合同约定的内容。变更劳动合同，应当采用书面形式。

四、劳动合同的解除和终止

（一）劳动合同的解除

用人单位与劳动者协商一致，可以解除劳动合同。劳动者或用人单位单方面解除劳动合同的情形分述如下。

1.劳动者可单方面解除劳动合同的情形

（1）劳动者提前通知解除劳动合同的情形：①劳动者在试用期内提前3日通知用人单位，可以解除劳动合同；②劳动者提前30日以书面形式通知用人单位，可以解除劳动合同。

（2）劳动者可以随时通知解除劳动合同的情形：①用人单位未按照劳动合同约定提供劳动保护或者劳动条件的；②用人单位未及时足额支付劳动报酬的；③用人单位未依法为劳动者缴纳社会保险费的；④用人单位的规章制度违反法律、法规的规定，损害劳动者权益的；⑤用人单位以欺诈、胁迫的手段或者乘人之危，使劳动者在违背真实意思的情况下订立或者变更劳动合同的；⑥用人单位在劳动合同中免除自己的法定责任、排除劳动者权利的；⑦用人单位违反法律、行政法规强制性规定的；⑧法律、行政法规规定劳动者可以解除劳动合同的其他情形。

（3）劳动者不需要事先告知即可解除劳动合同的情形：①用人单位以暴力、威胁或者非法限制人身自由的手段强迫劳动者劳动的；②用人单位违章指挥、强令冒险作业危及劳动者人身安全的。

2.用人单位可以单方面解除劳动合同的情形

（1）用人单位可以随时通知劳动者解除合同的情形：①劳动者在试用期间被证明不符合录用条件的；②劳动者严重违反用人单位的规章制度的；③劳动者严重失职，营私舞弊，给用人单位造成重大损害的；④劳动者同时与其他用人单位建立劳动关系，对完成本单位的工作任务造成严重影响，或者经用人单位提出，拒不改正的；⑤劳动者以欺诈、胁迫的手段或者乘人之危，使用人单位在违背真实意思的情况下，订立或者变更劳动合同致使劳动合同无效的；⑥劳动者被依法追究刑事责任的。

（2）无过失性辞退。有下列情形之一的，用人单位提前30日以书面形式通知劳动者本人或者额外支付劳动者1个月工资后，可以解除劳动合同：①劳动者患病或者非因工负伤，在规定的医疗期满后不能从事原工作，也不能从事由用人单位另行安排的工作的；②劳动者不能胜任工作，经过培训或者调整工作岗位，仍不能胜任工作的；③劳动合同订立时所依据的客观情况发生重大变化，致使劳动合同无法履行，经用人单位与劳动者协商，未能就变更劳动合同内容达成协议的。

（3）经济性裁员。用人单位有下列情形之一，需要裁减人员 20 人以上或者裁减不足 20 人但占企业职工总数 10% 以上的，用人单位提前 30 日向工会或者全体职工说明情况，听取工会或者职工的意见后，裁减人员方案经向劳动行政部门报告，可以裁减人员：①依照《中华人民共和国企业破产法》规定进行重整的；②生产经营发生严重困难的；③企业转产、重大技术革新或者经营方式调整，经变更劳动合同后，仍需裁减人员的；④其他因劳动合同订立时所依据的客观经济情况发生重大变化，致使劳动合同无法履行的。

裁减人员时，应当优先留用下列人员：①与本单位订立较长期限的固定期限劳动合同的；②与本单位订立无固定期限劳动合同的；③家庭无其他就业人员，有需要扶养的老人或者未成年人的。用人单位依照前述规定裁减人员，在 6 个月内重新招用人员的，应当通知被裁减的人员，并在同等条件下优先招用被裁减的人员。

（二）劳动合同的终止

1.劳动合同终止的情形

有下列情形之一的，劳动合同终止：（1）劳动合同期满的；（2）劳动者开始依法享受基本养老保险待遇的；（3）劳动者达到法定退休年龄的；（4）劳动者死亡，或者被人民法院宣告死亡或者宣告失踪的；（5）用人单位被依法宣告破产的；（6）用人单位被吊销营业执照、责令关闭、撤销或者用人单位决定提前解散的；（7）法律、行政法规规定的其他情形。

2.劳动合同解除和终止的限制性规定

劳动者有下列情形之一的，用人单位既不得适用无过失性辞退或者经济性裁员解除劳动合同的情形解除劳动合同，也不得终止劳动合同，劳动合同应当延续至相应的情形消失时终止：（1）从事接触职业病危害作业的劳动者未进行离岗前职业健康检查，或者疑似职业病病人在诊断或者医学观察期间的；（2）在本单位患职业病或者因工负伤并被确认丧失或者部分丧失劳动能力的；（3）患病或者非因工负伤，在规定的医疗期内的；（4）女职工在孕期、产期、哺乳期的；（5）在本单位连续工作满 15 年，且距法定退休年龄不足 5 年的；（6）法律、行政法规规定的其他情形。

如果符合因劳动者过错解除劳动合同的情形，则不受上述限制性规定的影响。

⑦【例题 14-3】甲公司与乙于 2020 年 1 月 8 日签订劳动合同，为期 1 年，在这期间乙为甲公司撰写《甲公司发展史》，2020 年 12 月 8 日，乙外出旅游受伤遵医嘱休息了 3 个月，2021 年 6 月 8 日，乙向甲公司交付了撰写的书稿。问甲公司与乙的劳动合同何时终止？（　　　）

  A. 2021 年 1 月 8 日　　　　　　　B. 2021 年 3 月 8 日

  C. 2021 年 6 月 8 日　　　　　　　D. 2020 年 12 月 8 日　　　　　（答案：B）

五、经济补偿

经济补偿,是指在劳动者无过错的情况下,用人单位与劳动者解除或者终止劳动合同而依法应给予劳动者的一次性货币补偿。

(一)补偿标准

经济补偿按劳动者在本单位工作的年限,每满1年支付1个月工资的标准向劳动者支付。6个月以上不满1年的,按1年计算;不满6个月的,向劳动者支付半个月工资的经济补偿。月工资是指劳动者在劳动合同解除或者终止前12个月的平均工资。该平均工资低于当地最低工资标准的,按照当地最低工资标准计算。

劳动者月工资高于用人单位所在直辖市、设区的市级人民政府公布的本地区上年度职工月平均工资3倍的,向其支付经济补偿的标准按职工月平均工资3倍的数额支付,向其支付经济补偿的年限最高不超过12年。

【例题14-4】2021年5月10日奚丽入职汉中文化传播有限公司,但公司未与奚丽签订劳动合同。为了拓展业务,汉中文化传播有限公司设立北京分公司,于2021年10月10日将奚丽派遣至北京分公司工作。2022年6月10日,北京分公司业绩不佳,提出与奚丽解除合同,奚丽同意离职。至此,双方一直未签订劳动合同。对此,下列说法正确的是哪些?( )

A.汉中文化传播公司是用人单位,北京分公司是用工单位

B.北京分公司与奚丽解除劳动合同,无须支付经济补偿

C.因未签订书面劳动合同,汉中文化传播公司应当向奚丽多支付11个月的报酬

D.北京分公司与奚丽解除劳动合同,应当支付经济补偿金,补偿金为奚丽1个半月的工资 (答案:CD)

(二)用人单位应当向劳动者支付经济补偿的法定情形

根据《劳动合同法》的规定,用人单位在下列情形下,应当向劳动者支付经济补偿:(1)由用人单位提出解除劳动合同并与劳动者协商一致而解除劳动合同的;(2)劳动者符合"随时通知解除和不需事先通知即可解除劳动合同"规定的情形而解除劳动合同的;(3)用人单位符合"提前30日以书面形式通知劳动者本人或者额外支付劳动者1个月工资后可以解除劳动合同"规定的情形而解除劳动合同的;(4)用人单位符合"可裁减人员规定"而解除劳动合同的;(5)除用人单位维持或者提高劳动合同约定条件续订劳动合同,劳动者不同意续订的情形外,劳动合同期满终止固定期限劳动合同的;(6)以完成一定工作任务为期限的劳动合同因任务完成而终止的;(7)用人单位被依法宣告破产、被吊销营业执照、责令关闭、撤销或者用人单位决定提前解散而终止劳动合同的;(8)法律、行政法规规定解除或终止劳动合同应当向劳动者支付经济补偿的其他情形。

【例题14-5】根据劳动合同法律制度的规定，劳动合同终止的下列情形中，用人单位应向劳动者支付经济补偿的有（   ）。

A.劳动者开始依法享受基本养老保险待遇的

B.用人单位决定提前解散的

C.用人单位终止劳动者非全日制用工的

D.以完成一定工作任务为期限的劳动合同因任务完成而终止的   （答案：BD）

（三）经济补偿、赔偿金和违约金的区别

（1）适用条件不同：①经济补偿是法定的，主要是针对劳动关系的解除和终止，如果劳动者无过错，用人单位则应给予劳动者一定的经济补偿。②违约金是约定的，是劳动者违反了劳动合同中关于服务期和竞业限制的约定，而向用人单位支付的违约金。③赔偿金是指用人单位和劳动者由于自己的过错给对方造成损害时所应承担的不利的法律后果。

（2）支付主体不同：①经济补偿金的支付主体只能是用人单位。②违约金的支付主体只能是劳动者。③赔偿金的支付主体可能是用人单位，也可能是劳动者。

六、《劳动合同法》的特别规定

《劳动合同法》的特别规定主要包括集体合同、劳务派遣、非全日制用工3种情形。

（一）集体合同

集体合同，是指企业职工一方与用人单位通过平等协商，就劳动报酬、工作时间、休息休假、劳动安全卫生、保险福利等事项达成的协议。集体合同中劳动报酬和劳动条件等标准不得低于当地人民政府规定的最低标准；用人单位与劳动者订立的劳动合同中劳动报酬和劳动条件等标准不得低于集体合同规定的标准。

企业职工一方与用人单位可以订立劳动安全卫生、女职工权益保护、工资调整机制等专项集体合同。在县级以下区域内，建筑业、采矿业、餐饮服务业等行业可以由工会与企业方面代表订立行业性集体合同，或者订立区域性集体合同。

集体合同订立后，应当报送劳动行政部门，劳动行政部门自收到合同文本之日起15日内未提出异议的，集体合同即行生效。依法订立的集体合同对用人单位和劳动者均具有约束力。行业性、区域性集体合同对当地本行业、本区域的用人单位和劳动者具有约束力。

（二）劳务派遣

劳务派遣，是指劳务派遣单位（即用人单位）与劳动者订立劳动合同后，由派遣单位与实际用工单位通过订立劳务派遣协议，将劳动者派遣到用工单位工作，用工单位实际使用劳动者，用工单位向劳务派遣单位支付管理费、劳动者工资、社会保险费用等而形成的关系。

劳动合同用工是我国企业的基本用工形式，劳务派遣用工只是补充形式，只能在临时性、辅助性或者替代性的工作岗位上实施。所谓临时性工作岗位，是指存续时间不超过6

个月的岗位；辅助性工作岗位是指为主营业务岗位提供服务的非主营业务岗位；替代性工作岗位是指用工单位的劳动者因脱产学习、休假等原因无法工作的一定期间内，可以由其他劳动者替代工作的岗位。

劳务派遣单位应当与被派遣劳动者订立 2 年以上的固定期限劳动合同，按月支付劳动报酬；被派遣劳动者在无工作期间，劳务派遣单位应当按照所在地人民政府规定的最低工资标准，向其按月支付报酬。劳务派遣单位不得以非全日制用工形式招用被派遣劳动者。用人单位不得设立劳务派遣单位向本单位或者所属单位派遣劳动者。

用工单位应当严格控制劳务派遣用工数量，使用的被派遣劳动者数量不得超过其用工总量的 10%。用工单位不得将被派遣劳动者再派遣到其他用人单位。被派遣劳动者享有与用工单位的劳动者同工同酬的权利。

（三）非全日制用工

非全日制用工，是指以小时计酬为主，劳动者在同一用人单位一般平均每日工作时间不超过 4 小时，每周工作时间累计不超过 24 小时的用工形式。

非全日制用工双方当事人可以订立口头协议。从事非全日制用工的劳动者可以与 1 个或者 1 个以上用人单位订立劳动合同；但是，后订立的劳动合同不得影响先订立的劳动合同的履行。非全日制用工双方当事人不得约定试用期。非全日制用工双方当事人任何一方都可以随时通知对方终止用工。终止用工，用人单位不向劳动者支付经济补偿。非全日制用工小时计酬标准不得低于用人单位所在地人民政府规定的最低小时工资标准；非全日制用工劳动报酬结算支付周期最长不得超过 15 日。

案例直击：劳动合同纠纷案

第三节 社会保险法

一、社会保险概述

社会保险，是指国家依法建立的，由国家、用人单位和个人共同筹集资金、建立基金，使个人在年老（退休）、患病、工伤（因工伤残或者患职业病）、失业、生育等情况下获得物质帮助和补偿的一种社会保障制度。

我国《中华人民共和国社会保险法》（以下简称社会保险法）和《劳动法》《失业保险条例》《工伤保险条例》《国务院关于建立统一的城乡居民基本养老保险制度的意见》《国务院关于整合城乡居民基本医疗保险制度的意见》以及人力资源和社会保障部《实施〈中华人民共和国社会保险法〉若干规定》等法律、法规和规定，构成了我国社会保险法律制度的主要内容。

目前我国的社会保险项目主要有基本养老保险、基本医疗保险、工伤保险、失业保险和生育保险。2019 年 3 月 6 日，国务院办公厅印发了《关于全面推进生育保险和职工基本

医疗保险合并实施的意见》，生育保险已并入职工基本医疗保险。

二、基本养老保险

基本养老保险制度，是指缴费达到法定期限并且个人达到法定退休年龄后，国家和社会提供物质帮助以保证因年老而退出劳动领域者稳定、可靠的生活来源的社会保险制度。基本养老保险是社会保险体系中最重要、实施最广泛的一项制度。

（一）基本养老保险制度组成

（1）职工基本养老保险。《社会保险法》第 10 条规定，其包括两类人员：①在我国境内的企业、事业单位以工资收入为主要生活来源的体力劳动者和脑力劳动者，由用人单位和职工共同缴纳基本养老保险费。②无雇工的个体工商户、未在用人单位参加基本养老保险的非全日制从业人员以及其他灵活就业人员可以参加基本养老保险，由个人缴纳基本养老保险费。

（2）机关事业单位工作人员基本养老保险。根据国务院的有关规定，其包括：①《中华人民共和国公务员法》管理的机关（单位）编制内工作人员；②《事业单位登记管理暂行条例》规定范围内的事业单位在职在编工作人员。

（3）居民基本养老保险。包括新型农村社会养老保险和城镇居民社会养老保险。根据国务院的有关规定，其范围包括年满 16 周岁（不含在校学生）、不在以上两类基本养老保险范围内的我国城乡居民。

（二）职工基本养老保险

1.职工基本养老保险费的缴纳

职工基本养老保险基金由用人单位和个人缴费以及政府补贴等组成。基本养老保险实行社会统筹与个人账户相结合，单位缴费记入基本养老保险统筹基金。基本养老保险基金出现支付不足时，政府给予补贴。

（1）单位缴纳。自 2019 年 5 月 1 日起，降低城镇职工基本养老保险（包括企业和机关事业单位基本养老保险）单位缴费比例。各省、自治区、直辖市及新疆生产建设兵团养老保险单位缴费比例高于 16% 的，可降至 16%；目前低于 16% 的，要研究提出过渡办法。

（2）个人缴纳。按照现行政策，职工个人按照本人缴费工资的 8% 缴费，记入个人账户。个人缴费不计征个人所得税，在计算个人所得税的应税收入时，应当扣除个人缴纳的养老保险费。缴费工资基数，一般为职工本人上一年度月平均工资。本人月平均工资低于当地职工月平均工资 60% 的，按当地职工月平均工资的 60% 作为缴费基数。本人月平均工资高于当地职工月平均工资 300% 的，按当地职工月平均工资的 300% 作为缴费基数。

个人账户不得提前支取，记账利率不得低于银行定期存款利率，免征利息税。个人跨统筹地区就业的，其基本养老保险关系、基本医疗保险关系和失业保险关系随本人转移，缴费年限累计计算。参加职工基本养老保险的个人死亡后，其个人账户中的余额可以全部依法继承。

❓ **【例题 14-6】**甲公司职工鲍某已参加职工基本养老保险，月工资 16000 元。已知甲公司所在地职工月平均工资为 4500 元，月最低工资标准为 3000 元。计算甲公司每月应从鲍某工资中扣缴基本养老保险费的下列算式中，正确的是（　　　）。

A. 16000 × 8% = 1280（元）　　B. 4500 × 3 × 8% = 1080（元）

C. 3000 × 3 × 8% = 720（元）　　D. 4500 × 8% = 360（元）　　（答案：B）

（3）其他规定。无雇工的个体工商户、未在用人单位参加基本养老保险的非全日制从业人员以及其他灵活就业人员参加职工基本养老保险的，由个人缴纳基本养老保险费。按照本地全口径城镇单位就业人员平均工资核定社保个人缴费基数上下限，允许缴费人在60% ～ 300% 选择适当的缴费基数。缴费比例为20%，其中8%记入个人账户。

2.职工基本养老保险享受条件与待遇

（1）享受条件。①年龄条件：达到法定退休年龄。目前国家实行的法定的企业职工退休年龄是：男年满 60 周岁，女工人年满 50 周岁，女干部年满 55 周岁；从事井下、高温、高空、特别繁重体力劳动或其他有害身体健康工作的，退休年龄为男年满 55 周岁，女年满 45 周岁；因病或非因工致残，由医院证明并经劳动鉴定委员会确认完全丧失劳动能力的，退休年龄为男年满 50 周岁，女年满 45 周岁。②缴费条件：累计缴费满 15 年。参加职工基本养老保险的个人，达到法定退休年龄时累计缴费满 15 年的，按月领取基本养老金。参加职工基本养老保险的个人达到法定退休年龄时，累计缴费不足 15 年的，可以延长缴费至满 15 年。社会保险法实施前参保、延长缴费 5 年后仍不足 15 年的，可以一次性缴费至满 15 年。参加职工基本养老保险的个人达到法定退休年龄后，累计缴费不足 15 年（含前述规定延长缴费）的，可以申请转入户籍所在地新型农村社会养老保险或者城镇居民社会养老保险，享受相应的养老保险待遇。

（2）职工基本养老保险待遇。①职工基本养老金。对符合基本养老保险享受条件的人员，国家按月支付基本养老金。②丧葬补助金、遗属抚恤金和病残津贴。参加基本养老保险的个人，因病或者非因工死亡的，其遗属可以领取丧葬补助金和抚恤金；在未达到法定退休年龄时因病或者非因工致残完全丧失劳动能力的，可以领取病残津贴。所需资金从基本养老保险基金中支付。

三、基本医疗保险

（一）职工基本医疗保险

职工应当参加职工基本医疗保险，由用人单位和职工按照国家规定共同缴纳基本医疗保险费。无雇工的个体工商户、未在用人单位参加职工基本医疗保险的非全日制从业人员以及其他灵活就业人员可以参加职工基本医疗保险，由个人按照国家规定缴纳基本医疗保险费。参加职工基本医疗保险的个人，达到法定退休年龄时累计缴费达到国家规定年限的，退休后不再缴纳基本医疗保险费，按照国家规定享受基本医疗保险待遇；未达到国家规定年限的，可以缴费至国家规定年限。

（1）单位缴费。由统筹地区统一确定适合当地经济发展水平的基本医疗单位缴纳率，一般为职工工资总额的6%。用人单位的基本医疗保险费分为两部分，一部分用于建立统筹基金，一部分划入个人账户。

（2）基本医疗保险个人账户的资金来源。①个人缴费部分。由统筹地区统一确定适合当地职工负担水平的基本医疗个人缴费率，一般为本人工资收入的2%。②用人单位缴纳的划入部分。由统筹地区根据个人医疗账户的支付范围和职工年龄等因素确定用人单位所缴医疗保险费划入个人医疗账户的具体比例，一般为30%左右。

【例题14-7】甲公司职工史某的月工资为7800元，已知当地职工基本医疗保险的单位缴费率为6%，职工个人缴费率为2%，用人单位所缴医疗保险费划入个人医疗账户的比例为30%。根据社会保险法律制度的规定，关于史某个人医疗保险账户每月存储额的下列计算中，正确的是（　　）。

A. $7800 \times 6\% \times 30\% = 140.4$（元）　　B. $7800 \times 2\% + 7800 \times 6\% = 624$（元）

C. $7800 \times 2\% + 7800 \times 6\% \times 30\% = 296.4$（元）　　D. $7800 \times 2\% = 156$（元）

（答案：C）

（二）城乡居民基本医疗保险

国务院于2016年1月3日印发了《关于整合城乡居民基本医疗保险制度的意见》，规定整合城镇居民基本医疗保险和新型农村合作医疗两项制度，建立统一的城乡居民基本医疗保险制度。该制度覆盖范围包括现有城镇居民基本医疗保险和新型农村合作医疗所有应参保（合）人员，还包括大、中、小学的在校学生。

（三）全面推进生育保险和职工基本医疗保险合并实施

根据《关于全面推进生育保险和职工基本医疗保险合并实施的意见》，推进两项保险合并实施，统一参保登记，即参加职工基本医疗保险的在职职工同步参加生育保险。统一基金征缴和管理，生育保险基金并入职工基本医疗保险基金，按照用人单位参加生育保险和职工基本医疗保险的缴费比例之和确定新的用人单位职工基本医疗保险费率，个人不缴纳生育保险费。

两项保险合并实施后实行统一定点医疗服务管理，统一经办和信息服务。确保职工生育期间的生育保险待遇不变。

（四）基本医疗保险基金不支付的医疗费用

下列医疗费用不纳入基本医疗保险基金支付范围：（1）应当从工伤保险基金中支付的；（2）应当由第三人负担的；（3）应当由公共卫生负担的；（4）在境外就医的。医疗费用应当由第三人负担，第三人不支付或者无法确定第三人的，由基本医疗保险基金先行支付。基本医疗保险基金先行支付后，有权向第三人追偿。

（五）医疗期

医疗期，是指企业职工因患病或非因工负伤停止工作治病休息，不得解除劳动合同的时限。

1.医疗期时限

《企业职工患病或非因工负伤医疗期规定》第 3 条规定，企业职工因患病或非因工负伤，需要停止工作医疗时，根据本人实际参加工作年限和在本单位工作年限，给予 3 个月到 24 个月的医疗期：①实际工作年限 10 年以下的，在本单位工作年限 5 年以下的为 3 个月；5 年以上的为 6 个月。②实际工作年限 10 年以上的，在本单位工作年限 5 年以下的为 6 个月；5 年以上 10 年以下的为 9 个月；10 年以上 15 年以下的为 12 个月；15 年以上 20 年以下的为 18 个月；20 年以上的为 24 个月。（编者注：本段落中"以上"包括本数，"以下"不包括本数）

2.医疗期的计算方法

医疗期 3 个月的按 6 个月内累计病休时间计算；6 个月的按 12 个月内累计病休时间计算；9 个月的按 15 个月内累计病休时间计算；12 个月的按 18 个月内累计病休时间计算；18 个月的按 24 个月内累计病休时间计算；24 个月的按 30 个月内累计病休时间计算。

3.医疗期内的待遇

企业职工在医疗期内，病假工资或者疾病救济费可以低于当地最低工资标准，但最低不能低于最低工资标准的 80%。

一般情况下，医疗期内用人单位不得解除或者终止劳动合同。如医疗期内遇合同期满，则合同必须续延至医疗期满，职工在此期间仍然享受医疗期内的待遇。对医疗期满尚未痊愈者，或者医疗期满后，不能从事原工作，也不能从事用人单位另行安排的工作，被解除劳动合同的，用人单位应当向其支付经济补偿。但医疗期内，劳动者具有《劳动合同法》第 39 条规定情形之一的，用人单位可以解除劳动合同，且不需支付经济补偿。

四、工伤保险

工伤保险，是指劳动者在职业工作中或规定的特殊情况下遭遇意外伤害或职业病，导致暂时或永久丧失劳动能力以及死亡时，劳动者或其遗属能够从国家和社会获得物质帮助的社会保险制度。职工应当参加工伤保险，由用人单位缴纳工伤保险费，职工不缴纳工伤保险费。

（一）工伤认定

（1）认定工伤。《工伤保险条例》第 14 条规定，职工有下列情形之一的，应当认定为工伤：①在工作时间和工作场所内，因工作原因受到事故伤害的；②工作时间前后在工作场所内，从事与工作有关的预备性或者收尾性工作受到事故伤害的；③在工作时间和工作场所内，因履行工作职责受到暴力等意外伤害的；④患职业病的；⑤因工外出期间，由于工作原因受到伤害或者发生事故下落不明的；⑥在上下班途中，受到非本人主要责任的交通事故或者城市轨道交通、客运轮渡、火车事故伤害的；⑦法律、行政法规规定应当认定为工伤的其他情形。

（2）视同工伤。《工伤保险条例》第 15 条规定，职工有下列情形之一的，视同工伤：①在工作时间和工作岗位，突发疾病死亡或者在 48 小时之内经抢救无效死亡的；

②在抢险救灾等维护国家利益、公共利益活动中受到伤害的；③原在军队服役，因战、因公负伤致残，已取得革命伤残军人证，到用人单位后旧伤复发的。

（3）职工因下列情形之一导致本人在工作中伤亡的，不得认定为工伤或者视同工伤：①故意犯罪；②醉酒或者吸毒；③自残或者自杀。

（二）工伤保险待遇

（1）因工伤发生的下列费用，按照国家规定从工伤保险基金中支付：①治疗工伤的医疗费用和康复费用；②住院伙食补助费；③到统筹地区以外就医的交通食宿费；④安装配置伤残辅助器具所需费用；⑤生活不能自理的，经劳动能力鉴定委员会确认的生活护理费；⑥一次性伤残补助金和一至四级伤残职工按月领取的伤残津贴；⑦终止或者解除劳动合同时，应当享受的一次性医疗补助金；⑧因工死亡的，其遗属领取的丧葬补助金、供养亲属抚恤金和因工死亡补助金；⑨劳动能力鉴定费。

【例题14-8】 工伤保险基金按伤残等级支付一次性伤残补助金，标准为：五级伤残为（　　　）个月的本人工资，六级伤残为（　　　）个月的本人工资。

A.12　　　　B.15　　　　C.18　　　　D.16　　　　（答案：CD）

（2）因工伤发生的下列费用，按照国家规定由用人单位支付：①治疗工伤期间的工资福利；②五级、六级伤残职工按月领取的伤残津贴；③终止或者解除劳动合同时，应当享受的一次性伤残就业补助金。

工伤职工有下列情形之一的，停止享受工伤保险待遇：①丧失享受待遇条件的；②拒不接受劳动能力鉴定的；③拒绝治疗的。

（3）工伤保险的特别规定：①职工所在用人单位未依法缴纳工伤保险费，发生工伤事故的，由用人单位支付工伤保险待遇。用人单位不支付的，从工伤保险基金中先行支付，由用人单位偿还。②由于第三人的原因造成工伤，第三人不支付工伤医疗费用或者无法确定第三人的，由工伤保险基金先行支付。工伤保险基金先行支付后，有权向第三人追偿。③工伤职工符合领取基本养老金条件的，停发伤残津贴，享受基本养老保险待遇。基本养老保险待遇低于伤残津贴的，由工伤保险基金补足差额。

五、失业保险

失业保险是对因失业而中断生活来源的劳动者在法定期间内提供保险待遇以维持其基本生活，促进其再就业的一种社会保险制度。职工应当参加失业保险，由用人单位和职工按照国家规定共同缴纳失业保险费。失业保险金的标准由省、自治区、直辖市人民政府确定，不得低于城市居民最低生活保障标准。

（一）失业保险待遇的享受条件

失业人员符合下列条件的，从失业保险基金中领取失业保险金：（1）失业前用人单位和本人已经缴纳失业保险费满1年的；（2）非因本人意愿中断就业的；（3）已经进行失业登记，并有求职要求的。

非因本人意愿中断就业包括下列情形：（1）依照《劳动合同法》第 44 条第 1 项、第 4 项、第 5 项规定终止劳动合同的；（2）由用人单位依照《劳动合同法》第 39 条、第 40 条、第 41 条规定解除劳动合同的；（3）用人单位依照《劳动合同法》第 36 条规定向劳动者提出解除劳动合同并与劳动者协商一致解除劳动合同的；（4）由用人单位提出解除聘用合同或者被用人单位辞退、除名、开除的；（5）劳动者本人依照《劳动合同法》第 38 条规定解除劳动合同的；（6）法律、法规、规章规定的其他情形。

（二）领取期限和停止领取

（1）领取期限。失业人员失业前用人单位和本人累计缴费满 1 年不足 5 年的，领取失业保险金的期限最长为 12 个月；累计缴费满 5 年不足 10 年的，领取失业保险金的期限最长为 18 个月；累计缴费 10 年以上的，领取失业保险金的期限最长为 24 个月。重新就业后，再次失业的，缴费时间重新计算，领取失业保险金的期限与前次失业应当领取而尚未领取的失业保险金的期限合并计算，最长不超过 24 个月。

（2）停止领取。失业人员在领取失业保险金期间有下列情形之一的，停止领取失业保险金，并同时停止享受其他失业保险待遇：①重新就业的；②应征服兵役的；③移居境外的；④享受基本养老保险待遇的；⑤被判刑收监执行的；⑥无正当理由，拒不接受当地人民政府指定部门或者机构介绍的适当工作或者提供的培训的。

（三）其他失业保险待遇

（1）失业人员在领取失业保险金期间，参加职工基本医疗保险，享受基本医疗保险待遇。失业人员应当缴纳的基本医疗保险费从失业保险基金中支付，个人不缴纳基本医疗保险费。

（2）失业人员在领取失业保险金期间死亡的，参照当地对在职职工死亡的规定，向其遗属发给一次性丧葬补助金和抚恤金，所需资金从失业保险基金中支付。个人死亡同时符合领取基本养老保险丧葬补助金、工伤保险丧葬补助金和失业保险丧葬补助金条件的，其遗属只能选择领取其中的一项。

（3）失业人员在领取失业保险金期间，应当积极求职，接受职业介绍和职业培训。失业人员接受职业介绍、职业培训的补贴由失业保险基金按照规定支付。

案例直击：工伤保险待遇纠纷案

关键词：新就业形态　稳定器　权益保障

新就业形态

党的二十大报告提出："支持和规范发展新就业形态""加强灵活就业和新就业形态劳

动者权益保障"①。所谓新就业形态，是新一轮信息技术革命特别是数字经济和平台经济发展带来的一种就业新模式，目前主要分布在交通出行、生活服务、知识技能、医疗分享等领域，具有雇佣关系灵活化、工作内容碎片化、工作方式弹性化、工作安排去组织化、创业机会互联网化等鲜明特征。无论是人头攒动的大街小巷，还是四通八达的网络触角，新就业形态依托门槛低、容量大、灵活性强等优点，成为新时代广大劳动者勤于创造、勇于奋斗的写照。根据最新公布的第九次全国职工队伍状况调查结果，目前全国职工人数达4.02亿，其中新就业形态劳动者有8400万。事实证明，新就业形态大幅提升了我国经济运行的就业承载力，充分发挥了重要的"蓄水池"和"稳定器"作用。

推动新就业形态发挥更大作用，不能只关注其吸纳就业人口、缓解就业压力、有效配置劳动力资源的积极因素，更要留意解决新就业形态劳动者劳动权益保障等问题，要给广大新就业形态劳动者提供更可靠的保障、实打实的红利。从公平就业到劳动报酬，从劳动安全到社会保险……只有让新就业形态劳动者的劳动保障权益更加可感、更可持续，才能调动更大积极性，进而创造更多新业绩。唯有更加全面、更加有力地加强新就业形态劳动者权益保障，创造更好的发展环境、职业环境，才能让新就业群体有尊严、有保障，更有发展。

思考与探究

1. 简述我国关于延长工作时间的法律规定。
2. 劳动合同的必备条款有哪些？
3. 简述劳动者解除劳动合同的情形。
4. 简述工伤认定的法律规定。
5. 分析商业医疗保险与基本医疗保险的关系。

本章主要涉及的法律规定

1. 《中华人民共和国劳动法》（2018年修正）
2. 《中华人民共和国劳动合同法》（2012年修正）
3. 《中华人民共和国劳动合同法实施条例》（2008年）
4. 《中华人民共和国社会保险法》（2018年修正）
5. 《实施〈中华人民共和国社会保险法〉若干规定》（2011年）
6. 《工伤保险条例》（2010年）

本章速览

---

① 习近平. 高举中国特色社会主义伟大旗帜 为全面建设社会主义现代化国家而团结奋斗——在中国共产党第二十次全国代表大会上的报告[M]. 北京：人民出版社，2022：48.

第十五章

经济纠纷的解决

学习要点

了解仲裁的概念和仲裁范围，熟悉仲裁法的基本原则和基本制度，掌握仲裁协议和仲裁裁决。掌握行政复议的范围，掌握行政复议的申请、受理、审理及决定等程序规定。了解民事诉讼的概念，熟悉民事诉讼法的基本制度，掌握民事诉讼管辖和诉讼时效；掌握经济纠纷案件的诉讼程序、执行程序，熟悉涉外民事诉讼程序。

思政目标

提高主体权利意识，彰显公平公正理念，促进纠纷解决多元化，推动国家治理体系和治理能力现代化。理解司法为民的社会主义法治理念，实现社会的公平正义。

第一节 仲 裁

一、仲裁的概念

仲裁，是指发生争议的双方当事人，根据其在争议发生前或争议发生后所达成的协议，自愿将该争议提交中立的第三者进行裁判的争议解决制度和方式。中国仲裁协会是社会团体法人，是以仲裁委员会为主要会员的自律性组织。

二、仲裁法的基本原则和基本制度

（一）基本原则

（1）自愿原则。仲裁的自愿原则主要体现在：①当事人是否将他们之间的纠纷提交仲裁，由双方当事人自愿协商确定；②当事人将哪些争议事项提交仲裁，由双方当事人在法律规定的范围内自行约定；③当事人将他们之间的纠纷提交哪个仲裁委员会，由双方当事人自愿协商决定；④仲裁庭如何组成，由谁组成，由当事人自主选定；⑤双方当事人还可以自主约定仲裁的审理方式、开庭方式等有关的程序事项。

（2）以事实为根据，以法律为准绳，公平合理地解决纠纷原则。仲裁机构应以客观事实为根据，以民事实体法和程序法作为作出仲裁裁决的标准。在适用法律时，法律有明文规定的，按照法律的规定执行；无明文规定的，按照法律的基本精神和公平合理原则处理。

（3）独立仲裁原则。仲裁委员会独立于行政机关，与行政机关没有隶属关系，仲裁委员会之间也没有隶属关系。同时，仲裁庭独立裁决案件，仲裁委员会及其他行政机关、社会团体和个人不得干预。

（二）基本制度

（1）协议仲裁制度。仲裁协议是当事人仲裁意愿的体现。当事人申请仲裁、仲裁委员会受理仲裁案件以及仲裁庭对仲裁案件的审理和裁决都必须依据双方当事人之间所订立的有效仲裁协议，没有仲裁协议就没有仲裁制度。

（2）或裁或审制度。仲裁与诉讼是两种不同的争议解决方式，当事人之间发生的争议只能由双方当事人在仲裁或者诉讼中选择其一加以采用。有效的仲裁协议可排除法院对案件的司法管辖权。

（3）一裁终局制度。《中华人民共和国仲裁法》（以下简称《仲裁法》）第9条规定，仲裁实行一裁终局的制度。裁决作出后，当事人就同一纠纷再申请仲裁或者向人民法院起诉的，仲裁委员会或者人民法院不予受理。但是，裁决被人民法院依法裁定撤销或不予执行的，当事人可以重新达成仲裁协议申请仲裁，也可以向人民法院起诉。

三、仲裁范围

根据《仲裁法》的规定，平等主体的公民、法人和其他组织之间发生的合同纠纷和其他财产权益纠纷，可以仲裁。下列纠纷不能提请仲裁：（1）婚姻、收养、监护、抚养、继承纠纷；（2）依法应当由行政机关处理的行政争议。此外，劳动争议和农业集体经济组织内部的农业承包合同纠纷的仲裁，另行规定，不属于仲裁法所调整的仲裁范围。

四、仲裁协议

（一）仲裁协议的概念

仲裁协议，是指双方当事人自愿将他们之间可能发生或者已经发生的争议，提交仲裁解决的书面协议，是双方当事人所表达的采用仲裁方式解决纠纷意愿的法律文书。在民商事仲裁中，仲裁协议是仲裁的前提，没有仲裁协议，就不存在有效的仲裁。仲裁协议应当以书面形式订立，口头达成的仲裁协议无效。

（二）仲裁协议的内容

《仲裁法》第16条规定，仲裁协议包括合同中订立的仲裁条款和以其他书面形式在纠纷发生前或者纠纷发生后达成的请求仲裁的协议。仲裁协议应当具有下列内容：（1）请求仲裁的意思表示；（2）仲裁事项；（3）选定的仲裁委员会。

仲裁协议对仲裁事项或者仲裁委员会没有约定或者约定不明确的，当事人可以补充协议，达不成补充协议的，仲裁协议无效。

（三）仲裁协议的效力

仲裁协议一经依法成立，即具有法律约束力。仲裁协议独立存在，合同的变更、解除、终止或者无效，不影响仲裁协议的效力。但有下列情形之一的，仲裁协议无效：（1）约定的仲裁事项超出法律规定的仲裁范围的;(2)无民事行为能力人或者限制民事行为能力人订立的仲裁协议;(3)一方采取胁迫手段,迫使对方订立仲裁协议的。

仲裁庭有权确认合同的效力。当事人对仲裁协议的效力有异议的,可以请求仲裁委员会作出决定或者请求人民法院作出裁定。一方请求仲裁委员会作出决定,另一方请求人民法院作出裁定的,由人民法院裁定。当事人对仲裁协议的效力有异议的,应当在仲裁庭首次开庭前提出。

五、仲裁裁决

仲裁裁决应当由仲裁庭按照多数仲裁员的意见作出,少数仲裁员的不同意见可以记入笔录。仲裁庭不能形成多数意见时,裁决应当按照首席仲裁员的意见作出。裁决书应当写明仲裁请求、争议事实、裁决理由、裁决结果、仲裁费用的负担和裁决日期。当事人协议不愿写明争议事实和裁决理由的,可以不写。

裁决书自作出之日起发生法律效力,具有执行力。当事人不得就已经裁决的事项再行申请仲裁,也不得就此提起诉讼。仲裁机构不得随意变更已生效的仲裁裁决。其他任何机关或个人均不得变更仲裁裁决。当事人提出证据证明裁决有问题的,可以向仲裁委员会所在地的中级人民法院申请撤销裁决。

❓【例题15-1】清风公司与明月公司订立买卖合同,约定如果因买卖合同发生纠纷,由某仲裁委员会3名仲裁员组成仲裁庭进行仲裁。后清风公司申请仲裁,要求明月公司支付货款80万元。根据该仲裁委员会的仲裁规则,请求低于100万元的案件可以适用简易程序,由1名仲裁员独任审理。仲裁委员会决定对该案适用简易程序,并指定唐律师担任仲裁员,最终支持了清风公司的请求,明月公司向法院申请撤销该裁决。下列选项中哪些说法是正确的?(   )

A.因为由1名仲裁员独任审理,该裁决可撤销

B.明月公司可以仲裁庭组成违法为由,请求法院撤销该裁决

C.明月公司可以唐律师并非自己选定的仲裁员为由,申请撤销裁决

D.法院可以通知仲裁庭重新仲裁   (答案:ABC)

第二节 行政复议

《中华人民共和国行政复议法》(以下简称《行政复议法》)于2023年9月1日经第十四届全国人民代表大会常务委员会第五次会议修订,自2024年1月1日起施行。我国的行政复议法,是为了防止和纠正违法的或者不当的行政行为,保护公民、法人和其他组织的合法权益,监督和保障行政机关依法行使职权,发挥行政复议化解行政争议的主渠道作用,推进法治政府建设,根据宪法而制定的。行政复议工作要坚持中国共产党的领导。

一、行政复议范围

公民、法人或者其他组织认为行政机关的行政行为侵犯其合法权益，符合《行政复议法》规定范围的，可以申请行政复议。行政行为包括法律、法规、规章授权的组织的行政行为。

（一）可以申请行政复议的事项

《行政复议法》第 11 条规定，有下列情形之一的，公民、法人或者其他组织可以申请行政复议。

（1）对行政机关作出的行政处罚决定不服。

（2）对行政机关作出的行政强制措施、行政强制执行决定不服。

（3）申请行政许可，行政机关拒绝或者在法定期限内不予答复，或者对行政机关作出的有关行政许可的其他决定不服。

（4）对行政机关作出的确认自然资源的所有权或者使用权的决定不服。

（5）对行政机关作出的征收征用决定及其补偿决定不服。

（6）对行政机关作出的赔偿决定或者不予赔偿决定不服。

（7）对行政机关作出的不予受理工伤认定申请的决定或者工伤认定结论不服。

（8）认为行政机关侵犯其经营自主权或者农村土地承包经营权、农村土地经营权。

（9）认为行政机关滥用行政权力排除或者限制竞争。

（10）认为行政机关违法集资、摊派费用或者违法要求履行其他义务。

（11）申请行政机关履行保护人身权利、财产权利、受教育权利等合法权益的法定职责，行政机关拒绝履行、未依法履行或者不予答复。

（12）申请行政机关依法给付抚恤金、社会保险待遇或者最低生活保障等社会保障，行政机关没有依法给付。

（13）认为行政机关不依法订立、不依法履行、未按照约定履行或者违法变更、解除政府特许经营协议、土地房屋征收补偿协议等行政协议。

（14）认为行政机关在政府信息公开工作中侵犯其合法权益。

（15）认为行政机关的其他行政行为侵犯其合法权益。

公民、法人或者其他组织认为行政机关的行政行为所依据的下列规范性文件不合法，在对行政行为申请行政复议时，可以一并向行政复议机关提出对该规范性文件的附带审查申请：①国务院部门的规范性文件；②县级以上地方各级人民政府及其工作部门的规范性文件；③乡、镇人民政府的规范性文件；④法律、法规、规章授权的组织的规范性文件。前述所列规范性文件不含规章。规章的审查依照法律、行政法规办理。

（二）行政复议的排除事项

《行政复议法》第 12 条规定，下列事项不属于行政复议范围：（1）国防、外交等国家行为；（2）行政法规、规章或者行政机关制定、发布的具有普遍约束力的决定、命令等规范性文件；（3）行政机关对行政机关工作人员的奖惩、任免等决定；（4）行政机关对民事纠纷作出的调解。

二、行政复议申请

（一）申请行政复议主体及期限

公民、法人或者其他组织认为行政行为侵犯其合法权益的，可以自知道该行政行为之日起 60 日内提出行政复议申请；但是法律规定的申请期限超过 60 日的除外。因不可抗力或者其他正当理由耽误法定申请期限的，申请期限自障碍消除之日起继续计算。申请人申请行政复议，可以书面申请；书面申请有困难的，也可以口头申请。

行政复议申请已被行政复议机关依法受理的，或者法律法规规定应当先向复议机关申请行政复议、对行政复议决定不服再向人民法院提起行政诉讼的，在法定行政复议期限内不得向人民法院提起行政诉讼。申请人向人民法院提起行政诉讼，人民法院已经依法受理的，不得申请行政复议。

（二）行政复议管辖

（1）县级以上地方各级人民政府管辖下列行政复议案件：①对本级人民政府工作部门作出的行政行为不服的；②对下一级人民政府作出的行政行为不服的；③对本级人民政府依法设立的派出机关作出的行政行为不服的；④对本级人民政府或者其工作部门管理的法律、法规、规章授权的组织作出的行政行为不服的。除前述规定外，省、自治区、直辖市人民政府同时管辖对本机关作出的行政行为不服的行政复议案件。

省、自治区人民政府依法设立的派出机关参照设区的市级人民政府的职责权限，管辖相关行政复议案件。

对县级以上地方各级人民政府工作部门依法设立的派出机构依照法律、法规、规章规定，以派出机构的名义作出的行政行为不服的行政复议案件，由本级人民政府管辖；其中，对直辖市、设区的市人民政府工作部门按照行政区划设立的派出机构作出的行政行为不服的，也可以由其所在地的人民政府管辖。

（2）国务院部门管辖下列行政复议案件：①对本部门作出的行政行为不服的；②对本部门依法设立的派出机构依照法律、行政法规、部门规章规定，以派出机构的名义作出的行政行为不服的；③对本部门管理的法律、行政法规、部门规章授权的组织作出的行政行为不服的。

（3）对省、自治区、直辖市人民政府依照《行政复议法》第 24 条第 2 款的规定、国务院部门依照该法第 25 条第 1 项的规定作出的行政复议决定不服的，可以向人民法院提起行政诉讼；也可以向国务院申请裁决，国务院依照《行政复议法》的规定作出最终裁决。

（4）对海关、金融、外汇管理等实行垂直领导的行政机关、税务和国家安全机关的行政行为不服的，向上一级主管部门申请行政复议。

（5）对履行行政复议机构职责的地方人民政府司法行政部门的行政行为不服的，可以向本级人民政府申请行政复议，也可以向上一级司法行政部门申请行政复议。

三、行政复议受理

行政复议机关收到行政复议申请后，应当在 5 日内进行审查，对不符合《行政复议法》规定的行政复议申请，行政复议机关应当在审查期限内决定不予受理并说明理由；不属于本机关管辖的，还应当在不予受理决定中告知申请人有管辖权的行政复议机关。行政复议申请的审查期限届满，行政复议机关未作出不予受理决定的，审查期限届满之日起视为受理。

行政复议期间具体行政行为不停止执行；但有下列情形之一的，应当停止执行：（1）被申请人认为需要停止执行；（2）行政复议机关认为需要停止执行；（3）申请人、第三人申请停止执行，行政复议机关认为其要求合理，决定停止执行；（4）法律、法规、规章规定停止执行的其他情形。

四、行政复议审理

行政复议机关受理行政复议申请后，依照《行政复议法》适用普通程序或者简易程序进行审理。行政复议机构应当指定行政复议人员负责办理行政复议案件。行政复议机关依照法律、法规、规章审理行政复议案件。行政复议机关审理民族自治地方的行政复议案件，同时依照该民族自治地方的自治条例和单行条例。

（一）普通程序

适用普通程序审理的行政复议案件，行政复议机构应当当面或者通过互联网、电话等方式听取当事人的意见，并将听取的意见记录在案。因当事人原因不能听取意见的，可以书面审理。

审理重大、疑难、复杂的行政复议案件，行政复议机构应当组织听证。行政复议机构认为有必要听证，或者申请人请求听证的，行政复议机构可以组织听证。

（二）简易程序

行政复议机关审理下列行政复议案件，认为事实清楚、权利义务关系明确、争议不大的，可以适用简易程序：（1）被申请行政复议的行政行为是当场作出；（2）被申请行政复议的行政行为是警告或者通报批评；（3）案件涉及款额3000元以下；（4）属于政府信息公开案件。

除上述规定以外的行政复议案件，当事人各方同意适用简易程序的，可以适用简易程序。适用简易程序审理的行政复议案件，可以书面审理。行政复议机构认为不宜适用简易程序的，经行政复议机构的负责人批准，可以转为普通程序审理。

五、行政复议决定

适用普通程序审理的行政复议案件，行政复议机关应当自受理申请之日起60日内作出行政复议决定；但是法律规定的行政复议期限少于60日的除外。情况复杂，不能在规定期限内作出行政复议决定的，经行政复议机构的负责人批准，可以适当延长，并书面告知当事人；但是延长期限最多不得超过30日。

适用简易程序审理的行政复议案件，可以书面审理。行政复议机关应当自受理申请之日起30日内作出行政复议决定。

第三节 \ 民事诉讼

民事诉讼，是指法院在所有诉讼参与人的参加下，按照法律规定的程序，审理和解决民事案件的诉讼活动以及在活动中产生的各种法律关系的总和。民事诉讼法是民事诉讼活动的法律依据。

一、民事诉讼法的基本制度

（一）合议制度

合议制度是指由若干名审判人员组成合议庭对民事案件进行审理的制度。与合议制度相对的是独任制度，独任制度是指人民法院审判民事案件由一名审判员单独审判的制度。与这两种制度相对应的是合议庭和独任庭两种审判组织形式。合议制度是我国民事诉讼法明确规定的基本制度。

（二）回避制度

回避制度是指为了保证案件的公正审判，而要求与案件有一定的利害关系的审判人员或其他有关人员，不得参与本案的审理活动或诉讼活动的审判制度。根据民事诉讼法的规定，适用回避的人员包括：审判人员（包括审判员和人民陪审员）、法官助理、书记员、司法技术人员、翻译人员、鉴定人、勘验人。证人不属于回避的范围。

（三）公开审判制度

公开审判制度是指人民法院审理民事案件，除法律规定的情况外，审理过程及结果应当向群众、社会公开。根据法律的规定，下列案件法定不公开：（1）涉及国家秘密的案件，包括党的秘密、政府的秘密和军队的秘密；（2）涉及个人隐私的案件；（3）法律另有规定的案件。而下列案件当事人申请不公开审理的，可以不公开审理：（1）离婚案件；（2）涉及商业秘密的案件。

（四）两审终审制度

两审终审制度是指一个民事案件经过两级人民法院审判后即告终结的制度。一般的民事诉讼案件，当事人不服一审法院的判决、允许上诉的裁定，可上诉至二审法院；二审法院对案件所作的判决、裁定为生效的判决、裁定，当事人不得再上诉。最高人民法院作为最高审判机关，其所作的一审判决、裁定，为终审的判决裁定，当事人不得上诉。民事诉讼法还规定了适用小额诉讼程序、特别程序、督促程序、公示催告程序审理的案件，实行一审终审。

二、民事诉讼管辖

（一）级别管辖

级别管辖是指按照一定的标准，划分上下级法院之间受理第一审民事案件的分工和权限。一般按案件的性质、案件影响的大小、繁简程度和诉讼标的金额大小来确定级别管辖。

《中华人民共和国民事诉讼法》（以下简称《民事诉讼法》）第18条至第21条对级别管辖规定如下。

（1）基层人民法院管辖第一审民事案件，民事诉讼法另有规定的除外。

（2）中级人民法院管辖下列第一审民事案件：①重大涉外案件，是指争议标的额大，或案情复杂，或一方当事人人数众多的涉外案件；②在本辖区有重大影响的案件；③最高人民法院确定由中级人民法院管辖的案件。

（3）高级人民法院管辖在本辖区有重大影响的第一审民事案件。

（4）最高人民法院管辖下列第一审民事案件：①在全国有重大影响的案件；②认为应当由本院审理的案件。

（二）一般地域管辖

地域管辖，是指按照各法院的辖区和民事案件的隶属关系来划分诉讼管辖。我国民事诉讼法是以被告所在地管辖为原则、原告所在地为例外来确定一般地域管辖，即通常由被告住所地人民法院管辖；被告住所地与经常居住地不一致的，由经常居住地人民法院管辖。

《民事诉讼法》第23条规定，下列民事诉讼，由原告住所地人民法院管辖；原告住所地与经常居住地不一致的，由原告经常居住地人民法院管辖：（1）对不在中华人民共和国领域内居住的人提起的有关身份关系的诉讼；（2）对下落不明或者宣告失踪的人提起的有关身份关系的诉讼；（3）对被采取强制性教育措施的人提起的诉讼；（4）对被监禁的人提起的诉讼。

【例题15-2】J县的甲公司与K县的乙公司签订了一份买卖合同，约定合同履行地为L县，因本合同所引发的纠纷一律提交守约方所在地的法院进行诉讼。后因合同履行发生争议，甲公司依据合同中的管辖协议向J县法院起诉，被告乙公司以自己是守约方为由提出管辖权异议，但甲公司声称自己才是守约方。关于本案的管辖法院，下列说法中哪些是正确的？（   ）

A. J县法院有管辖权

B. K县法院有管辖权

C. L县法院有管辖权

D. 双方当事人都可能是守约方，因此J县法院和K县法院均有管辖权

（答案：BC）

三、民事诉讼时效

（一）诉讼时效的种类

诉讼时效的种类、期间都是法定的，不同的诉讼时效有不同的期间，不同的诉讼时效有不同的起算时间。根据《民法典》规定，诉讼时效有以下几种。

（1）普通诉讼时效。除了法律有特别规定，民事权利适用普通诉讼时效期间。《民法典》第188条规定，向人民法院请求保护民事权利的诉讼时效期间为3年。法律另有规定

的，依照其规定。

（2）特殊诉讼时效。特殊诉讼时效，是指由法律对特定的民事法律关系规定的不适用3年普通期间的诉讼时效。如《民法典》第594条规定，国际货物买卖合同及技术进出口合同时效期间为4年。

（3）最长诉讼时效。《民法典》第188条规定，权利被侵害之日起超过20年的，人民法院不予保护。与其他诉讼时效相比，最长诉讼时效期间从权利被侵害时计算，而非从权利人知道或者应当知道之时起算。最长诉讼时效期间可以适用诉讼时效的延长，但不适用时效的中止、中断等规定。

（二）诉讼时效的中止

诉讼时效中止，指在诉讼时效进行中，因一定的法定事由的发生而使权利人无法行使请求权，暂时停止计算诉讼时效期间。《民法典》第194条规定，在诉讼时效期间的最后6个月内，因不可抗力等法定事由不能行使请求权的，诉讼时效中止。

1.诉讼时效中止的事由

中止诉讼时效必须有法定事由的存在。根据《民法典》的规定，中止诉讼时效的事由包括：（1）不可抗力；（2）无民事行为能力人或者限制民事行为能力人没有法定代理人，或者法定代理人死亡、丧失民事行为能力、丧失代理权；（3）继承开始后未确定继承人或者遗产管理人；（4）权利人被义务人或者其他人控制；（5）其他导致权利人不能行使请求权的障碍。

2.诉讼时效中止的时间

只有在诉讼时效的最后6个月内发生中止事由，才能中止诉讼时效的进行。如果在诉讼时效期间的最后6个月以前发生权利行使障碍，而到最后6个月时该障碍已经消除，则不能发生诉讼时效的中止；如果该障碍在最后6个月时尚未消除，则应从最后6个月开始时起中止时效期间，直至该障碍消除。

3.诉讼时效中止的法律效果

在诉讼时效中止的情况下，在时效中止的原因消除后，诉讼时效始终剩下6个月。即自中止时效的原因消除之日起满6个月，诉讼时效期间届满。在民法规定的最长诉讼时效期间内，诉讼时效中止的持续时间没有限制。

（三）诉讼时效的中断

诉讼时效中断，指在诉讼时效进行中，因法定事由的发生致使已经进行的诉讼时效期间全部归于无效，诉讼时效期间重新计算。

1.诉讼时效中断的法定事由

《民法典》第195条规定，有下列情形之一的，诉讼时效中断，从中断、有关程序终结时起，诉讼时效期间重新计算：（1）权利人向义务人提出履行请求；（2）义务人同意履行义务；（3）权利人提起诉讼或者申请仲裁；（4）与提起诉讼或者申请仲裁具有同等效力的其他情形。

2.诉讼时效中断的法律效果

诉讼时效中断的事由发生后，已经经过的诉讼时效期间归于无效，中断事由存续期间时效不进行，中断事由终止时重新计算时效期间。

四、诉讼程序

（一）第一审普通程序

第一审普通程序是人民法院审理第一审民事案件所适用的最基本的程序，具体包括起诉、受理、审理前的准备、开庭审理。

1.起诉

起诉，是指当事人认为自己的权利或依法由自己管理、支配的民事权益受到侵害或与他人发生争议时，以自己的名义向人民法院提出诉讼请求，要求人民法院通过审判予以保护的诉讼行为。起诉必须具备的条件有：（1）原告是与本案有直接利害关系的公民、法人或其他组织；（2）有明确的被告；（3）有具体的诉讼请求和事实、理由；（4）属于人民法院受理民事诉讼的范围和受诉人民法院管辖。

2.受理

受理，是指人民法院经过审查起诉，认为符合法定条件，予以立案的诉讼活动。人民法院收到民事起诉状或者口头起诉后，经审查，符合起诉条件的，应当在7日内立案，并及时通知当事人；不符合起诉条件的，应当在7日内裁定不予受理。原告对裁定不服的，可以提起上诉。

3.审理前的准备

审理前的准备，是指人民法院在受理案件后进入开庭审理之前所进行的准备工作。审理前的准备主要有以下几项：（1）在法定期间内送达诉讼文书；（2）告知当事人诉讼权利义务及合议庭组成人员；（3）确定举证期限；（4）召集庭前会议；（5）审阅诉讼材料，调查收集必要的证据；（6）追加当事人；（7）选择审理案件适用的程序。

4.开庭审理

（1）开庭准备。人民法院确定开庭日期后，应当在开庭3日前告知当事人和其他诉讼参与人。法院应当采用传票传唤当事人出庭，对其他诉讼参与人以通知书通知其到庭。对于公开审理的案件，人民法院应当在开庭3日前发布公告，公告当事人姓名、案由和开庭的时间和地点。

（2）法庭调查。在开庭审理时，应按照以下顺序进行法庭调查：当事人陈述，证人出庭作证，出示物证、书证、视听资料和电子数据，宣读鉴定意见，宣读勘验笔录。案件中所涉及的所有证据，无论是当事人提供的，还是人民法院依职权调查收集到的，都必须经过当事人的相互质证。

（3）法庭辩论。法庭辩论应当按照法定顺序进行：①原告及其诉讼代理人发言；②被告及其诉讼代理人答辩；③第三人及其诉讼代理人发言或者答辩；④互相辩论。法庭辩论终结，由审判长或者独任审判员按照原告、被告、第三人的先后顺序征询各方最后意见。

（4）评议和宣判。法庭辩论终结后，当事人不愿调解或调解未能达成协议的，合议庭应当对案件及时进行评议。合议庭评议后，无论是公开审理还是不公开审理的案件，都必须公开宣告判决。

⑦【例题15-3】范某和彭某因互联网购物纠纷，诉至杭州互联网法院。法院受理起诉并决定进行线上审理，彭某同意，范某以不具备网上开庭条件为由拒绝线上开庭。关于本案，下列选项中哪一说法是正确的？（　　　　）

A.因为本案由互联网法院管辖，因此应当线上审理

B.因范某拒绝线上开庭，因此本案只能采用线下开庭

C.因范某拒绝线上开庭，因此可以彭某线上开庭，范某线下开庭

D.因为范某拒绝线上开庭，法院应当裁定驳回起诉，告知当事人向普通法院起诉

（答案：C）

（二）简易程序

简易程序，是指基层人民法院及其派出法庭审理简单民事案件所适用的简便易行的诉讼程序。适用简易程序审理的民事案件包括：事实清楚、权利义务关系明确、争议不大的简单的民事案件以及当事人约定适用简易程序且经人民法院同意的民事案件。

对简单的民事案件，原告可以口头起诉。当事人双方可以同时到基层人民法院及其派出法庭，请求解决纠纷。基层人民法院及其派出法庭可以当即审理，也可以另定日期审理。可以用简便方式传唤当事人和证人、送达诉讼文书、审理案件，但应当保障当事人陈述意见的权利。审判人员可以根据案件的具体情况，简化案件审理的方式和步骤，不受普通程序中关于开庭审理阶段和顺序的限制。

（三）第二审程序

第二审程序是人民法院审理上诉案件所适用的诉讼程序。在民事诉讼中，当事人不服地方各级人民法院尚未生效的第一审判决或裁定而提起上诉，人民法院受理后即进入二审程序。

1.提起上诉的条件

可以提起上诉的判决包括：地方各级人民法院适用普通程序和简易程序审理的第一审判决、第二审人民法院发回重审后所作出的判决，以及按照第一审程序对案件再审后作出的判决，但人民法院适用小额诉讼程序审理的案件实行一审终审，对其裁判不得提起上诉。可以上诉的裁定包括：不予受理的裁定、对管辖权有异议的裁定以及驳回起诉的裁定。

2.上诉的受理

上诉的受理，是指第二审人民法院按照立案程序要求，对当事人提起的上诉进行审查，对符合上诉条件的案件予以立案受理的行为。

上诉状应当通过原审人民法院提出，并按照对方当事人或者代表人的人数提出副本。当事人直接向第二审人民法院上诉的，第二审人民法院应当在5日内将上诉状移交原审人民法院。原审人民法院收到上诉状，应当在5日内将上诉状副本送达对方当事人，对方当

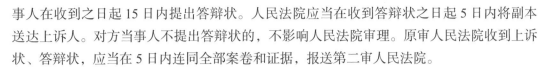

事人在收到之日起 15 日内提出答辩状。人民法院应当在收到答辩状之日起 5 日内将副本送达上诉人。对方当事人不提出答辩状的，不影响人民法院审理。原审人民法院收到上诉状、答辩状，应当在 5 日内连同全部案卷和证据，报送第二审人民法院。

3.上诉案件的审理

第二审人民法院应当对上诉请求的有关事实和适用法律进行审查。上诉案件应当开庭审理，经过阅卷、调查和询问当事人，对没有提出新的事实、证据或者理由，人民法院认为不需要开庭审理的，可以不开庭审理。二审法院审理上诉案件，可以在本院进行，也可以到案件发生地或者原审法院所在地进行。

对于上诉案件，二审法院经过审理，按照下列情形，分别处理：（1）原判决、裁定认定事实清楚，适用法律正确的，以判决、裁定方式驳回上诉，维持原判决、裁定；（2）原判决、裁定认定事实错误或者适用法律错误的，以判决、裁定方式依法改判、撤销或者变更；（3）原判决认定基本事实不清的，裁定撤销原判决，发回原审人民法院重审，或者查清事实后改判；（4）原判决遗漏当事人或者违法缺席判决等严重违反法定程序的，裁定撤销原判决，发回原审人民法院重审。原审人民法院对发回重审的案件作出判决后，当事人提起上诉的，第二审人民法院不得再次发回重审。

（四）审判监督程序

审判监督程序，又称再审程序，是指人民法院、人民检察院、诉讼当事人对已经发生法律效力的判决、裁定、调解书，认为确有错误，申请或者提起再审，由人民法院对案件再行审理的程序。审判监督程序只是纠正生效裁判错误的法定程序，不是案件审理的必经程序，也不是诉讼的独立审级。

人民法院按照审判监督程序再审的案件，发生法律效力的判决、裁定是由第一审法院作出的，按照第一审程序审理，所作的判决、裁定，当事人可以上诉；发生法律效力的判决、裁定是由第二审法院作出的，按照第二审程序审理，所作的判决、裁定，是发生法律效力的判决、裁定；上级人民法院按照审判监督程序提审的，按照第二审程序审理，所作的判决、裁定是发生法律效力的判决、裁定。

②【例题 15-4】W 市的甲欠乙 100 万元，两级法院审理均判决甲败诉。后甲找到其曾向乙归还 25 万元的新证据，遂向 W 市中院申请再审。再审中，乙提出甲应向其支付 8 万元利息的新请求。对于该新请求，W 市中院应当如何处理？（　　）

A.调解，调解不成的，发回重审　　　　B.不予受理

C.审理之后判决　　　　　　　　　　D.调解，调解不成的，驳回诉讼请求

（答案：B）

五、执行程序

执行程序，是指人民法院依法对负有义务的当事人不履行生效法律文书确定的义务，采取措施强制其履行义务所适用的程序。

人民法院采取的强制执行措施主要分为以下三类。

（1）对财产的执行措施，包括：①扣押、冻结、划拨、变价被执行人的金融资产；②查封、扣押、拍卖、变卖被执行人的财产；③扣留、提取被执行人的收入；④强制被执行人交付法律文书指定的财物或票证。

（2）对行为的执行措施，包括：①强制被执行人迁出房屋或退出土地；②强制被执行人履行法律文书指定的行为。

（3）保障性执行措施，包括：①查询被执行人的身份信息和财产信息；②搜查被执行人的财产；③强制被执行人支付迟延履行期间债务利息及迟延履行金；④办理财产权证照转移手续；⑤被执行人报告财产；⑥限制出境；⑦纳入失信名单，通报征信系统记录不履行义务信息；⑧媒体公布不履行义务信息；⑨限制被执行人消费等。

六、涉外民事诉讼程序

（一）一般原则

（1）我国缔结或者参加的国际条约同《民事诉讼法》有不同规定的，适用该国际条约的规定，但我国声明保留的条款除外。

（2）对享有外交特权与豁免的外国人、外国组织或者国际组织提起的民事诉讼，应当依照我国有关法律和我国缔结或者参加的国际条约的规定办理。

（3）人民法院审理涉外民事案件，应当使用我国通用的语言、文字。当事人要求提供翻译的，可以提供，费用由当事人承担。

（4）外国人、无国籍人、外国企业和组织在人民法院起诉、应诉，需要委托律师代理诉讼的，必须委托我国的律师。

（二）管辖

（1）因涉外民事纠纷，对在我国领域内没有住所的被告提起除身份关系以外的诉讼，如果合同签订地、合同履行地、诉讼标的物所在地、可供扣押财产所在地、侵权行为地、代表机构住所地位于我国领域内的，可以由合同签订地、合同履行地、诉讼标的物所在地、可供扣押财产所在地、侵权行为地、代表机构住所地人民法院管辖。此外，涉外民事纠纷与我国存在其他适当联系的，可以由人民法院管辖。

（2）涉外民事纠纷的当事人书面协议选择人民法院管辖的，可以由人民法院管辖。当事人未提出管辖异议，并应诉答辩或者提出反诉的，视为人民法院有管辖权。

（3）人民法院专属管辖如下民事案件：①因在我国领域内设立的法人或者其他组织的设立、解散、清算，以及该法人或者其他组织作出的决议的效力等纠纷提起的诉讼；②因与在我国领域内审查授予的知识产权的有效性有关的纠纷提起的诉讼；③因在我国领域内履行中外合资经营企业合同、中外合作经营企业合同、中外合作勘探开发自然资源合同发生纠纷提起的诉讼。

（4）当事人之间的同一纠纷，一方当事人向外国法院起诉，另一方当事人向人民法院起诉，或者一方当事人既向外国法院起诉，又向人民法院起诉，人民法院依照本法有管辖权的，可以受理。当事人订立排他性管辖协议选择外国法院管辖且不违反本法对专属管辖的规定，不涉及我国主权、安全或者社会公共利益的，人民法院可以裁定不予受理；已经受理的，裁定驳回起诉。

（三）调查取证

当事人申请人民法院调查收集的证据位于我国领域外，人民法院可以依照证据所在国与我国缔结或者共同参加的国际条约中规定的方式，或者通过外交途径调查收集。在所在国法律不禁止的情况下，人民法院可以采用下列方式调查收集：（1）对具有中华人民共和国国籍的当事人、证人，可以委托中华人民共和国驻当事人、证人所在国的使领馆代为取证；（2）经双方当事人同意，通过即时通信工具取证；（3）以双方当事人同意的其他方式取证。

（四）司法协助

司法协助，是指不同国家的法院之间，根据本国缔结或者参加的国际条约，或者按照互惠的原则，在司法事务上相互协助，代为一定的诉讼行为。司法协助可分为一般司法协助和特殊司法协助。一般司法协助，即代为送达文书和调查取证；特殊司法协助，即对外国法院裁判和仲裁裁决的承认与执行，以及我国法院裁判和仲裁裁决在国外的承认和执行。

案例直击：管辖权异议纠纷案

思政园地

关键词：主渠道　人民至上　公正高效　便民为民

《行政复议法》修改的亮点

2023 年 9 月 1 日，新修订的《行政复议法》经十四届全国人大常委会第五次会议表决通过，自 2024 年 1 月 1 日起施行。

新修订的《行政复议法》注重提升行政复议的公信力和权威性，重点解决制约行政复议发挥化解行政争议主渠道作用的突出矛盾问题，将行政复议的制度优势转化为制度效能。

《行政复议法》坚持人民至上，将保护公民、法人和其他组织的合法权益作为立法的出发点和落脚点。紧紧围绕"便民为民"制度要求，在提出申请、案件受理、案件审理等各个阶段丰富便民举措，方便人民群众及时通过行政复议渠道解决行政争议。力促案件公正审理。努力让人民群众在每一个行政复议案件中都感受到公平正义。

此次修订《行政复议法》，明确行政复议原则、职责和保障，完善行政复议范围有关规定，增加行政复议申请便民举措，强化行政复议吸纳和化解行政争议的能力，完善行政复议受理及审理程序，加强行政复议对行政执法的监督等。

新修订的《行政复议法》，积极回应社会关切，将更好发挥行政复议公正高效、便民为民的制度优势和化解行政争议的主渠道作用，有利于保护人民群众合法权益、推进法治政府建设、促进社会公平正义。

思考与探究

1. 如何理解仲裁协议？

2. 如何理解"发挥行政复议化解行政争议的主渠道作用"？

3. 简述行政复议的范围。

4. 如何理解民事诉讼的回避制度？

5. 简述涉外民事诉讼的管辖规定。

本章主要涉及的法律规定

1.《中华人民共和国仲裁法》（2017 年修正）

2.《中华人民共和国行政复议法》（2023 年修订）

3.《中华人民共和国民事诉讼法》（2023 年修正）

4.《最高人民法院关于适用〈中华人民共和国民事诉讼法〉的解释》（2022 年修正）

5.《最高人民法院关于适用〈中华人民共和国仲裁法〉若干问题的解释》（2006 年）

本章速览